suhrkamp taschenbuch
wissenschaft 31

Alfred Lorenzers Studie *Sprachzerstörung und Rekonstruktion* ist heute – zweieinhalb Jahrzehnte nach der Erstveröffentlichung – bereits als ein Klassiker der Gegenwartsdiskussion um das »Rätsel Psychoanalyse« einzustufen, denn sie erschließt Grundprobleme psychoanalytischer Erkenntnisbildung auf einem neuen Reflexionsniveau: es geht (1.) um den Wissenschaftscharakter der Psychoanalyse, um die genaue Begründung ihres hermeneutischen Status; (2.) um das »Lesen« ihres Erkenntnisgegenstandes, das Begreifen der Neurose als Form einer »Sprachzerstörung«, als »Aufspaltung des Sprachspiels«; und (3.) um die Eigenart des psychoanalytischen Verfahrens, wobei Lorenzer die seinen Ansatz insgesamt charakterisierende Idee des »szenischen Verstehens« grundlegend und anschaulich entwickelt.
Die leicht belegbare Tatsache, daß gerade das Konzept des szenischen Verstehens weit über den psychoanalytisch-therapeutischen Horizont hinaus in den methodologischen Debatten qualitativer sozial- und subjektzentrierter Kulturforschung Resonanz gefunden hat, beweist, daß Lorenzer mit dieser Studie gelang, was ihn zu seinem Projekt einer »Metatheorie der Psychoanalyse« bewegt: die Selbsteinigelung der innerpsychoanalytischen Diskussion aufzubrechen, um vom Boden der psychoanalytischen Erfahrung aus ein Gespräch zwischen den Humanwissenschaften anzuregen und auch der nicht-psychoanalytischen scientific community detailliert darzulegen, »was der Psychoanalytiker macht«, zu welchen Erkenntnissen er gelangt und wie diese Erkenntnisse über die therapeutische Aufgabenstellung hinaus fruchtbar gemacht werden können.

Alfred Lorenzer

Sprachzerstörung und Rekonstruktion

Vorarbeiten zu einer Metatheorie der Psychoanalyse

Suhrkamp

Bibliografische Information der Deutschen Nationalbibliothek
Die Deutsche Nationalbibliothek verzeichnet diese Publikation
in der Deutschen Nationalbibliografie;
detaillierte bibliografische Daten sind im Internet über
http://dnb.d-nb.de abrufbar.

6. Auflage 2016

Erste Auflage 1973
suhrkamp taschenbuch wissenschaft 31

Printed in Germany
Umschlag nach Entwürfen von
Willy Fleckhaus und Rolf Staudt
ISBN 978-3-518-27631-0

Inhalt

Einführung in die Taschenbuchausgabe von »Sprachzerstörung und Rekonstruktion«

Die vorliegende Einführung hält mehr schlecht als recht di Waage zwischen einem Nachwort – einer Darstellung der Entwicklung seit dem Erscheinen des Buches 1970 – und einen Vorwort, das eine »Leseanleitung« geben will.

Die Vermischung beider Absichten enttäuscht vermutlich nacl beiden Seiten. Als Nachwort ist die Einführung ungenügen(weil unvollständig – ich werde mich nicht mit den für micl selbst fruchtbaren Diskussionsbeiträgen und kritischen Anmerkungen oder gar Weiterentwicklungen der Themen meines Buches durch andere Autoren beschäftigen. Da die Bearbeitung der Probleme, die in *Sprachzerstörung und Rekonstruktion* angeschnitten werden, an keiner Stelle abgeschlossen ist, werden die Erörterungen innerhalb der Sachdiskussion am jeweil aktuellen Platze aufgenommen werden.

Als Vorwort wiederum ist die nachfolgende »Einleitung« nich genügend voraussetzungsfrei. Sie verlangt eine gewisse Vertrautheit mit den in *Sprachzerstörung und Rekonstruktion* angeschnittenen Themen. Mehr noch, die Erörterungen greifei vor auf die nachfolgenden Publikationen (besonders 1 / 2 / 3) die einzubeziehen mir unerläßlich erschien, und zwar aus folgendem Grund: Die vorliegende Schrift ist keine Darstellung eines – etwa in empirischen Untersuchungen gewonnenen – Erkenntnisstandes, sondern ist die systematische Niederschrif einer kritischen Auseinandersetzung mit Theorie und Praxi der Psychoanalyse. Eine Arbeit, die das Moment Selbstverständigung nicht verleugnen kann (noch will). Dies gilt ebens(für die nachfolgenden Buchpublikationen, woraus folgt: de Fortschritt der Auseinandersetzung erweiterte nicht nur da Panorama der Sachaussagen, sondern präzisierte sie in einei Weise, die auf die Formulierungen von *Sprachzerstörung una Rekonstruktion* zurückstrahlt. Wenngleich dabei die Aussagen nicht revoziert werden, die eingeschlagene Richtung sich vielmehr als Streckenabschnitt des weiterverfolgten Weges erweist, so zeigen sich die Begriffe in *Sprachzerstörung und Rekonstruktion* doch in dreifacher Hinsicht als vage und damit erläuterungsbedürftig:

1. Der psychoanalytische Erkenntnis- und Behandlungsprozeß, der in *Sprachzerstörung und Rekonstruktion* als »hermeneutischer« ausgewiesen wurde, ist zu präzisieren im Rahmen der Frage nach *»materialistischer* Hermeneutik«.
2. Die Frage nach dem Gegenstand des hermeneutischen Prozesses der Psychoanalyse geht über Sprache hinaus auf *Interaktionsformen*, reicht damit in den Themenbereich einer *materialistischen Sozialisationstheorie* als Frage nach der Konstitution individueller Strukturen.
3. Die hier anvisierte Metatheorie der Psychoanalyse überschreitet das Terrain der psychoanalytischen Theorie in Richtung auf historisch-materialistische Gesellschaftstheorie. Psychoanalytische Metatheorie ist in Wendung zur Kritik der Psychoanalyse (als der »fortgeschrittensten bürgerlichen Wissenschaft« der Persönlichkeitsbildung) im Rahmen der Dialektik von Individuum und Gesellschaft zu formulieren.

Diese Punkte in einleuchtender Ausführlichkeit zu erläutern, hieße freilich, den Inhalt meiner späteren Arbeit bis hin zu der Schrift *Die Wahrheit der psychoanalytischen Erkenntnis (4)** zu referieren. Das wäre in keiner Hinsicht sinnvoll. Hier kann nur weitaus weniger, aber an einer Stelle auch etwas mehr getan werden: Ich will versuchen, *Sprachzerstörung und Rekonstruktion* im Gang der Auseinandersetzung zu orten, beginnend mit dem Erkenntnisinteresse, aus dem heraus die Arbeit seinerzeit angegangen wurde.

* Die in *Sprachzerstörung und Rekonstruktion* beiseitegelassene Frage der Theoriebildung wird dort abgehandelt.

I

Der erste Anstoß zu den Überlegungen, die zu *Sprachzerstörung und Rekonstruktion* führten, lag in der Konfrontation der Psychoanalyse mit dem Phänomen der »Konzentrationslagerschäden«. Zwar hatte die Psychoanalyse schon längst das alte psychiatrische Anlagedogma überwunden, die Lehre von der Determiniertheit des menschlichen Erlebens und der Persönlichkeitsstrukturen von frühkindlichen Entwicklungsprozessen beließ dem Eingriff im Erwachsenenalter aber allenfalls die Rolle eines agent provocateur, eines Auslösemechanismus. Daß mit Zusatzannahmen, die eine fatale Nähe zu good-will-Erklärungen für die Opfer des Naziterrors hatten, die prinzipiellen Schwierigkeiten, Veränderungen subjektiver Strukturen unter dem Einfluß von realen Eingriffen im Erwachsenenalter wahrzunehmen und »begreifen« zu können, nicht aus dem Weg geräumt werden, wird jedem einleuchten, der an Theorie einen höheren Anspruch stellt als den, ein Sammelsurium zusammenhangloser Hypothesen zu sein. Daß solche Theorieprobleme als *erkenntnistheoretische* Probleme anzugehen sind, wird selbst denen, die Inhalt und Methode methodologisch auseinanderdividieren, unstrittig sein. Womit die Frage nach der Erkenntnismöglichkeit derjenigen Wissenschaft – Psychoanalyse –, die der Beschädigung subjektiver Strukturen nachgehen will, sich in den Weg stellt. Mithin: Was für eine Wissenschaft ist Psychoanalyse?
Zu beachten war bei der Klärung dieser Frage vorweg: Die vielfältigen und allseits angestellten Versuche, die wissenschaftliche Eigenart der Psychoanalyse aus den Dokumenten psychoanalytischen Selbstverständnisses im Lichte dieser oder jener philosophischen Vorannahme zu deuten, führten nicht von ungefähr nur selten zu notierenswerten Resultaten. Anzunehmen, zutreffende Selbstverständnisse und Selbstmißverständnisse ließen sich unabhängig von einer Analyse psychoanalytischer Praxis auseinanderhalten; anzunehmen gar, man brauche nur fleißig alle Aussagen von Psychoanalytikern über

ihre Wissenschaft zu sammeln und dann einer wissenschaftstheoretischen Prüfung zu unterziehen, ist ein typisch positivistisches Mißverständnis vom Zusammenhang von Theorie und Metatheorie einer Wissenschaft. Es ist ein Mißverständnis, das nicht nur die Inhalte von Theorie und Metatheorie voneinander trennt, sondern auch blind ist gegenüber der ideologischen Borniertheit von Wissenschaftlern den Widersprüchen ihrer Wissenschaft gegenüber.

Angesichts dieser Lage ist der Weg über eine Ideologiekritik der psychoanalytischen Theorie und psychoanalytischen Praxis unerläßlich. Aber, wie könnte er sinnvoll eingeschlagen werden, solange »Theorie und Praxis« der Psychoanalyse esoterisch abgeschlossen sind, solange – anders ausgedrückt – die psychoanalytischen Sprachspiele hinter den Mauern einer isolierten und nicht einmal umrißhaft transparenten Einzelwissenschaft versteckt sind?

Gewiß ist die Aufhebung einzelwissenschaftlicher Isolierung nicht Sache eines Denkaktes – wohl aber ist ein unerläßlicher Schritt in diese Richtung die Erfassung der psychoanalytischen Praxis in einer den einzelwissenschaftlichen Rahmen sprengenden Begrifflichkeit, geht es um die Auflösung der Trennung psychoanalytischer Begriffe von denen anderer Sozialwissenschaften.

Auch dabei gilt wieder: Es geht nicht an, sozialwissenschaftliche Begriffe »einzuführen«, die – wie z. B. der Rollenbegriff – lediglich als Hülsen für psychoanalytische Erfahrungsinhalte zu gebrauchen wären. Auch das führt in den Positivismus. Die Auseinandersetzung ist vielmehr zwingend als dialektischer Prozeß in kritischer Aufarbeitung inhaltlich unverkürzter psychoanalytischer Begriffe zu führen.

Unter doppeltem Erkenntnisinteresse wurde dementsprechend *Sprachzerstörung und Rekonstruktion* begonnen:

1. Als kategoriale Klärung der Psychoanalyse innerhalb des Feldes der Sozialwissenschaften und d. h.: als Beitrag zur Auflösung der Abschirmung gegenüber der Dialektik von Individuum und Gesellschaft.

2. Als Versuch einer dialektischen Auseinandersetzung in Richtung auf eine metatheoretische Bestimmung psychoanalytischer Theorie und psychoanalytischer Praxis und d. h.: nicht als positivistisch-wissenschaftstheoretische Weiterentwicklung ihrer Begriffe.

Sieht man diese Aufgabenstellungen im Verständnis einer von Marx her kommenden Gesellschaftswissenschaft, dann lassen sie sich präzisieren und zusammenfassen zu der einen: Theoretische Auseinandersetzung ist zur »Kritik der Psychoanalyse« zu wenden.

Diese Ortsbestimmung, die im Titel der mit *Sprachzerstörung und Rekonstruktion* verbundenen Arbeit über den psychoanalytischen Symbolbegriffen (5) schon angedeutet wurde, ist in beiden Schriften nicht ausdrücklich expliziert worden. Die Explikation wurde nachgeholt in dem, ein Jahr später erschienenen, Aufsatz *Symbol, Interaktion und Praxis;* auch da zurückhaltend. Zurückhaltend, weil ich nichts halte von der Vorwegnahme eines Erkenntnisstandes durch feuilletonistisch-plakative Einschübe marxistischer Vokabeln, die der Sachdiskussion noch nicht vermittelt werden können, da der Abbau der Begriffsmystifikationen im Themenbereich selbst noch nicht weit genug vorangetrieben werden konnte.

Kritikern, die — wie Schneider (6, S. 156) — daraus eine »phobische Berührungsangst« vor der »Kategorie des Kapitals« diagnostizieren wollen, sei gesagt: Damit, daß man diese »Kategorie« begriffsfetischistisch aufblitzen läßt, ist noch keine kritische Aufarbeitung der Begriffe bürgerlicher Wissenschaft geleistet. »Kapital« ist keine »Wechselmünze«, die man in jedem Moment der Diskussion in alle beliebigen »Gedankenwährungen« konvertieren könnte. Richtig ist freilich: Solange nicht die Auseinandersetzung bis zur Wertproblematik vorangetrieben ist, stehen die entscheidenden Schritte zur Einbeziehung eines Sachgebietes in den historischen Materialismus noch aus. Diese Einbeziehung ist aber zu »erarbeiten«.

Um es an meinem eigenen Arbeitsvorhaben zu demonstrieren: Der Schrift *Zur Begründung einer materialistischen Sozialisationstheorie* soll (mit Thomas Leithäuser zusammen) eine Untersuchung über die Problematik von Tauschwert und Gebrauchswert in der familialen Erziehung folgen. Auch dann ist noch keine historisch-materialistische Sozialisationstheorie fertig. Ein weiterer Schritt wird das vorerst noch vage Terrain der sekundären* Sozialisation erschließen müssen. Erst wenn dabei die Deformation der Individuen unter dem Druck gegenwärtiger Produktionsverhältnisse in konkreter politökonomischer Analyse faßbar gemacht wird (in der Sicht politökonomischer Bedingungsanalyse und eines Begreifens der *strukturellen* Umschichtungen) *wird* so eine materialistische Sozialisationstheorie greifbar. Billiger geht es unserer Auffassung nach nicht – es sei denn, man wolle die psychoanalytischen Erfahrungen »objektivistisch« ausklammern (siehe dazu 8) oder aber Psychoanalyse als Konterbande einschieben.

Wer die Aufgabe einer historisch-materialistischen »Kritik der Psychoanalyse« nicht sieht, keine Nötigung dazu erkennen *kann*, muß den Thesen von *Sprachzerstörung und Rekonstruktion* verständnislos gegenüberstehen. Zwei Gruppen lassen sich dabei ausmachen. Zum einen Autoren, die, sich selbst als Marxisten verstehend, eine Auseinandersetzung mit der Psychoanalyse suchen, aber – aus ganz verschiedenen Gründen – eine »Psychoanalysekritik«, angelegt nach dem Marxschen Vorbild einer Auseinandersetzung mit dem System der Begriffe bürgerlicher Wissenschaft, umgehen, vermeiden, wenn nicht gar verhindern wollen. So Wulff (9) und Schneider (6). Die andere Gruppe sind erwartungsgemäß Psychoanalytiker in Verteidigung eines positivistischen Verständnisses von Psychoanalyse. »Verteidigung« ist dabei nicht als Absicht, und »positivistisches Selbstverständnis von Psychoanalyse« ist nicht als Kampfparole zu nehmen. Im Gegenteil. Autoren wie Thomae und Kächele (10) oder Goeppert und Goeppert (11) betrachten sich selbst schwerlich als Positivisten. Daß die einen – Thomae und Kächele – ihr Programm einer wissenschaftstheoretischen Untersuchung der Psychoanalyse aber nach positivistischen Regeln durchführen, kann sowenig zweifelhaft sein, wie es bei Goeppert und Goeppert fraglich sein kann, daß sie von der Position einer ichpsychologisch-fixierten Einzelwissenschaft »Psychoanalyse« ausgehen, um die Brücke zu schlagen zu einer Einzelwissenschaft »Linguistik«, deren positivistische Profilie-

* Zum Zusammenhang der Analyse primärer und sekundärer Sozialisation (7).

rung unbestreitbar ist. Unabhängig von der Auseinandersetzung mit Wulff (12), Thomae und Kächele (13) werde ich auf die vier Autoren hier eingehen, weil bei ihnen im Gegensatz zu den eingangs erwähnten Erörterungen ihr *Mißverstehen* exemplarischen Wert hat.

Thomae und Kächele messen die Aussagen in *Sprachzerstörung und Rekonstruktion* in der Perspektive einer positivistischen Wissenschaftstheorie, wobei bei ihnen zwar ab und an von Dialektik die Rede ist, dies jedoch nur im Zusammenhang eines mit Popper vermengten und auf Stegmüller reduzierten Habermas; alle wesentlichen Scharnierpunkte der Argumentation liegen ganz auf der Linie des logischen Empirismus. Goeppert und Goeppert dagegen haben *Sprachzerstörung und Rekonstruktion* unter einem linguistischen Interesse an Psychoanalyse gelesen, fügen den Gehalt der Arbeit mithin einer »linguistischen« Sprachdiskussion ein und weisen den Begriffen einen Platz innerhalb der Diskussion der beiden Einzelwissenschaften – Linguistik und Pschyoanalyse – an.

Beide Ortsbestimmungen sind falsch. Weder bewegt sich *Sprachzerstörung und Rekonstruktion* auf der Ebene einer positivistisch organisierten Wissenschaftstheorie, noch ist es eine linguistische Untersuchung. Der Wittgensteinsche Begriff »Sprachspiel« wird bei Goeppert und Goeppert schon in den ersten Sätzen in einer ganz anderen Dimension fortentwickelt bzw. abgewandelt als bei mir oder bei Rossi-Landi (14) (den Goeppert und Goeppert bemerkenswerterweise gar nicht erwähnen)*.

Der entscheidende Punkt des grundlegenden Mißverständnisses, das alle weiteren Fehlrezeptionen zwingend nach sich zieht, ist: Die Auseinandersetzung mit Psychoanalyse erscheint Thomae und Kächele wie auch Goeppert und Goeppert in keiner Weise als dialektischer Prozeß, der als *Vermittlungsprozeß*

* Wie sehr der einzelwissenschaftliche Ansatz bei Goeppert und Goeppert mit einem positivistischen Wissenschaftsverständnis korrespondiert, dafür Fußnote 12, S. 16. Besonders deutlich durch ein merkwürdiges Mißverständnis von Habermas' Scientismusverdikt.

an den Zentralbegriffen von psychoanalytischer Theorie und Praxis ansetzt und der notwendig eine *Vermittlungsebene »außerhalb«* der Einwelwissenschaft Psychoanalyse fordert. Genau diese Vermittlungsebene wird in *Sprachzerstörung und Rekonstruktion* eingestellt, alle neu eingeführten Begriffe, wie »Sprachspiel«, »aufgespaltenes Sprachspiel«, »Klischee«, sind nur von dieser Ebene einer Synthesis *oberhalb psychoanalytischer Theorie* her verständlich, sind mithin keine Begriffe innerhalb psychoanalytischer Ichpsychologie (ebensowenig lassen sie sich im Bereich der Linguistik verrechnen).

Dies begreifen weder Thomae und Kächele noch Goeppert und Goeppert. Darum werden bei beiden die Begriffe aus dieser Vermittlungsebene bald auf die eine bald auf die andere Seite gezerrt, bald konkretistisch mit Sprachphänomenen identifiziert, bald umstandslos der Instanzenlehre zugeschlagen — jedesmal mit dem in der Tat unvermeidlichen Ergebnis, daß sie nicht dahin passen.
Bei Thomae und Kächele sowie Goeppert und Goeppert verfehlen Rezeption und kritische Anmerkungen insgesamt ihren Gegenstand. Der Nenner ihrer Rechnung ist ein ganz anderer. Die Begriffe »Sprachspiel«, »aufgespaltenes Sprachspiel« dürfen unter keinen Umständen so konkretistisch genommen werden, wie dies Goeppert und Goeppert — ihrem eigenen Begriffskonkretismus entsprechend — tun.

In (3) habe ich ausdrücklich darauf aufmerksam gemacht, daß z. B. die Auffassung Lacans und meine Auffassung von Sprache und von Psychoanalyse nirgendwo auf dem gleichen Nenner gelesen werden können, weil die theoretische Basis eine andere ist oder — um im Zuge der hier entwickelten Argumentation zu bleiben — Lacan Sprachtheorie und psychoanalytische Theorien in ganz anderer Weise vermittelt; seine Begriffe befinden sich auf einer ganz anderen Vermittlungsebene. Bei Goeppert und Goeppert haben diese Hinweise nichts gefruchtet.* Der Sinn meiner Abgrenzung ist ihnen gänzlich entgan-

* Eine Blütenlese der sinnlosen Unterstellungen: Lacan, Habermas und ich teilten exklusiv »Grundannahmen neuerer Sprachdiskussion«; Lacan habe, mir zufolge, ein Handlungskonzept entworfen, sehe die Therapie als Interaktion (!) usw. (11, S. 90 f). Dazu ist zu sagen: Die Gemeinsamkeit von Lacan, Habermas und mir (wohlverstanden, in der zitierten Arbeit wurde

gen. Meine Kritik des Lacanschen Subjektbegriffs bringt sie zu einer eifrigen Richtigstellung (11, S. 92) auf dem Boden eines Sprach- und Subjektverständnisses, auf dem weder die Frage nach dem Problem der Konstitution subjektiver Strukturen unter objektiven Bedingungen dämmert noch klar werden kann, warum Lacan zu kritisieren ist. Ich will die Position, von der her meine Kritik angelegt ist, nochmals verdeutlichen, indem ich einen anderen Kritiker Lacans — Lucien Sève — zu Wort kommen lasse:

»Wenn beispielsweise angegeben wird, das Unbewußte sei wie eine Sprache strukturiert, ist das zweifellos ein erheblicher Fortschritt gegenüber dem ursprünglichen Freudschen Begriffsgut, wonach es wie ein biologischer Organismus strukturiert sein sollte; wer Sprache sagt, sagt nämlich gesellschaftliches Verhältnis, und das bringt den tatsächlichen menschlichen Wesen viel mehr. Doch warum auf halbem Wege stehenbleiben? Wenn einmal erkannt ist, daß das Problem des Individuums nicht instinktbezogen, sondern auf ein gesellschaftliches Verhältnis bezogen werden muß, warum dann das sprachliche Verhältnis vom *Ensemble* der gesellschaftlichen Verhältnisse abstrahieren? Höchstens doch, um zu vermeiden, daß man bei den Produktionsverhältnissen anlangt.« (15)

die Gemeinsamkeit von mir als Folie für die Herausarbeitung der »Differenz« vorgestellt und benutzt) besteht in der Wendung gegen die positivistische Verkürzung des Verhältnisses von Sprachfiguren, Handlungsfiguren und subjektiven Strukturen. Diese Gemeinsamkeit können Goeppert und Goeppert aufschlußreicherweise nicht sehen. Den Kern ihrer Rezeptionsschwäche verraten Goeppert und Goeppert selber, wenn sie meiner Lacankritik gegenüber über Lacan schreiben: »Es besteht keine (wie auch immer geartete) Gleichsetzung oder Gegenüberstellung von Sprache unter anderem, und es ist für ihn nicht das *Handeln*, das symbolvermittelt ist, sondern das menschliche *Subjekt* und seine Struktur« (11, S. 92). Wenn der Einwand ernstgemeint ist, verrät er eine eigentümliche Begriffsstutzigkeit. Goeppert und Goeppert können dann nämlich nicht begreifen, daß auch bei Lacan — der sich von der positivistischen Ichpsychologie, der Goeppert und Goeppert wie selbstverständlich folgen, entschieden abgrenzt — die Konstitution der Persönlichkeitsstruktur die Konstitution der Handlungselemente mit einschließt. Seltsam, bei den einen Kritikern (Wulff, Schneider) ist meine Interaktionstheorie mit Lacan identisch, bei den anderen (Goeppert und Goeppert) besteht gar keine Gemeinsamkeit.

Die Vermittlungsebene, von der eben die Rede war, ist mit der Lokalisierung *zwischen Psychoanalyse und Sprachtheorie* nur ungenügend bestimmt. Ihrem Wesen nach ist diese Ebene die Vermittlungslinie zwischen *Psychoanalyse* als subjektiver Analyse von Bewußtseins- und Handlungsfiguren einerseits und *Gesellschaftswissenschaft* als Theorie objektiver Prozesse andererseits. Die Ebene der Abstraktion des Sprachspielbegriffs ist relevant, nicht indem da *psychoanalytische und sprachtheoretische* Denkfiguren abgetragen werden können, sondern weil es sich dabei um das Niveau der Vermittlung von *Persönlichkeitstheorie und Gesellschaftstheorie* handelt, subjektive Bildungsprozesse als zugleich objektiv bestimmte zu denken sind. Die schlechte Dichotomie von Psychologie und Soziologie wird hier aufgehoben, ihr rationaler Gehalt wird bewahrt.
Es ist bemerkenswert, daß Schneider, von einer durchaus zutreffenden Kritik an dieser Dichotomie ausgehend, die Funktion der Einführung der Sprachspiel- und Interaktionstheorie gleichfalls nicht erkennen kann.

Auch bei ihm werden Metatheorie und Theorie, werden psychoanalytische Persönlichkeitstheorie und Interaktionstheorie zusammengeworfen, weil Schneider aus einer Mischung von frühem Marx, einem angeeigneten wie auch verleugneten Marcuse und einer (halbeingestandenen) Woodstockromantik Psychoanalyse und Marxismus zusammenbringen will, ohne eine dialektische Aufarbeitung der psychoanalytischen Zentralbegriffe zu leisten.

Daß die Auseinandersetzung von Psychoanalyse und historischem Materialismus über eine *Begriffsarbeit*, über eine die Mystifikationen auflösende, d. h. die altbekannten Sachverhalte neufassende Begriffsformulierung gehen muß, ist ihm so unbekannt, daß er ganz naiv moniert:

»Lorenzer verkauft neue Begriffsbildungen als theoretische Neuentdeckungen, die, bei genauerem Hinsehen, auf einen längst bekannten Sachverhalt verweisen. So ist es auch mit dem inzwischen renomierten und von den Neoadorniten gefeierten Begriff der ›Sprachzerstörung‹. Daß jede Neurose die Verbindung von Wort- und Sachvorstellungen und damit auch die Verbindung von Sprache und Handeln, von Kommunikation und Interaktion zerreißt, ist uns seit Freud hinlänglich bekannt. Auch die terminologische Neuschöpfung der ›Zerstörung des Sprachspiels‹ bzw. der Begriff der ›Desymbolisierung‹ fügt der Freudschen Erkenntnis nichts Neues hinzu. Das Ziel der analytischen Therapie, bei Freud: die ›Bewußtmachung des Unbewußten‹, heißt bei Lorenzer: ›Die Wiederherstellung der aufgespaltenen Sprachspiele‹. Eine reine Paraphrase!« (6, S. 154).

Nun ist freilich Schneider ein besonders auffallendes Beispiel von Leseschwäche, vermag er doch meine Auffassung so skurril auf den Kopf zu stellen wie im folgenden Zitat:

»Lorenzer ersetzt den strukturalen Idealismus nur durch einen neuen ›Interaktion‹-Idealismus: als gebe es über alle gesellschafts- und klassenspezifische Verkehrsformen erhabene und von ihnen unabhängige ›Interaktionsstrukturen‹, die gewissermaßen als ›objektiver Geist‹ der ›Interaktion‹ anzusehen wären!« (6, S. 52).

Daß das Gegenteil zutrifft, ist sogar Goeppert und Goeppert aufgefallen: »Aber für Lacan ist Wahrheit gerade nicht, wie für Lorenzer, abhängig von gesellschaftlicher Praxis . . .« (11, S. 93).

Weil Schneider nicht sehen kann, daß die psychoanalytischen Begriffe den Charakter von Mystifikationen haben, mithin die Aufgabe darin besteht, deren Wahrheitsgehalt Schritt für Schritt aus dem bornierten Theorierahmen freizulegen, begreift er nicht, wozu die Abstraktionsebene von Sprachspiel- und Interaktionstheorie einzuführen ist, versteht er nicht, wie er seinen eigenen blinden Fleck beschreibt, wenn er festzuhalten meint:

»Die adornitischen und neoadornitischen Theoretiker wollen den ›Bruch‹ zwischen Individuum und Gesellschaft, zwischen Psychoanalyse und Marxismus nicht aufheben, weil sie sich als ›kritische Kritiker‹ dieses ›Bruchs‹ selbst mit aufheben würden. Da sie in Wirklichkeit nur mit der Psychoanalyse verheiratet sind, während sie mit der Marxschen Politökonomie bestenfalls einen Flirt unterhalten, wehren sie auch jede politökonomische Infragestellung der psychoanalytischen Kategorie eifersüchtig ab.« (6, S. 160).

Kritische Aufarbeitung der Begriffsmystifikationen bürgerlicher Wissenschaft folgt gewiß nicht dem Spiel von Ehe und Flirt, hat aber auch nichts zu tun mit prozessualem Ausspielen des einen »Lagers« gegen das andere (»mit Freud – gegen den Vulgärmarxismus« und umgekehrt, 6, S. 5). Die Distanz von Psychoanalyse und Marxismus wird weder dadurch aufgehoben, daß man die Begriffe selegiert nach dem Motto: »Die guten ins Töpfchen, die schlechten in Kröpfchen«, noch auch indem man sie denunziert, sondern nur dadurch, daß man gerade die »längst bekannten Sachverhalte« als Mystifikationen aufarbeitet. Wohin wäre Marx mit der politischen Ökonomie geraten, hätte er es sich damit so leicht gemacht wie Schneider mit der Psychoanalyse?

Wie sehr Schneider zur Nachhut der Frühen-Marx-Anthropologen gehört, wird deutlich daran, daß er als Paradigma für die Auseinandersetzung mit Psychoanalyse nicht das Beispiel der Kritik der politischen Ökonomie als kritischer Aufarbeitung bürgerlicher Wissenschaft auf ihrem fortgeschrittensten Stand wählt, sondern die Hegelauseinandersetzung des frühen Marx (was aus vielen Gründen ganz unsinnig ist):

»Anstatt Freuds psychologistische Krankheitstheorie in toto abzulehnen, ist es vielmehr an der Zeit, sie ›vom Kopf auf die Füße zu stellen‹. Beschränkte sich die klassische Psychoanalyse darauf, den Kranken *in* der Gesellschaft zu behandeln, so ist es Aufgabe einer materialistisch orientierten, emanzipativen Psychoanalyse, *die Gesellschaft selber* als Krankheit zu behandeln« (6, S. 10).

Kein Wunder, daß Schneiders Vorgehen, das sich so gibt, als solle die psychoanalytische Erfassung des bürgerlichen Individuums (was durchaus richtig gesehen ist) als ideologie-kritisches Material einer marxistischen Gesellschaftskritik angeboten werden, am Ende umschlägt in einen geradezu unheimlichen Triumph einer von Schneider erträumten Psychoanalyse über die Marxsche Gesellschaftstheorie, über Theorie und Praxis des revolutionären Subjekts. An die Stelle des revolutionären Subjekts tritt in den programmatischen Abschlußbemerkungen des Vorworts nämlich der Arzt am Krankenbett. An die Stelle des revolutionären Subjekts tritt als wahrhaft mythische Gestalt die Figur einer »emanzipativen Psychoanalyse«, deren »therapeutisches« (!) »Anliegen« es ist, die Krankheitskrise zu meistern und Schlimmes zum Guten »umzufunktionieren«:

»Sah die klassische Analyse ihr therapeutisches Ziel darin, den vermeintlichen ›Kranken‹ an eine vermeintlich ›gesunde‹ Gesellschaft anzupassen, so muß es das *therapeutische* Anliegen einer emanzipativen Psychoanalyse sein, das in der Krankheit sich äußernde Moment von bewußtloser Subversion und passivem Widerstand in die be-

wußte *politische* Subversion und den aktiven politischen Widerstand gegen eine ›kranke‹ Gesellschaft umzufunktionieren. Berlin, Dezember 1972.« (6, S. 10).
Dem Verlag ist ein sinniges Signet eingefallen: Ein halber Freud mit einem halben Marx, wobei freilich nur eine gemeinsame Nase herauskam. Nehmen wir es — wie unschuldig auch der Autor *daran* ist — als Abbild für das, was resultiert, wenn gegenseitige Begriffsabschleifungen und Begriffsanpassungen an die Stelle eines bis in die Zentralkategorien gehenden Infragestellens und Aufarbeitens der Begriffe gerückt werden.

Die Abstraktionsebene, auf der die Begriffe der Sprachspiel- und Interaktionstheorie angesiedelt sind, beansprucht, »verständige Abstraktion« zu sein. Weil sie die Vermittlungsebene ist, auf der in subjektiven Strukturen die Änderung objektiver Prozesse eingetragen werden kann, ist es auch die unerläßliche Vermittlung subjektiver Analyse als kritisch-hermeneutischer* mit der objektiven kritisch-nomologischen Analyse der politischen Ökokomie.
Wenn Sève in seinen kritischen Bemerkungen gegen Lacan die Aufgabenstellung einer Vermittlung psychoanalytischer Erfahrung mit den Resultaten politökonomischer Analyse ausdrücklich hervorhebt, so hat er damit die entscheidende, weil

* Die Unterstellung von Goeppert und Goeppert, daß in meiner Darstellung »lediglich der *Patient* vom Analytiker verstanden und seine privatsprachlich eingeengte klischeehafte Ausdrucksweise diagnostiziert und eine Umkehrung dieser Situation in therapeutischen Prozeß nicht einmal impliziert vorgesehen ist« . . . ist eine skurrile Phantasie, die schon vom Gebrauch des Begriffs »Hermeneutik« ad absurdum geführt wird. Sollte man meinen.
Nicht viel besser steht es mit dem Verständnis davon, was »kritisch« heißt: Sonst kämen Goeppert und Goeppert nicht zu der absonderlichen Annahme, »was normale, nicht zerstörte Sprache bzw. sprachliche Kommunikation ist« . . . wurde »bei einer tiefen hermeneutischen Sprachanalyse, wie Lorenzer sie gibt, jedoch stillschweigend vorausgesetzt«. Den Kritikern zur Kenntnis: Der kritische Ansatz muß auf solchen Fundamentalismus verzichten (s. dazu die Bemerkungen in dem von Goeppert und Goeppert zitierten letzten Kapitel in (3). Die Unterstellung ist eine Projektion der eigenen positivistischen und ungeschichtlich anthropologischen Position von Goeppert und Goeppert, die sich die Fundierung psychoanalytischer Metatheorien in einer »allgemeinen Theorie der sprachlichen Kommunikation« vorstellen (11, S. 59).

alles übrige mitumfassende Funktion angesprochen, die unserer Auffassung nach die Sprachspiel- und Interaktionstheorie als Vermittlungsebene subjektiver und objektiver Analysen zu leisten hat. Die Zentralfrage dieser Abstraktionsebene, um die sich die Auseinandersetzung dreht, aber ist: die Frage nach dem »Wie« der *Konstitution subjektiver Strukturen unter objektiven gesellschaftlichen Bedingungen.* Das Problem der *Beschädigung* der subjektiven Strukturen – gleichfalls: unter objektiven gesellschaftlichen Bedingungen – gehört ebenso dazu wie die Frage nach der Möglichkeit der Psychoanalye, diesen Prozeß einerseits zu erkennen und andererseits in diesen Prozeß »therapeutisch« einzugreifen.
Wie man sieht, geht es an diesem Punkt um mehr als die Bestimmung des Wissenschaftsstatus der Psychoanalyse oder beliebig damit an- bzw. abkoppelbarer Theoriestücke. Der Angelpunkt erkenntnistheoretischer Fragen in der Psychoanalyse entpuppt sich im Problem der Konstitution subjektiver Strukturen zugleich als der Zentralpunkt psychoanalytischer Theorie, Neurosenlehre wie Entwicklungslehre. Die Verflechtung der Problemfelder – Erkenntnistheorie und kritische Anthropologie, biologische Determination wie geschichtlich-gesellschaftliche Bestimmtheit – läßt sich, dies soll unmißverständlich hervorgehoben werden, nur auf derjenigen Vermittlungsebene, auf eben *der* Abstraktionsebene angehen, die in meinem Konzept die Sprachspiel- bzw. Interaktionstheorie einnimmt. Die wesentliche Funktion der Sprachspiel- bzw. Interaktionstheorie ist, die Einheit dieser Problemverklammerung festzuhalten als Sicherung gegen positivistische, biologistische oder idealistische Sackgassen, in die psychoanalytisches Begreifen der Subjektivität beim Auseinanderfallen in die unvermittelten Theoriestücke zwangsläufig gerät.
Die Sprachspiel- und Interaktionstheorie ist zu verstehen als ein geschlossener Ansatz, die Frage nach der Wissenschaftlichkeit der Psychoanalyse in einer dialektischen Metatheorie (anstelle einer Wissenschaftstheorie, wie sie Thomae und Kächele, Goeppert und Goeppert vorschwebt) zu lösen, die frühkind-

liche Bildungsgeschichte als materialistische Sozialisationstheorie anstelle einer ahistorischen Entwicklungstheorie zu begreifen, und an die Stelle einer gesellschaftsblinden Neurosenlehre ist eine historisch-materialistische Strukturtheorie zu rücken. Die zur Diskussion gestellte Sprachspiel- und Interaktionstheorie beansprucht damit die Stellung als Schlüsselfigur auf drei Ebenen. Hinzuzufügen ist: Was immer an ihre Stelle gebracht werden mag, muß notwendig dem gleichen dreifachen Anspruch genügen. Einen dieser Problemkreise aus dem Auge zu verlieren beim Verfolgen der anderen Fragen bedeutet, auf jene Holzwege zu geraten, in die sich die unvermittelt isolierten Lösungsversuche bisher verrannten.

Bemerkenswert ist, daß die einen (Wulff, Schneider) wie die anderen Kritiker (Thomae und Kächele, Goeppert und Goeppert) sich nicht an eine Kritik der Zentralpunkte der von mir vorgelegten Sprachspiel- und Interaktionstheorie wagten. Bei Wulff verbleibt die Kritik im Vorfeld der (nachweislich unzutreffenden) Identifizierung meines und des Habermasschen Interaktionsbegriffes, Schneider läßt es beim (nicht einmal genauen) Blick in einen einzigen Aufsatz, in dem die Zentralfiguren der Interaktionstheorie gar nicht entfaltet wurden. Thomae und Kächele brechen beim ersten Drittel von *Sprachzerstörung und Rekonstruktion* ab – anders läßt sich nicht verstehen, wie sie auf die geradezu tragikomische Umstülpung meiner Frage nach der Evidenz des Verstehens zur bornierten »gestaltpsychologischen Antwort« kamen (schließlich wird dieses Problem *als Frage* laufend gestellt und Schritt für Schritt mit 6 Thesen zu beantworten gesucht). Goeppert und Goeppert gar belassen es bei folgendem spärlichen Text in einer Fußnote: . . . »Diese Auffassung wird offensichtlich von Lorenzer (1970, S. 102) vertreten, für den die psychoanalytische Aufgabe darin besteht, die neurotische Sprachverschiebung zurechtzurücken bzw. die Privatsprache des Patienten mit der Allgemeinsprache wieder zur Deckung zu bringen. Daher beschreibt Lorenzer als ›zentralen Vorgang‹ der Psychoanalyse die ›Wiedervereinigung des aufgespaltenen Sprachspiels (a.a.O.,

S. 206).« (11, S. 127). Weiter trauen sie sich in ihrem Buch, das immerhin den Titel *Sprache und Psychoanalyse* hat, nicht an die Sprachspiel- und Interaktionstheorie heran. Ihre ganze, recht lebhaft und umfänglich aufgezogene Kritik an meinem Konzept holt sich ihr Material nur aus dem Vorfeld der Argumente.

Diese »Gegenkritik« darf nicht mißverstanden werden. Es geht keinesfalls darum, das Außerachtlassen der zentralen Positionen, – die aufzubrechen doch wohl unerläßlich wäre angesichts des ganzen kritischen Aufwandes der von allen vieren mir gegenüber betrieben wird, – persönlich einzuklagen. Es kommt darauf an, das Nichtzufällige zu sehen: Von den Positionen, von denen aus die Interaktionstheorie in den angegebenen Fällen kritisiert wird, ist das Mißverständnis unvermeidbar, so unterschiedlich auch die Gründe zur Aushöhlung eines Ansatzes der »Kritik der Psychoanalyse« sein mögen. Die Vermeidung einer gezielten Auseinandersetzung wie die – von jedem Leser leicht auflösbaren – Rezeptionsverzerrungen aus Wahrnehmungskotomen gehören zusammen.

Dafür sollen nur ein paar eigenartige Beispiele geboten werden. So schreiben Goeppert und Goeppert: »Lorenzers sprachorientierte therapeutische Intentionen nähern sich u. E. einer ›kompensatorischen Spracherziehung‹ in der Analyse, in der die neurotischen Sprachverschiebungen zurechtgerücktwerden sollen, auch wenn Lorenzer selbst die Psychoanalyse keinesfalls als Anpassungstheorie verstanden wissen will . . .« (11, S. 17). Sie referieren weiterhin:

»Die Identität von Sprachstrukturen und Handlungsstrukturen wird in der Sozialisation jedesmal *hergestellt* dadurch, daß die Sprachsymbole als Prädikatoren für Interaktion eingeführt werden (a.a.O., S. 107). Hier liegt u. E. ein sprachtheoretisches Problem: Zwar wird Sprache in konkreten Interaktionen erlernt, aber die einzelnen Sprachzeichen sind keine ›Benennungen‹ von Interaktionen . . . Sprache hat also prinzipiell zwei Dimensionen, eine Subjekt-Objektdimension und eine Subjekt-Subjektdimension . . . Dabei wird die Gleichsetzung von Sprache und Formen der Interaktion gerade dort vorgenommen, wo dies u. E. nicht möglich ist, nämlich an einzelnen sprachlichen Ausdrücken und deren ›Bedeutung‹, die ›Benennung‹ von Interaktionen sein sollen. Die Beziehung von Sprache und Interaktion ist vielmehr dort zu suchen, wo die Sprechakt- bzw. Sprach-

behandlungstheorie (sowie verschiedene Aktantentheorien) sie zu untersuchen begonnen haben.« (6, S. 96 f).
Solchem Zitieren muß man freilich hinzufügen: Wenn Goeppert und Goeppert meine Schrift zur Begründung einer materialistischen Sozialisationstheorie bei ihrer Kritik meiner Position außer Betracht ließen (und ihre Zitate aus der Kurzdarstellung in meiner späteren Arbeit über den Gegenstand der Psychoanalyse entnommen haben), so wäre ihnen daraus schwerlich ein Vorwurf zu machen, wenn sie es unterließen, so naiv zu referieren.
Außer einem Hinweis, sich erst einmal die zu kritisierende Argumentation an Ort und Stelle durchzulesen (2), kann man dazu nur sagen: Von der sicheren Warte der psychoanalytischen Persönlichkeitstheorie und unbetroffen von dem Problem, das die 6. Feuerbachthese aufgibt: »Das menschliche Wesen . . . In seiner Wirklichkeit ist es das Ensemble der gesellschaftlichen Verhältnisse« (16), nimmt sich die Problematik der subjektiven Strukturen als Niederschlag der Interaktionsformen und nimmt sich das Problem der Einführung von Sprache und der *Konstitution* des Subjekts in der Tat so simpel aus, wie hier dargestellt. Für Autoren dieses Stils lassen sich solche Probleme im vorab auf der ersten Seite in einer Fußnote erledigen: »Unter die psychosozialen Voraussetzungen zählen wir einerseits die biologisch bedingte individuelle Disposition (Begabung) des Menschen, worunter z. B. seine Lern- und Sozialisationsfähigkeit, die Kreativität, das Handlungs- und Vorstellungsvermögen, das Gedächtnis, die Emotions- und Sprachfähigkeit zu rechnen sind, andererseits die sozio-kulturell erworbenen Erfahrungen und Normen (die Verhaltensstruktur), die sich durch Begriffe der soziologischen Rollentherapie (Rollenstruktur, Position, Status) und durch die Ausbildung von Techniken, Erkenntnissen, Raum-, Zeitorientiertheit usw. erklären lassen (vgl. Dreitzel, 1968). Weiterhin ist hier eine allgemeine Verhaltensmotiviertheit des einzelnen zu nennen, durch die das Zusammenwirken von Disposition und aktuellen Erfahrungen ermöglicht wird.« (11, S. 11)

Greifen wir dem in *Sprachzerstörung und Rekonstruktion* sich erst konturierenden, keineswegs aber vollexplizierten Erkenntnisstand voraus, so läßt sich das Vorstehende zusammenfassen: Das Verständnis von Psychoanalyse als einem Verfahren, das zu einer materialistischen Hermeneutik hin tendiert, korrespondiert mit der Auffassung, ihr Gegenstand gehöre – richtig begriffen – in den Rahmen einer materialistischen Sozialisationstheorie.

Wenn die Einführung der Vermittlungsebene, auf der die Sprachspiel- und umfassender noch die Interaktionstheorie angesiedelt ist, damit begründet wurde, daß auf dieser Ebene die praktischen wie theoretischen Zentralstrukturen der Psychoanalyse sich in die Dimension des historischen Materialismus stellen lassen, so muß die Dialektik den Rahmen »interdisziplinärer Verständigung« (zwischen Psychoanalyse und Sozialwissenschaften) überschreiten, indem sie den Bannkreis akademisch-wissenschaftlicher Sprachspiele verläßt, ohne »unwissenschaftlich« zu werden.

Auch das ist einer der Punkte, wo Goeppert und Goeppert ganz im dunkeln tappen, wenn sie schreiben:
»Das metatheoretische Vorgehen wird von Lorenzer (1970, S. 14) als ein Zurückverwandeln der sprachanalytischen Fachsprache in die Umgangssprache beschrieben, und es soll gelten: ›Die Metatheorie erwächst aus dem Sprachspiel selbst.‹ Diese Auffassung steht jedoch im Gegensatz zur wissenschaftstheoretischen Erklärung einer metatheoretischen Einstellung, deren eine gewisse Genauigkeit anstrebende Definitionen sich gerade von der alltäglichen ohne Ansprüche auf wissenschaftliche Widerspruchsfreiheit gesprochenen Umgangssprache abheben sollen.« (11, S. 16).
Abgesehen davon, daß es gar nicht um die »sprachanalytische« sondern die »psychoanalytische« Fachsprache an der betreffenden Stelle geht, beachte man die »Widerspruchsfreiheit« — diese alte Kampfparole der Positivisten gegen die Dialektik! — und das Postulat der Wahrung von »Genauigkeit anstrebenden Definitionen« als Bemühung zur Immunisierung der akademischen Sprachspiele! Daß mit der Einholung von Fachsprache in die Umgangssprache auf den ersten Stufen — leider — gewiß nicht »Allgemeinverständlichkeit« gemeint sein kann, ist ebenso klar, wie es andererseits nicht um eine Einordnung in Alltagsbewußtsein gehen kann. Die Problematik der Aufhebung der Isolierung wissenschaftlicher Sprachspiele, die Aufgabe, die Mystifikationen der wissenschaftlichen Begriffe *zugleich* mit der Bornierung des Alltagsbewußtseins aufzulösen, können hier nur angedeutet werden: als Versuch, Erfahrungen in diejenige Sprachspielebene einzuholen, in der die Praxis, ihre Partikularisierung abstreifend, Bewußtsein wird. Positivistischem Wissenschaftsverständnis sind diese Probleme gedanklich schon in ihrem Ansatz einer kategorialen Klärung freilich unbegreifbar.

Die Entfaltung der Grundthese von Verbindung einer materialistischen Hermeneutik mit einer materialistischen Sozialisationstheorie soll in Andeutungen wenigstens nachgezeichnet werden, um die Schrift *Sprachzerstörung und Rekonstruktion* für die Leser in die Arbeitsrichtung der Untersuchung hineinzustellen – in Rückspiegelung der nachfolgenden Auseinandersetzungen.

Greifen wir nochmal auf Sèves Kritik an Lacan zurück, um verständlich zu machen, daß eine linguistisch bzw. kommunikationstheoretisch eingeschränkte Verkürzung des Wittgensteinschen Sprachspielmodells aufgesprengt werden muß (falls man überhaupt auf solche Einschränkungen des Themas »Sprache und Psychoanalyse« sich einläßt).

Aus Nötigungen anderer Art (wenngleich in der Sache aus demselben Grunde) als bei Sève wurde schon in *Sprachzerstörung und Rekonstruktion* das Sprachspielmodell insofern aufgebrochen, als die neurotische Deformation dargestellt wurde als Deformation menschlicher Praxis. Eine bloß sprach- bzw. kommunikationstheoretische Fassung läßt sich mit der Radikalität des Unterschiedes Bewußtsein – Unbewußtes nicht vereinbaren. Desymbolisierung ist nicht bloß als Exkommunikation von Repräsentanz in Randzonen der Symbolisierung – wie Habermas' Verstoßung des Exkommunizierten ins Gebiet der Palaeosymbole – zu begreifen, sondern als Exkommunikation aus Sprache und Sprachlichkeit. Das Klischee liegt außerhalb der Sprache und ist sprach- wie kommunikationstheoretisch allenfalls negativ zu bestimmen, zugleich aber befindet es sich innerhalb der verhaltensbestimmenden Handlungselemente!

Was aber liegt an Verhaltenspotentialen jenseits kommunizierbarer Bewußtseinsfiguren, was liegt außerhalb und »vor« der Sprache: praeverbale, noch nicht vergesellschaftete, weil noch-nicht-sprachliche biologische Verhaltensfiguren? Genau das ist die Sackgasse, in die bislang fast ausnahmslos alle – auch die marxistischen Psychologen – gerieten: die Sackgasse eines Biologismus, der mit einem geschichtsunabhängigen Fundament die gesellschaftliche Bestimmtheit vorweg anulliert.

Worauf gründet das Wiedereinholen ins Bewußtsein? Auf subjektive Kompetenzen bei Arzt und Patient, auf Teilhabe an einem »Gespräch« und das Vermögen, der Wahrheit im Gespräch sich zu nähern? Genau dies ist der alte Idealismus, das gesellschaftsblinde Pendant zum Biologismus in der Persönlichkeitstheorie.

Unter den Stichworten »materialistische Sozialisationstheorie« und »materialistische Hermeneutik« müssen wir beiden – der Psychoanalyse wohlvertrauten – Versuchungen gegenüber die Formeln des Sprachspielmodells einsetzen, das psychoanalytische Erfahrung sprachtheoretisch interpretiert, um den Subjektivismus der Psychoanalyse zugleich mit einer linguistisch verkürzten Sicht auf den Gegenstand zu überwinden (schon deshalb müssen Goeppert und Goeppert bei ihrer Abwehr im Vorfeld der kritischen Auseinandersetzung bleiben).

Sprachzerstörung und Rekonstruktion beläßt es bei einer Aufsprengung in »negativer Formulierung«. Will man nun aber nicht bei Negativformeln wie dem »Übersteigen der Grenze der Sprache in funktionaler Regression« oder »Wiedereinholung in Sprache in der unbewußten Teilnahme am Spiel von Übertragung und Gegenübertragung« bleiben, so ist der Bereich, in den hinein die exkommunizierten Repräsentanzen verstoßen wurden, auszumachen und zu benennen. Dies geschah in der Untersuchung der Bildung der subjektiven Strukturen in der Schrift *Zur Begründung einer materialistischen Sozialisationstheorie* (2). Dort wurde dargestellt, daß in historisch-materialistischer Sicht die Antwort auf die Frage nach diesem Bereich lauten muß: die in der Mutter-Kind-Dyade bewußtlos eingeübten »bestimmten Interaktionsformen«. Die Figuren der praktischen Dialektik zwischen innerer Natur (des Kindes) und gesellschaftlicher Praxis (vermittelt über die Mutter) werden als Niederschlag realer Interaktionen zum Ansatz individueller Strukturen, die *»subjektive«* Strukturen erst nach der Einführung von Sprache genannt werden können. Der Begriff »Sprachspiel« überschneidet sich mit dem Begriff »symbolische Interaktionsform« – womit die Problemkreise

materialistischer Hermeneutik und materialistischer Sozialisationstheorie begrifflich verklammert werden. »Symbolische Interaktionsform« ist in subjektiver Analyse ein strukturanalytischer Terminus, in objektiv-gesellschaftlicher Analyse dagegen ist er ein Begriff eines Bedingungszusammenhanges; er kennzeichnet die gesellschaftliche Bestimmtheit der subjektiven Strukturen. Erst die interaktionstheoretische Fassung des Sprachspielmodells erlaubt es, die psychoanalytische Hermeneutik als Ansatz einer materialistischen auszuweisen. Gegenstand der Psychoanalyse sind die in Sprache eingeführten dialektischen Formen der Einigung zwischen Mutter und Kind als Produkt der Auseinandersetzung zwischen innerer Natur und einer in Auseinandersetzung an äußerer Natur sich bildenden gesellschaftlichen Praxis. Möglichkeiten wie Grenzen des psychoanalytischen Eingriffs werden so erkennbar.
Die interaktionstheoretische Fassung des Sprachspielbegriffs erlaubt es, den Weg psychoanalytischer Erkenntnisbildung zu bestimmen: als dialektisch-hermeneutische *Strukturanalyse*, die in »ideologischer Begrenztheit« dennoch ein Moment kritisch-hermeneutischen Verfahrens enthält.
Die interaktionstheoretische Fassung des Sprachspielbegriffs erlaubt es andererseits aber auch, psychoanalytische Erfahrungen als strukturanalytisches Gegenstück einer polit-ökonomischen Bedingungsanalyse in die konkrete Analyse der hier und heute geltenden Produktionsverhältnisse zu rücken.
Die Resultate solcher Analysen gehören freilich nicht der »Psychoanalyse« an. Hier muß noch einmal darauf aufmerksam gemacht werden, daß die interaktionstheoretischen Abstraktionen den Rahmen psychoanalytischer Theorie durchaus überwinden. Erst recht fallen die nächsten Schritte der Auseinandersetzung, die Vermittlung einer die Kausalgenese subjektiver Deformation aufdeckenden politökonomischen Analyse und einer subjektiven Strukturanalyse in der Fassung interaktionstheoretischer Begriffe aus dem engeren Rahmen der Psychoanalyse heraus. Die Erfahrungen sind, begriffen auf dieser Ebene, Bestandteile einer *kritischen Theorie des Sub-*

jekts, die sich nicht unabhängig von Psychoanalyse hätte entwickeln können, mit ihr jedoch keineswegs gleichzusetzen ist, wie sie auch notwendig den »Praxisrahmen« eines an den medizinischen Krankheitsbegriff gebundenen Therapieverfahrens überschreiten muß. Die Erfahrungen sind Bestandstücke einer kritischen Theorie des Subjekts, die *abhängig* von den Resultaten einer kausalgenetisch-fragenden politischen Ökonomie mit ihr zusammen in den umfassenden Rahmen historisch-materialistischer Gesellschaftstheorie gehört.

II

Auch wenn die Vermutungen von Wulff und Schneider und die Annahmen von Goeppert und Goeppert über das Verhältnis der Sprachspiel- und Interaktionstheorie zur Lacanschen Interpretation der Psychoanalyse sich gegenseitig paralysieren, so illustrieren ihre Hinweise immerhin, welche mannigfachen Verwechslungsmöglichkeiten zwischen Lancans Formulierungen und den meinen bestehen. Tatsächlich geht es beide Male ja um eine »sprachtheoretische« Deutung desselben Gegenstandes, nämlich der Psychoanalyse. Beide Male freilich auf einer ganz anderen Theoriebasis. Ein subtiler Lacankenner (zu dem mich einzig Wulff macht) hätte möglicherweise die Verwechslungsfallen gleichlautender Formulierungen vermieden oder doch gekennzeichnet – vielleicht zum Schaden der Diskussion. Denn, gerade weil die Differenz nicht in dem Detail der Interpretation, sondern ganz und gar am wesentlichen – dem je unterschiedlichen Konzept – hängt, tritt das wichtigste, das leitende Erkenntnisziel von *Sprachzerstörung und Rekonstruktion* im provozierten Vergleich mit Lacan pointiert heraus. Jede Verwechslungsfalle kann als Profilierungsmarke der Abgrenzung dienen.

In (3) habe ich die Abgrenzung von Lacan* bereits schon zur Klä-

* Ich habe den Unterschied verdeutlicht am ganz anderen *Subjektbegriff*, an einem ganz anderen *Wahrheitsbegriff*, an der Zentrierung auf den *Dialog* (bei Lacan) statt der in realer *Praxis* verankerten Interaktion.

rung wichtiger eigener Positionen benutzt (Goeppert und Goeppert haben weder diese Absicht erkannt, geschweige denn inhaltlich begriffen: Lacans Sprachauffassung wird von mir kritisiert, weil sie sich in der Perspektive des historischen Materialismus nicht halten läßt).

Die jüngst erschienene, für die deutsche Lacanrezeption grundlegende Arbeit von Hermann Lang (17) zeigt darüber hinaus, daß sich von der Lacanschen Position her in der Tat sehr fruchtbare Fragen an *Sprachzerstörung und Rekonstruktion* stellen lassen. Sie zu beantworten dient so unmittelbar der Verdeutlichung tragender Grundannahmen meiner Schrift, daß ich darauf ausführlich eingehen möchte. Ich werde meine Operation allerdings immer wieder hinter den Rücken Langs, nämlich zum Ansatz an den Grundpositionen Lacans, zurückführen. Und zwar eben deshalb, weil Lang die wesentlichen Differenzpunkte zwischen Lacan und mir unverzerrt und konsistent zum einen wie anderen Konzept vorbringt. Lang beginnt mit folgender Feststellung:

»Für Lorenzer unterliegt es keinem Zweifel, daß die dem psychophysischen Grenzbereich angehörende Realität des Es ein ›sprachliches Jenseits‹ bildet, das Unbewußte ›außerhalb der symbolischen Kommunikation geraten ist‹, und ›einzig das Ich . . . als eine formgebende, symbolbildende Instanz gelten (darf)‹. Nur bewußten Repräsentanzen kommt Symbolcharakter zu, unbewußte Repräsentanzen, die Lorenzer als ›Klischees‹ bestimmt, sind dagegen als symbolfreie Strukturen zu verstehen. Während Lacan — wie noch zu zeigen sein wird — die eigentliche Verdrängung als ein Geschehen begreift, das innerhalb symbolischer Ordnungen selbst spielt, stellt sich diese für Lorenzer in konsequenter Fortführung seines Ansatzes als ›Desymbolisierung‹ dar. ›Qua Neurotiker steht der Patient außerhalb der Sprachlichkeit‹.« (17, S. 42)
Lang fährt etwas später fort: »Ein solches Unternehmen setzte freilich voraus, Sprache nicht als ein Privileg des Ichs und des Bewußtseins zu betrachten; vielmehr hätte es zu untersuchen, inwieweit das Unbewußte selbst sprachlicher Natur ist, ja zu fragen, ob nicht Sprache in konstitutiver Weise an seiner Genese teilhat. Müßte, gesetzt, Sprache machte am Unbewußten halt, Geschichte, was ihre unbewußten Anteile angeht, nicht wesenhaft sprachfern geschehen? Und sehen wir uns in Konsequenz dessen nicht gezwungen, sofern wir

mit der seit alters üblichen Kennzeichnung des Menschen als jenes Lebewesens, das spricht, wirklich ernst machen, seine Triebe bloßer Animalität zuzurechnen?« (17, S. 44)

Die Aussagen Langs über meine – in schroffem Gegensatz zu Lacans Auffassung stehende – Unterscheidung von Ich und Es sind zutreffend. Wie steht es danach mit der folgenschweren Frage der »Konstitution des Unbewußten durch Sprache« angesichts der von mir behaupteten Sprachlosigkeit des Unbewußten? Wie steht es danach mit der Geschichtlichkeit des Unbewußten bzw. einer – so scheint es – aus der Sprachlosigkeit des Unbewußten sich ergebenden Geschichtslosigkeit des Es? Werden so die Triebe »bloßer Animalität zugerechnet«, das Es mithin geschichtlos? Gerät das Es bei mir, ganz und gar gegen jede geschichtsmaterialistische Sicht, ins Abseits von Geschichte, während es bei Lacan »geschichtlich« – zumindest in Heideggers Sinne – ist?

Die im ursprünglichen (3) – auf Auseinandersetzung mit der Es-Ontologie angelegten – Argumentationszusammenhang beiseitegelassenen Probleme des »Ich«- und »Subjektbegriffs«, die Unterscheidung von Symbolbildung und Symboloperation müssen auch jetzt unberücksichtigt bleiben. Das behindert eine umfassende Klärung und beeinträchtigt möglicherweise auch die Eindeutigkeit der folgenden »thesenartigen« Feststellungen, ist im gebotenen Rahmen aber unvermeidlich.

Ich möchte auf diese Fragen die folgende Antwort geben:

These 1: Die Sozialisation des Kindes, und d. h. die Bildung subjektiver Strukturen als gesellschaftlich bestimmte, ist im folgenden Sinne *nicht* an Sprache gebunden: Die Vergesellschaftung beginnt in nichtsprachlicher, praktisch-gestischer Abstimmung bereits intrauterin. Die Verwandlung von »Körperbedarf« in »Körperbedürfnis« verläuft nach meiner Auffassung als *vorsprachliche Einigung auf Interaktionsformen.* Daß das in einer bestimmten geschichtlichen Situation gesellschaftlich eingestellte Bedürfnis nicht (noch nicht) »Wunsch« sein kann, ergibt sich danach von selbst: das individuelle Bedürfnis ist präsymbolisch.

– Das Es ist danach strukturiert, jedoch nicht symbolisch.
– Das Es besteht aus dem Niederschlag von Interaktionsformen, die als Synthesis von Körperprozeß des Kindes und der durch die Mutter vermittelten praktischen Antwort »gesellschaftlich bestimmt« sind.
– Das Es ist danach »natürlich«, aber nicht animalisch, weil Natur nirgends pur greifbar ist und schon nach dem allerersten Vermittlungsschritt, d. h. in der ersten »Darstellung« schon nicht mehr als »bloße« Natur zur Darstellung kommt, vielmehr überall eingegangen ist in die Struktur gesellschaftlich vermittelter Reizreaktionskomplexe: die »bestimmten Interaktionsformen«.

These 2: Weil die Produktion »bestimmter Interaktionsformen« sich im Rahmen gesellschaftlicher Praxis abspielt, diese aber symbolvermittelt ist, geht *gleichwohl* Sprache in die »bestimmten Interaktionsformen« ein. Mit anderen Worten:
– Die Produktion der »bestimmten Interaktionsformen« ist vorsprachlich aber nicht außersprachlich.
– Die Produkte, nämlich die »bestimmten Interaktionsformen«, sind keine Symbole, ihre Struktur entspricht dennoch der Struktur der Sprache als System der Praxisregulation.

Jedem Kenner des Lacanschen Konzeptes wird klar sein, daß sich keine der beiden Thesen mit Lacan verträgt. Dennoch läßt sich auch aus meinen Thesen der Satz bilden: »Das Unbewußte ist gleich einer Sprache gebaut«. Der Satz bedeutet hier aber: Die Struktur der bewußtlos vermittelten Interaktionsformen *als* gesellschaftlich vermittelte entspricht der Struktur der Sprache, in die das Kind hineingeboren wird. Dies ist ein Beispiel für die Unmöglichkeit, auf der vordergründigen Ebene konkretistisch mißverstandener Begriffe das Lacansche Konzept mit dem meinen zu identifizieren. Der Satz hat einen ganz anderen Sinn als bei Lacan; ist aber gleichwohl nicht *ganz* anders. Doch selbst diese Feststellung kann umgekehrt werden, beide Male aber bleibt die systematische Unvereinbarkeit eindeutig.

Meine Antwort auf die Langschen Einwendungen, aus einem nichtsymbolischen Es folge ein »ungesellschaftliches«, basiert, wie zu sehen, auf der Annahme einer Abtrennung des Sozialisationsprozesses von den Sprachsymbolen im angegebenen

Sinn: Angelpunkte der Sozialisation sind nicht Sprachsymbole, sondern »bestimmte Interaktionsformen«.

Einen möglichen Einwand, der sich danach leicht aus der Langschen Kritik entwickeln läßt, möchte ich vorwegnehmen: Wenn so die Konstitution des Subjekts in einem vorsprachlichen (wiewohl nicht außersprachlichen) Bereich angesiedelt ist, verliert dann nicht umgekehrt Sprache ihren zentralen Platz als praxisregulierendes Element? Gerät sie dann nicht ins gesellschaftliche Abseits und rutscht damit nicht folgerichtig das Schwergewicht der Psychotherapie vom eben begriffenen Terrain der Sprachanalyse auf jenes Terrain einer expérience vécue, einer »natürlichen Erfahrung«, die Lacan kritisierte, nicht zuletzt deshalb, weil der Dialog von Analytiker und Analysand als praktisch ändernde Operation so seine Legitimation verliert – allenfalls verständlich noch als Beiwerk einer Suggestionstherapie? Gilt doch, der psychoanalytische Prozeß läßt sich nur sprachanalytisch begründen, wenn die Struktur der Sprache als Struktur des Handelns erkannt wird! Fordert das aber, konsequent weitergedacht, nicht zwingend, die Bildung der subjektiven Strukturen in der Organisation von Sprachsymbolen begründet zu sehen?

Zunächst zur ersten Frage: »Sprache als handlungsregulierendes System«. Gehen wir aus von einer Bemerkung von Balibar:

> »Die Sprache dient der Gesellschaft »als ein Verbindungsmittel der Menschen, als ein Mittel zum Gedankenaustausch in der Gesellschaft als ein Mittel, das den Menschen die Möglichkeit gibt, einander zu verstehen und die gemeinsame Arbeit in allen Bereichen menschlicher Tätigkeit aufeinander abzustimmen, auf dem Gebiet der Produktion wie der wirtschaftlichen Beziehungen, auf dem Gebiet der Politik wie auf dem der Kultur, im Leben der Gesellschaft wie auch in der Lebensweise der Menschen. Diese Besonderheiten sind nur für die Sprache charakteristisch . . .« (18)

»Diese Besonderheiten sind nur für die Sprache charakteristisch . . .« – wird durch die »Interaktionstheorie« aber nicht eben diese Zentralstellung der Sprache abgeschwächt? Im Lacanschen Sinne und in dem, den Balibar bei diesem Satz vermutlich im Kopfe hatte, gewiß! Aber wird dann nicht der Zusammenhang von Sprache und gesellschaftlicher Praxis im Sozialisationsprozeß so gelockert, daß nunmehr die Sprachsymbole aus dem geschichtlichen Prozeß wenn nicht herausfallen, so doch an den Rand gedrängt werden? Stärker an den Rand gedrängt, als den historisch-materialistischen Annahmen entspricht (man erinnere sich der Bemerkungen zur Sprache schon in der *Deutschen Ideologie*, 19).

Halten wir fest:

1. Wenn Sprache als »Verbindungsmittel«, als »Mittel der Praxisbestimmung« dient, so müssen die Sprachsymbole im Sozialisationsprozeß an die Kernfiguren der Produktion subjektiver Strukturen angeschlossen sein, ist ihre Bildung selbst als Teil dieses Prozesses auszuweisen. Wobei hinzukommt: Wenn die Bewußtseinsfiguren Sprachfiguren sind (was anzunehmen wir genötigt sind, um nicht in eine geschichtsmaterialistisch unhaltbare Trennung von Form und Inhalt zu geraten), so muß die Bildung der Sprachsymbole zentral in den Produktionsprozeß der subjektiven Strukturen eingelassen sein.
2. Derselbe Sachverhalt zwingt angesichts psychoanalytischer Grunderfahrungen auch zu dieser Folgerung: Sprachfiguren müssen in den Prozeß der Bildung subjektiver Strukturen einbezogen sein, sollen nicht die individuellen Bewußtseinsfiguren triebunabhängig gedacht werden.

All diese Grundprobleme und damit auch die Frage nach einer unzweideutigen *Verankerung* von Sprache im subjektiven Konstitutionsprozeß lassen sich so lösen: Die bestimmten Interaktionsformen – als Niederschlag des praktisch-dialektischen Prozesses zwischen innerer Natur des Kindes und gesellschaftlicher Praxis – werden bei der Einführung in Sprache mit einem Prädikator versehen. Damit werden Sprachfiguren und die Figuren der Einigung aus dem Reproduktionsprozeß der individuellen Strukturen im Sozialisationsprozeß verlötet, erhalten die »objektiven Strukturen der Sprache« einen Zugang zu den ja ohnehin nicht »außersprachlichen« wiewohl aber nicht symbolischen »bestimmten Interaktionen«.

Als prädizierte und d. h. mit einem Namen versehene Interaktionsform wird die »bestimmte Interaktionsform« zur »symbolischen Interaktionsform« und d. h. zum Sprachspiel. Sprachspiele sind die Elementarbausteine der Bewußtseinsprozesse wie des Handelns.

Daß das Prädizieren der Interaktionsformen nicht konkretistisch mit einem simplen Benennen verwechselt werden darf, der Aufbau der Symbole vielmehr schon ein differenziertes System voraussetzt, ist für diejenigen, die die Passagen in *Zur Begründung einer materialistischen Sozialisationstheorie* gelesen haben (und sich nicht wie die Goepperts mit der später erschienenen Referierung in (3) begnügten), wohl nicht fraglich.

Zum Begriff »Sprachspiel« ist dabei anzumerken: Der in *Sprachzerstörung und Rekonstruktion* vorkommende Begriff »Sprachspiel« wird vom Begriff »symbolische Interaktionsform« nicht verdrängt, sondern inhaltlich präzisiert. Von Sprachspiel ist weiterhin notwendig die Rede dann, sobald die Erkenntnistheorie des kritisch-hermeneutischen Verfahrens der Psychoanalyse zur Diskussion steht: Die Formel der symbolischen Interaktionsform verbindet diese mit den Überlegungen einer Sozialisationstheorie. Von Sprachspiel ist weiterhin dann die Rede, sobald die Ebene augebildeter Repräsentanzen erreicht ist (20). Daß die »Aufspaltung des Sprachspiels«, daß die Exkommunikation aus Sprache das Individuum nicht aus geschichtlichen Prozessen hinauskatapultiert, sondern in besonderer Weise in sie einbindet, dürfte nach dem Vorstehenden einleuchten: Bewußte, eigener Reflexion zugängliche Aktivität wird durch Agiertwerden von situationsgebundenen »bestimmten Interaktionsformen« ersetzt. Der Verlust der symbolischen Interaktionsform, genauer deren Degradierung zu nichtsymbolischen Interaktionsformen (Aufspaltung des Sprachspiels, Desymbolisierung), entzieht dem Individuum punktuell seine reflektierte Teilnahme an gesellschaftlichen Prozessen, entläßt es daraus aber keineswegs, sondern bindet es blindlings an sprachlos Eingeübtes.

Ein weiterer Einwand ließe sich so vorbereiten: Also ist Aufhebung der Desymbolisierung durch Analyse des Originalvorfalls (als Resymbolisierung am lebensgeschichtlich genauen Ort der Desymbolisierung) Rückholung in Geschichte, Wiederherstellung von aktiver Teilnahme an gesellschaftlichen Prozessen?

Gewiß – aber nur punktuell und begrenzt. Von einem Konzept im Sinne eines »Freisprechens« als Revolutionsersatz (wie Wulff argwöhnt, 8) kann keine Rede sein. Wer auf solchen Verdacht verfällt, hat sich den Mechanismus der Symbolbildung nicht klargemacht: Weder in primärer Sozialisation noch in der Resymbolisierung der Psychoanalyse können global ideale Strukturen hergestellt werden; Psychoanalyse ist Flickwerk an punktuell desymbolisierten Strukturmomenten. Noch viel weniger können die systematischen Brüche der bestimmten Interaktionsformen, die vorsprachlich bereits zur Deformation führten, generell beseitigt werden; »Neubeginn« im Übertragungs-Gegenübertragungsfeld und in der konsekutiven Einführung von Prädikatoren ist noch beschränkter. Ohnehin gelingt nichts ohne den Druck der konsistenten Sprachsymbole: Die einzelne desymbolisierte Interaktionsform wird unter Systemzwang wieder in den Zusammenhang der Sprachsymbole eingeholt, wobei gilt: Das individuelle Sprach- und Handlungssystem insgesamt ist durchweg »Flickwerk«, Produkt eines auf allen Etappen von Anbeginn sich auswirkenden Deformationsprozesses. Resymbolisierung kann demnach nicht besser sein als das Produkt seinerzeit, und der Neubeginn kann nicht gänzlich aus dem Rahmen deformierter Praxis herausgehen. Jede andere Vermutung wäre eben die der Psychoanalyse immer wieder unterstellte Anmaßung, ein idealistisches Aufklärungsvorhaben an die Stelle einer nur politisch zu leistenden Aufhebung der Deformationsbedingungen zu rücken.

Der Einwand kommt damit aber voll zum Zug: Wird der psychoanalytische Resymbolisierungsprozeß dann aber nicht zwangsläufig zum Einholen in Ideologie und systemkonforme Praxis?

Zweifellos wäre dies der Fall, wenn die Operation der Psychoanalyse nur *verhaltensändernd* wäre, nicht aber auch – konvergierend dazu – *Reflexion auf die lebensgeschichtlichen Brüche »als Konflikt«* freilegen würde. Zwar werden die *Determinanten* dieser Brüche, nämlich gesellschaftliche Widersprüche, damit noch nicht als das *begriffen,* was sie sind, wohl aber wird die Möglichkeit dazu grundgelegt: Die sinnliche Erfahrung der Gebrochenheit weckt die Suche nach der Ursache, die hergestellte Reflexionsfähigkeit ermöglicht die Diskussion darüber, die wiedergewonnene Beziehungsfähigkeit erschließt anstelle blinden Agiertwerdens die Chance zur gemeinsamen Aktivität. Die Voraussetzung dafür, daß solche Art Aktivität nicht individualistisch partikularisiert bleibt, sondern das indigreifenden Subjektivität kreativer und politisch ändernder Prozesse übergeht, kann hier nicht diskutiert werden (s. dazu 21). Hier läßt sich nur kurz sagen: Die Resymbolisierung stellt die Interaktionsmöglichkeit wieder her und macht Konflikte als sinnliche Erfahrung gesellschaftlicher Widersprüche zugänglich, sie eröffnet den Weg zu einer Aktivität *mit anderen,* in der die Konflikterfahrung als Erfahrung gesellschaftlicher Widersprüchlichkeit politisch werden kann.

Für die Leser von *Sprachzerstörung und Rekonstruktion* ist allerdings anzumerken: Hier wird der psychoanalytische Prozeß noch nicht in diesem Horizont von Fragen »nach einer gesellschaftlichen Funktion von Psychoanalyse« untersucht. Dieser Horizont überschreitet den dortigen Theorierahmen, solche Fragen können erst gestellt werden in einer kritischen Theorie des Subjekts. In *Sprachzerstörung und Rekonstruktion* geht es ausschließlich darum, den klassischen psychoanalytischen Prozeß gegen gängige nomologische Annahmen als hermeneutisches Verfahren auszuweisen.

Auch dazu ist ein Hinweis nötig: Verschiedentlich (so noch bei Goeppert und Goeppert) wird das Kapitel über den »kleinen Hans« als Darstellung des psychoanalytischen Prozesses angesehen. Dies ist, wie der Leser beim ersten Durchblick schon sehen kann, falsch – im Kapitel über den kleinen Hans wird lediglich der Begriff »Klischee«

entwickelt (an einem anderen Beispiel hätte der des Zeichens entwickelt werden können). Die Untersuchung des psychoanalytischen Prozesses beginnt danach. Wer meine Aussagen über den psychoanalytischen Prozeß kennenlernen will, kann nicht bei Seite 103 aufhören zu lesen, um dann wie die Goepperts die Phantasie zu entwickeln, der Prozeß der Resymbolisierung verlaufe bei mir unabhängig von den Übertragungs- und Gegenübertragungsvorgängen. Das genaue Gegenteil ist zutreffend. Die letzten Kapitel drehen sich um die in der Tat zentralen Funktionen von Übertragung und Gegenübertragung, diese ermöglichen überhaupt erst die Teilhabe an funktioneller Regression, in der mit Hilfe des szenischen Verstehens die Grenze der Sprachsymbole überschritten wird!

Wir haben eine Frage noch offengelassen.
Lang schneidet sie an, indem er bei der Diskussion meines Konzeptes schreibt:

»Nicht die Sprache, sondern das im Kern sprachfreie interaktionale Geschehen der Lebenspraxis steht zumindest anfänglich für Realität. Es drängt sich die Frage auf, ob Lorenzer hier nicht eigene Ansätze zurücknahm, hatte er doch zu Rapaports Feststellung: Das Objekt der Psychoanalyse ist Verhalten, in entschiedener Abgrenzung zu einer behavioristischen Auslegung, angemerkt, es könne sich dabei nur um ein Sprachverhalten im Sinne der sprachlichen Mitteilung handeln. ›Um es pointiert zu formulieren: Die Wirklichkeit, wie sie in der Psychoanalyse registriert wird, ist die symbolische Wirklichkeit des Patienten.‹« (17, S. 4)

Wie vertragen sich die scheinbar widersprüchlichen Aussagen? Wie verträgt sich, daß das Schwergewicht der normalen wie der neurotischen Entwicklung in den »sprachlosen« Prozessen gesehen, das Unbewußte – Lacan nennt es in gutem Einvernehmen mit Freud den »Gegenstand« der Psychoanalyse – als sprachlos angenommen wird – wie verträgt sich dies mit der in *Sprachzerstörung und Rekonstruktion* in den Mittelpunkt gerückten Deutung des psychoanalytischen Prozesses als einer Sprachoperation?
Darauf möchte ich sagen*: Alle wesentlichen Erfahrungen der

* Die Antwort ist in groben Umrissen kurz und einfach, die *genauere* Beantwortung zieht sich freilich durch *Sprachzerstörung und Rekonstruktion* und (mit der Untersuchung, was kritisch-hermeneutisches Verfahren meint, auch durch *Theorie und Praxis der Psychoanalyse*) hindurch.

Psychoanalyse verlaufen über das Medium der sprachlichen Mitteilung. Weil der Kern der neurotischen Deformation Zerstörung von Sprachspielen ist, läßt sich dieser Sachverhalt nur über eine *kritisch-hermeneutische* Erfassung der *deformierten Sprachspiele* im Zuge ihrer *Wiedereinholung in den Bereich der Sprachsymbole* ermitteln – deshalb muß der therapeutische Prozeß als Tiefenhermeneutik verlaufen. Ginge es um Verhaltenskonditionierung, so wäre weder der hermeneutische Zugang notwendig, noch die lebensgeschichtliche Rekonstruktion des Originalvorfalls als Restitution aufgespaltener Sprachspiele. Ginge es um bloße Sprachtherapie, so bedürfte es keines Verfahrens, das mittels des in unbewußter Teilhabe einzusetzenden szenischen Verstehens über die Grenze der Sprache hinaus auf nicht symbolisch bestimmte Interaktionsformen übergreifen würde. Ginge es um die Herstellung des individuellen lebensgeschichtlichen Textes als Selbstzweck aufgeklärter Individuation, so müßte nicht jenseits der Sprachsymbole noch dem nachgegangen werden, was sie beschädigte: die in die Konstitution der bewußtlosen Interaktionsformen bereits eingegangenen gesellschaftlichen Widersprüche.
Der Satz »Die Wirklichkeit, wie sie in der Psychoanalyse registriert wird, ist die symbolische Wirklichkeit des Patienten« behält mithin in vollem Umfange seine Bedeutung: Die Sprachspiele, und d. h. die *symbolischen* Interaktionsformen, sind der Ansatzpunkt, sind der Kontext, der es erlaubt, das Einzelphänomen im Gesamt des Systems zu deuten. Das Ziel der Suche, die aus reflektierbarer Lebensgeschichte ausgeschlossenen gleichwohl aber Lebensgeschichte bestimmenden, lebenspraktisch wirksamen desymbolisierten Interaktionsformen, sind »außerhalb« der Sprache. Sie aufzufinden bedarf es jener Operation, die in *Sprachzerstörung und Rekonstruktion* beschrieben wurde. Betrachtet man den psychoanalytischen Erkenntnisgang als therapeutische Operation, so ergänzt sich die Darstellung konvergierend: Der »eigentliche« Gegenstand hinter den sprachlichen Phänomenen sind außersprachliche, nämlich unbewußte Interaktionsformen, diese lassen sich aber nur

lebensgeschichtlich präzise, und d. h. sinnlich-konkret, erfassen, nachdem sie in Sprache zurückgeholt sind. Das szenische Verstehen vollendet sich erst in dem Moment, in dem es selbst sich erübrigt: wenn die Szene vollständig wieder in symbolischen Interaktionsformen vorliegt, Verhalten nunmehr wieder simplem Verstehen einsichtig ist.
Im Rückblick von der materialistischen Untersuchung der primären Sozialisation aus läßt sich die Spannung der in *Sprachzerstörung und Rekonstruktion* analysierten psychoanalytischen Operation so formulieren: Der Prozeß wird zwischen aufgespaltenen Sprachspielen, d. h. Klischees als nicht symbolischen Interaktionsformen und Zeichen (die ihren Zusammenhang mit symbolischen Interaktionsformen gleichfalls verloren haben), einerseits und symbolischen Interaktionsformen als Sprachspielen andererseits in Gang gehalten. Die Deutung der Sprachspiele als symbolische Interaktionsform verankert menschliches Verhalten in »Verhältnissen«, nämlich den in praktisch dialektischer Auseinandersetzung produzierten Figuren menschlicher Beziehung, die in jeder Lebensgeschichte als Teil der geschichtlichen Bewegung der Gesellschaft erneut hergestellt werden.

Literatur

1 Lorenzer, Alfred, *Symbol, Interaktion und Praxis,* in: Lorenzer, Dahmer, Horn, Brede, Schwanenberg, *Psychoanalyse als Sozialwissenschaft.* Frankfurt 1971, edition suhrkamp 454.
2 Lorenzer, Alfred, *Zur Begründung einer materialistischen Sozialisationstheorie.* Frankfurt 1972.
3 Lorenzer, Alfred, *Über den Gegenstand der Psychoanalyse oder: Sprache und Interaktion.* Frankfurt 1973.
4 Lorenzer, Alfred, *Die Wahrheit der psychoanalytischen Erkenntnis. Ein historisch-materialistischer Entwurf.* Frankfurt 1974. (suhrkamp taschenbuch wissenschaft 173, 1976.)
5 Lorenzer, Alfred, *Kritik des psychoanalytischen Symbolbegriffs.* Frankfurt 1970, edition suhrkamp 393.

6 Schneider, Michael, *Neurose und Klassenkampf. Materialistische Kritik und Versuch einer emanzipativen Neubegründung der Psychoanalyse.* Reinbek 1973.
7 Lorenzer, Alfred, *Grundprobleme einer materialistischen Sozialisationstheorie*, in: Walter, H. (Hsg.): *Sozialisationsforschung*, Bd. 1, Stuttgart 1973.
8 Dahmer, Horn, Leithäuser, Lorenzer, Sonnemann, *Das Elend der Psychoanalysekritik* (Beispiel *Kursbuch 29*), *Subjektverleugnung als politische Magie*, Frankfurt 1973.
9 Wulff, Erich, *Psychoanalyse als Herrschaftswissenschaft: Kursbuch* 29.
10 Thomae, H. und Kächele, H., *Wissenschaftstheoretische und methodologische Probleme der klinisch-psychoanalytischen Forschung*, *Psyche* XXVII, 1973, Heft 3 u. 4.
11 Goeppert, S. und Goeppert, H. C., *Sprache und Psychoanalyse*, Reinbek 1973.
12 Lorenzer, Alfred, *Psychoanalyse als Herrschaftswissenschaft oder Psychoanalysekritik als Anpassungsgeste*, in: 8, S. 43.
13 Lorenzer, Alfred, 4, Kapitel III.
14 Rossi-Landi, Ferruccio, *Sprache als Arbeit und als Markt*, München 1972, Reihe Hanser 105.
15 Sève, Lucien, *Marxismus und Theorie der Persönlichkeit*, Frankfurt 1972.
16 MEW, Bd. 3, Berlin 1969, S. 6.
17 Lang, Hermann, *Die Sprache und das Unbewußte*, Jacques Lacans Grundlegung der Psychoanalyse. Frankfurt 1973.
18 Balibar, Etienne, Einleitung zu Stalin, J.: *Marxismus und Fragen der Sprachwissenschaft.* München 1968, S. 18.
19 MEW, Bd. 3, Berlin 1969.
20 Lorenzer, Alfred, *Psychoanalyse und Sprache oder: Wozu taugt Wittgensteins Sprachspielbegriff in der Psychoanalyse?* voraussichtlich in: *Psyche* 1974.
21 Lorenzer, Alfred, *Das Spiel der Phantasie. Sprache im technischen Zeitalter.* 1973, S. 146.

Vorwort

Das Vorhaben, eine Metatheorie der Psychoanalyse anzuvisieren, wirft sachliche und methodologische Probleme auf, die zu erörtern den schlichten Rahmen eines Vorworts sprengt. Sie sollen in einer gesonderten Einleitung erörtert werden. Das Vorwort selbst darf sich unter diesen Umständen auf einige mehr äußerliche Notizen sowie darauf beschränken, den Dank auszudrücken, zu dem diese Arbeit verpflichtet ist.

In erster Linie gilt er Professor Alexander Mitscherlich und den Mitarbeitern am Sigmund-Freud-Institut Frankfurt. Wer die Bedeutung der Praxis psychoanalytischer Arbeit in jenem Sinne, den ich in der nachfolgenden Einführung wenigstens andeutungsweise skizzieren will, versteht, wird ermessen, welchen Wert eine gemeinsame psychoanalytische Erfahrung, jeder Explikation voran, hat, und wieviel der vorliegende Versuch einer Analyse dessen, »was ein Psychoanalytiker macht«, der täglichen psychoanalytischen Zusammenarbeit verdankt. Meine Verpflichtung geht aber darüber hinaus. Der Leser wird erkennen können, daß ich den Diskussionen im Institut mannigfache Anregungen verdanke. Dort, wo meine Arbeit eigene Wege ging – in der Radikalisierung des hermeneutischen Gesichtspunktes (das heißt der Deutung der Psychoanalyse als eines besonderen Verstehensprozesses) und im Aufgreifen der Problematik von Symbol und Sprache –, hat ihr die sachkundige Kritik meiner Diskussionspartner Schärfe und Differenzierung abgenötigt.

Begonnen 1963 mit einigen kurzen Untersuchungen auf der Basis der Unterscheidung von »Verstehen und Erklären« dehnte sich die Arbeit in dem Maße aus, als sich die Untauglichkeit herkömmlicher Lösungsversuche und einer leichthändigen Auslegung der wissenschaftstheoretischen Eigenart der Psychoanalyse erwies. Abgeschlossen wurde sie 1967 unter dem Titel »Der Prozeß des Verstehens in der psychoanalytischen

Operation« (so zitiert bei Habermas (1)). Einige Änderungen bzw. Erweiterungen wurden nach Abschluß der Arbeit noch vorgenommen: Habermas' Schrift »Zur Logik der Sozialwissenschaften« (1967, 2) brachte nicht nur eine Bestätigung der eigenen Position, sondern bot auch Ansätze, die Untersuchung an verschiedenen Stellen – z. B. in der Auseinandersetzung mit Wittgensteins Sprachspielkonzept – zu erweitern. Seine nachfolgende Publikation »Erkenntnis und Interesse« jedoch wurde nicht mehr berücksichtigt, obwohl eine Verknüpfung mit ihr es ermöglicht hätte, einzelne Überlegungen bis zu metatheoretischen Bestimmungen voranzutreiben. Es hätte die Darstellung, und das heißt die Funktion meiner Arbeit aber verwischt, wenn ein weiterer Schritt der Auseinandersetzung hinzugefügt und so der Nachvollzug der Untersuchung in ihrem eigenen Verlauf erschwert worden wäre.

Im Wintersemester 1968/69 wurde die Arbeit der Philosophischen Fakultät der Universität Frankfurt am Main als Habilitationsschrift vorgelegt. Für die Publikation wurde eine Einleitung hinzugefügt. Umgekehrt wurde die Erörterung des psychoanalytischen Symbolbegriffes aus dem Zusammenhang der Gedankengänge hier gelöst und verselbständigt (3). In die vorliegende Arbeit wurde dafür ein Überblick in gedrängter Form (Kapitel III) eingebracht. Ich möchte auf den Zusammenhang beider Arbeiten hinweisen; die Schrift über den Symbolbegriff bildet eine unerläßliche Basis der hier entfalteten Argumente.

Klaus Horn habe ich für sachliche Hinweise, ihm und Fräulein Käthe Hügel auch für Hilfe bei der Korrektur zu danken. Mein Dank gilt nicht zuletzt aber auch den Sekretärinnen des Sigmund Freud-Institutes, die die Fassungen des Manuskripts mit freundlicher Bereitwilligkeit geschrieben haben.

Einleitung

Jede Wissenschaft hat in ihren Anfangszeiten eine Reihe von Auseinandersetzungen zu bestehen – bestimmt teils von den Schwierigkeiten der Aufgabenlösung, teils von dem Widerstand, der ihren Ergebnissen von außen entgegengebracht wird. Das bewegte Schicksal der Psychoanalyse ist bekannt. Waren die ersten 50 Jahre gekennzeichnet vom Aufbau einer Theorie, dem Kampf um jedes Einzelstück, jedes Einzelergebnis – seien es Hypothesen oder Arbeitsbelege, d. h. kasuistische Darstellungen –, so hat sich im weiteren Verlauf das Bild verändert.

Die wichtigsten Theorieteile, wie z. B. die Rolle der infantilen Sexualität oder die Existenz unbewußter Inhalte, sind weitgehend anerkannt und in nicht geringem Umfang sogar Allgemeingut geworden. Der Widerspruch und das – zustimmende oder polemisch-ablehnende – Gespräch drehen sich nun weit mehr um die Einordnung des Systems der Psychoanalyse als Wissenschaft und als Therapie.

Das gilt aber nicht nur für die Gegner der Psychoanalyse, sondern auch für die Psychoanalytiker. Auch innerhalb der Psychoanalyse regt sich ein Bedürfnis nach systematischer Diskussion, wofür Rapaports und neuerdings Sandlers Arbeiten als Beispiel dienen können. Und vom Feld der Sozialwissenschaften her beginnen sich vermehrt kritische Untersuchungen mit der Position der Psychoanalyse und ihrem logischen Status zu beschäftigen.

Für die Psychoanalytiker stellt sich damit freilich eine Aufgabe, die bisher nur in verstreuten Aufsätzen angegangen worden ist: eine Reflexion auf die Grundlagen ihrer Theorie und ihrer Methode. Daß diese Arbeit nur zögernd aufgegriffen worden ist, hat verschiedene Gründe. Es liegt gewiß zum einen in der Bindung der Psychoanalytiker an eine ärztliche Praxis, an eine Behandlungsaufgabe, die einer solchen Besinnung entgegengesetzt ist. Zum anderen liegt es aber auch an der wissenschaftsgeschichtlichen Situation der Psychoanalyse, ihrer historischen Verwurzelung in den Naturwissenschaften und ihrer unablässigen Bemühung, ihr Feld auf der methodologischen Basis dieser Wissenschaften abzustecken, häufig mit derselben Interesselosigkeit den logischen Voraussetzungen gegenüber, die für die Medizin kennzeichnend ist.

Der Psychoanalyse wird immer wieder vorgeworfen, sie sei eine »Geheimwissenschaft«, die ihre Hypothesen wie auch ihr Vorgehen einer allgemeinen Kontrolle entziehe. Dieser Vorwurf ist die polemische Verzerrung des zutreffenden Sachverhalts, daß in der Tat die psychoanalytische Methode streckenweise (und damit als »Ganzes«) durch ein persönliches Lehrverfahren weitergereicht wird. Dieses persönliche Lehrverfahren – vor allem die Lehranalyse – hat sachliche Gründe, die hier nicht diskutiert werden können. Aber gerade weil es sich so verhält, ist es an der Zeit, sich stärker darum zu bemühen, die psychoanalytische *Methode* so durchsichtig zu formulieren, daß sie für jedermann vom Anschein einer bloßen »Kennerschaft« befreit und als »Wissenschaft« (im Sinne der Jaspersschen Gegenüberstellung) ausgewiesen wird. Es sollte die Feststellung Stephen Toulmins Beachtung finden, der sagte:

»Obwohl seit Freuds Pionierarbeit 50 Jahre vergangen sind und obwohl psychoanalytische Techniken regelmäßige therapeutische Anwendung finden, ist die Position der Psychoanalyse als einer geistigen Disziplin noch immer nicht festgelegt.« (4)

Ähnliches meint MacIntyre, wenn er folgende Forderung erhebt:

»Sollten Psychoanalytiker der Auffassung sein, daß ich Freud falsch wiedergebe oder daß ich zu falschen Schlüssen über seine Leistung gelange, so werden sie dies hoffentlich zum Anlaß nehmen, die authentische psychoanalytische Lehre klarzustellen, damit sie künftig nicht mehr derart mißverstanden werden kann.« (5)

Welche Bedingung an eine zureichende Klarstellung der »psychoanalytischen« Methode und Lehre zu stellen sind, macht MacIntyre deutlich, wenn er schreibt:

»Es ist somit klar, daß Freuds psychoanalytische Methode ebenso wie seine Lehrmeinung über die Psyche von bestimmten theoretischen Schlüsselbegriffen abhängt, von denen sich jeder nur mit Hilfe der anderen verstehen läßt. Diese wechselseitige Abhängigkeit der Begriffe im engmaschigen Netz einer allgemeinen Theorie ist in der Geschichte der Wissenschaft nichts Neues. Man denkt sofort an die Wechselbeziehung zwischen ›Masse‹, ›Geschwindigkeit‹ und ›Kraft‹ in der Newton'schen Mechanik. Zweifellos bedarf aber eine umfassende Theorie, deren Begriffe derart miteinander verwoben sind, um so mehr der Rechtfertigung im Ganzen.« (6)

Eine »Rechtfertigung im Ganzen« setzt nun freilich zweierlei voraus: Zum einen den Verzicht auf schnell abzuwickelnde Diskussionen, bei denen Teilstücke der Theorie nach Belieben aufgegriffen und Verläufe nur ein Stück weit verfolgt werden. Zum anderen aber – und dies ist der wichtigere Punkt noch – kann eine solche Untersuchung nicht ausschließlich »innerhalb« der psychoanalytischen Theorie abgehandelt werden. Es wird notwendig, außerhalb der psychoanalytischen Theorie selbst soweit Fuß zu fassen, daß die Gefahr der Zirkelschlüsse ausgeschaltet ist. Psychoanalyse muß als ein System von Konzepten begriffen werden, in deren Bereich zu bleiben für eine Bestimmung des logischen Status der Psychoanalyse unzureichend ist. Notwendig ist eine Erörterung auf dem Niveau einer methodologischen Untersuchung mit der Absicht, nicht Teile des Konzeptes zu diskutieren, sondern das Konzept selbst unter die Lupe zu nehmen.

Aber das Problem der Zirkelschlüsse ist nicht die einzige Gefahr. Auch eine Untersuchung, die die »psychoanalytische Theorie« »als Ganzes« im Auge behält, ist nicht gegen eine grundsätzliche Fehleinschätzung der Psychoanalyse gefeit. Eine kurze Überlegung kann das klar machen: Zweifellos sind die besten Kenner der Psychoanalyse die Psychoanalytiker selbst; sie sind vor jenen – allenthalben zu beobachtenden – Teilverständnissen am ehesten geschützt. Wenn Habermas aber aufzeigen kann, wie sich in der Psychoanalyse durch mehr als ein halbes Jahrhundert ein »scientistisches Selbstmißverständnis« (7) halten konnte, und wenn Ricœur nachweist, wie eine Reihe bedeutender Psychoanalytiker unvermerkt in die Spur des Behaviorismus geraten sind (8), dann wird offenkundig, daß in der Psychoanalyse Kompetenz nicht vor globalen Fehlurteilen in der Einschätzung des logischen Status der eigenen Wissenschaft schützt.

Aber gerade Habermas' Beispiel zeigt, worauf Sicherheit in dieser unsicheren Lage gegründet werden kann. Er wäre nicht imstande, die Psychoanalyse als den bewährten Musterfall einer Reflexionswissenschaft auszumachen – und ihr damit einen logischen Status anzuweisen –, wenn es nicht einen Ort gäbe, der gegen alle Irreführung durch die Theoriesprache gefeit wäre: Die *psychoanalytische Praxis.*

Waren wir vorher auf die Einsicht gestoßen, Psychoanalyse lasse sich nur vom Verständnis des ganzen theoretischen Systems her erschließen, so drängt sich uns nun die Auffassung auf, ihr zutreffendes Verständnis habe von der Praxis auszugehen – einer Praxis, die *relativ unabhängig* von der Theorie (und jenen Irreführungen) ist, wie schon McIntyre (und vor ihm andere) feststellte:

Wir müssen »den Schluß ziehen, daß die Psychoanalyse als Psychotherapie in bezug auf die psychoanalytische Theorie relativ autonom ist« (9).

Damit wird unserem Vorhaben vorweg eine Grundbedingung abgenötigt: Es kann nicht davon ausgegangen werden, was die Psychoanalyse – ihrem eigenen Selbstverständnis nach – »ist«, sondern davon, »was der Psychoanalytiker macht«.

Jedoch, wir müssen auch auf dieses Verfahren die Forderung übertragen, das »Ganze« zu beachten. Es kann nicht damit getan sein, das eigene subjektive Vorgehen naiv vorzuweisen – mit all den unvermeidlichen Fehlschlüssen, denen eine gegenseitige Beeinflussung von Handeln und Selbstinterpretation des Handelnden ausgesetzt ist. Die Interpretation der Praxis muß vielmehr eines breiten Consensus sich versichern. Die Interpretation der eigenen praktischen Erfahrung als Psychoanalytiker kann nicht für sich allein artikuliert werden, ohne in weitem Umfang die Interpretation anderer Analytiker en detail heranzuziehen. Und: Die Interpretation der Praxis muß die psychoanalytische Theorie im Blick behalten.

Weshalb ein solch aufwendiges Verfahren? Liegt es nicht viel näher, anstelle des umständlichen Herausarbeitens jedes einzelnen Schrittes des psychoanalytischen Vorgehens von vornherein vom höheren Plateau einer philosophischen Erörterung plausible Kategorien sich vorgeben zu lassen? Ich denke, genügend Erfahrung spricht dagegen. Helmut Thomae hat vor nicht allzulanger Zeit in der treffenden Replik »Freud, ein Daseinsanalytiker?« (10) jenen Versuch, der Psychoanalyse eine philosophische Mütze aufzustülpen, ohne die notwendigen Vermittlungsschritte geleistet zu haben, abgewiesen. Aus Derartigem sollte die allgemeine Lehre gezogen werden: Ganz offensichtlich muß die Psychoanalyse in Auseinandersetzung mit anderen Disziplinen ihre methodologische Situation selbst zu begreifen suchen. Gerade weil sich heutzutage – wohl zum erstenmal in diesem Ausmaß und Ernst – die Bereitschaft regt, die Psychoanalyse in die »große philosophische Debatte« einzubeziehen mit der Frage: »Läßt sich der Punkt, wo die Psychoanalyse sich in diese Debatte einschaltet, genauer bestimmen?« (11), ersteht der Psychoanalyse die Verpflichtung, vom eigenen psychoanalytischen Terrain her die Positionen einer Metatheorie aufzubauen. Ja, gerade die Bedeutung, die der »Praxis« im Falle der Psychoanalyse zukommt, macht dieses Vorgehen als Beitrag, den die Psychoanalytiker selbst zu leisten haben, unvermeidlich.

Doch ganz abgesehen von diesem letztgenannten Gesichtspunkt: das hier geübte weitläufige Verfahren kann seine wissenschaftstheoretische Rechtfertigung offenkundig machen, wenn man die Feststellung berücksichtigt, die Radnitzky in seiner Untersuchung der »Metascience« (12) getroffen hat: Praxis wie Theorie wissenschaftlicher Unternehmungen sind als Sprachspiele zu verstehen, wobei beides vermittelt ist im Aufbau einer Fachsprache als Werkzeug der Welterschließung. Geht die Entwicklung einer Wissenschaft zwangsläufig in Richtung der Ausbildung der Fachsprache (bis zur Erstarrung der

Terme), so hat die Ausarbeitung einer Metatheorie den umgekehrten Weg einzuschlagen: Fachsprache in Umgangssprache zurückzuverwandeln.

Eine Metatheorie muß sich als Explikation daran bewähren, daß sie ebenso die Konsistenz der Fachsprache wahrt wie auch unablässig Fachsprache in den Bereich der Umgangssprache zurückholt. Die Metatheorie erwächst aus dem Sprachspiel selbst. Radnitzky kann auch verdeutlichen, weshalb dieser Weg nicht abgekürzt werden kann: es führt kein Querweg von »Fachsprache« zu »Fachsprache«. Je reifer ein System, desto empfindlicher und unzugänglicher wird es für eine externe Kritik. Die herkömmlichen Versuche, Psychoanalyse ausschließlich auf der Basis vorgegebener Kategorien auszuleuchten, sind nicht nur zufällig gescheitert.

Die Entwicklung einer Metatheorie erfordert Vorarbeiten. Auch dieses Erfordernis läßt sich aus der eigentümlichen Beziehung von psychoanalytischer Theorie und Praxis ableiten. Weil die Theorie für die Praxis einen nicht durchweg konsistenten Rahmen bildet, muß die Konsistenz immer erst ermittelt werden; das Zusammengehörige ist zu sammeln, Widersprüche sind zu klären.

Dieses Ziel bestimmte die Strategie der Arbeit, und die Strategie bestimmte die Taktik: Es konnte nicht darum gehen, alle Äußerungen zur Sache anzuführen; die Arbeit kann so wenig ein Sammelreferat sein, wie sie eine Darstellung der eigenen Praxis sein darf. Aus dem Bemühen, vom geschlossenen Sprachspiel der Psychoanalyse auszugehen, ergab sich notwendig auch der streng orthodoxe Standpunkt, Theorie wie Praxis nur insoweit als Grundlage heranzuziehen, als sie sich als vereinbar mit allen Teilen der Psychoanalyse erwiesen, – bewährt auch von einem consensus der Psychoanalytiker, den wir zwar nicht als Richter über Wert und Unwert eines Gedankens, wohl aber als Prüfstein verbindlicher psychoanalytischer Praxis nehmen. Bei einem Autor wie Lacan soll begründet werden, weshalb er übergangen werden mußte: Obwohl er zweifellos gerade für das vorliegende Verständnis der psychoanalytischen Operation

als eines Sprachprozesses von Bedeutung ist, so läßt sich doch nicht übersehen, daß Lacan in grundlegenden Punkten (wie der Einschätzung von Es- und Ichpsychologie) eine gegenüber den anderen Analytikern (und, wie ich meine, auch gegenüber Freud) abweichende Auffassung vertritt. Die – zweifellos fruchtbare – Auseinandersetzung mit Lacan muß einer späteren Arbeit vorbehalten bleiben.
Die andere Seite der »Vorarbeit« besteht darin, die Möglichkeiten der Umgangssprache so zu erweitern, daß sie das psychoanalytische Erfahrungsganze in sich aufnehmen kann. Dabei war an alte Interpretationsversuche anzuknüpfen, letztlich an die herkömmliche Unterscheidung von Verstehen und Erklären. Daß diese alten Kategorien nicht ausreichen, diese Erfahrung zu fassen, war *nachzuweisen;* die Erweiterung war Schritt für Schritt vorzunehmen. Um es in Abwandlung eines von Freud benutzten Heinewortes zu sagen: Was man erhinken muß, darf man nicht erfliegen wollen.
Um Mißverständnisse zu vermeiden, sei auf folgendes aufmerksam gemacht: Vorstehend wurde – unter Hinweis auf Radnitzky – der Aufbau einer Metatheorie als Sprachoperation ausgewiesen. Wenn meine Untersuchung in ihrem Gang mehr und mehr auf den Punkt zuläuft, Psychoanalyse selbst als eine Sprachanalyse zu verdeutlichen, so liegt dieses Urteil auf einer ganz anderen Ebene. Daß beidemale von Sprachoperation die Rede ist, kann zwar nicht als zufällig angesehen werden; die Gemeinsamkeit beruht darauf, daß beidemale die Korrektur einer symbolischen Interaktion ansteht, – die Korrekturen sind jedoch ganz und gar andere, der »therapeutische Prozeß« hat jeweils völlig andere Ausmaße. Beide Betrachtungsebenen müssen scharf unterschieden werden; in der Arbeit selbst werden wir uns ausschließlich mit der Untersuchung der Operation im letztgenannten Rahmen beschäftigen. Wenn von Sprache die Rede ist, geht es einzig darum, herauszuarbeiten, was der Psychoanalytiker innerhalb der psychoanalytischen Therapie mit der Sprache macht.
Die Grundthese, daß es in der Psychoanalyse um eine Sprach-

veränderung geht, soll Schritt für Schritt entfaltet werden. Zu vermerken ist, daß diese Grundthese aber nicht leitende Hypothese der Untersuchung war – sie ist vielmehr ihr Resultat. Der Titel dieser Arbeit benennt nicht den Ausgangspunkt, sondern den Endpunkt: das Ergebnis der Untersuchung.

Frankfurt, Dezember 1969 A. L.

I. Ausgang und Aufgabenstellung

Der Versuch, bei einer Untersuchung des psychoanalytischen Vorgehens sich an der Unterscheidung von »Verstehen« und »Erklären« zu orientieren, hat verschiedene Vorteile, von denen ich den wichtigsten nennen möchte: Die Diskussion kann unmittelbar anknüpfen an eine alte und noch keineswegs zum Abschluß gekommene Kontroverse innerhalb der Psychoanalyse, die noch in der jüngsten Gegenwart ihre Zeugen findet.

So meint Thorner 1963 (1): »Psychoanalyse ist eine verstehende Psychologie im Sinne Diltheys«. Dieser Aussage gesellt sich Kuiper zu. Auch er nimmt das Verstehen als wesentliches Merkmal des psychoanalytischen Vorgehens an und schreibt: »Der verstehende Psychologe Freud verbarg sich im Bewußtsein vieler hinter dem erklärenden, konstruierenden Psychologen« (2).

Ganz im Gegensatz zu dieser Parteinahme sieht Loch die zentrale Linie der therapeutischen Aktivität des Psychoanalytikers in einem erklärenden Vorgehen, im »erklärenden Deutungsglied«. Er sagt von der Deutung: »Sie stellt dem Kranken für bisher unverbunden nebeneinanderstehende seelische Akte und Zustände ... eine psychologische Erklärung als Hypothese zur Verfügung« (3). Loch stützt sich bei seiner Betonung des Erklärens als Kern des psychoanalytischen Vorgehens (im Auffassen des Materials wie der deutenden Verarbeitung) wiederum auf Loewenstein (4) und auf die Vorstellungen, wie sie schon Hartmann 1927 in seiner ausführlichen Diskussion des Themas nahegelegt hatte (5).

Nun mildern sich freilich die Gegensätze bei näherem Zusehen. Keiner der Autoren leugnet die jeweilig konträre Position ganz; weder bestreitet Loch den verstehenden Anteil (er weist ihm eine Rolle für das Vorverständnis ausdrücklich zu), noch übersieht Kuiper die eminente Bedeutsamkeit des Erklärens. Seine Auffassung, daß sowohl Verstehen wie auch Erklären ins Werk kommen, wird ja aus dem angezogenen Zitat ersichtlich.

Immerhin bleiben aber Gegensätze bestehen, sie treten eindeutig zutage in der Art, wie die Akzente verteilt werden. Für Loch ist die Psychoanalyse in den entscheidenden Drehpunkten eine erklärende Psychologie, ist »der erklärende Teil der Deutung, die essentielle psychoanalytische Leistung von in engerem Sinne wissenschaftlichem Charakter« (6). Er nimmt also eine Position ein, die der Thornerschen insofern gerade entgegengesetzt ist, als letzterer die Psychoanalyse samt und sonders jener Psychologie einordnet, die Dilthey in entschiedenem Gegensatz zu erklärender Psychologie aufgebaut hat.

Die Differenz verschärft sich, wenn man den Kreis der Feststellungen erweitert und die verschiedenen verstreuten Voten, in denen der naturwissenschaftliche Status der Psychoanalyse betont wird, berücksichtigt. Implicite ist darin die Zuordnung zu einer erklärenden Psychologie enthalten.

So bezeichnet Hartmann (7) die Psychoanalyse bündig als »Naturwissenschaft vom Seelischen« und schreibt: »Von Anfang an waren Erklärungen menschlichen Verhaltens durch Hypothesen über unbewußte seelische Prozesse ein wesentlicher Teil und ein charakteristisches Merkmal der Psychoanalyse«. Van der Leeuw (8) bestärkt diese Position noch, indem er von »Freuds Einstellung« spricht, »mit der er die Psychologie zum Range einer selbständigen Naturwissenschaft erhob«, wogegen Habermas (9) von der Psychoanalyse schreibt: »In Wahrheit ist sie eine systematisch verallgemeinerte Historie« – eine Aussage, die zu der Hartmannschen Bemerkung: »Es wäre irreführend ..., die Psychoanalyse als eine historische Disziplin zu bezeichnen« (10) in einigem Gegensatz steht.

Bei alledem nimmt das Verstehen freilich seinen Platz in der Berührung mit dem Patienten unbestritten an zwei Stellen ein: einerseits in der schmalen Berührungszone im Wahrnehmungsfeld des Analytikers – entsprechend der Bemerkung von Brenner (11), daß das Bild des Analytikers vom Patienten gewöhnlich »intuitiv« erlangt werde – und andererseits in einem schmalen Bereich um die Deutung, die der allgemeinen Regel zufolge ja immer »in den Worten«, also im Sprach*verständnis* des Patienten abgefaßt werden muß.

Dazwischen liegen Begreifen und Formulierung der Deutung, und diese sollen, wenn wir uns der knappen und bündigen Formulierung von Loewenstein (4b) anschließen, *erklärende Konzepte* sein. Dieser ganze Operationsbereich zwischen verstehendem Wahrnehmen und verständnisvoller Deutungsformulierung ist danach en bloc dem Erklären zuzurechnen. Schärfer noch gesagt, die Verständnisbildung des Analytikers stützt sich dieser Auffassung zufolge in ihrem wesentlichen Teil auf erklärendes Vorgehen. Dem Verstehen kommt im Ganzen überhaupt nur eine Hilfsfunktion zu Beginn und am Ende jeder einzelnen psychoanalytischen Operation (innerhalb jedes Abschnittes in einer analytischen Sitzung) zu.

Diese Auffassung ist aber nicht so unproblematisch, wie es auf den ersten Blick erscheinen mag. Wenden wir noch einmal unsere Sicht auf die andere Auffassung von Psychoanalyse, wie sie in dem Thorner-Zitat zu Worte kam. Würde Verstehen nur jene untergeordnete, dem eigentlichen psychoanalytischen Vorgehen beigestellte oder zeitlich vorgeschaltete Rolle haben, dann wäre die ganze (neuerlich mit solchem Interesse geförderte) Betonung der Einfühlung und Empathie für die Psychoanalyse weitgehend hinfällig. Für die Psychoanalyse gälte bei solcher Lage nur das, was nach Cohn (12) für Psychologie ohnehin zutrifft, nämlich daß »jede Psychologie einen verstehenden Faktor enthält«.

Eine solche Auffassung vertrüge sich schlecht mit dem Grundgedanken der Psychoanalyse, die ebenso wie Dilthey (13) daran festhält, daß »der erfahrene Zusammenhang des Seelenlebens die feste, erlebte und unmittelbar sichere Grundlage der Psychologie bleiben muß«. Die Respektierung des »erfahrenen Zusammenhangs« muß nämlich berücksichtigen, was schon Binswanger (14) sagte: daß eine »Psychologie, welche von dem (unmittelbar) erfahrenen oder erlebten Zusammenhang ausgeht ... mit [einer Hypothese] *endigt*«, während eine Psychologie, die durchgängig und ausschließlich nach dem Rezept einer Naturwissenschaft angelegt ist, mit Hypothesen *beginnt.* Mit anderen Worten, bei der Art von Psychologie, als die sich die Psychoanalyse verstehen muß, kann der erklärende Teil in der Verarbeitung des Materials ganz offensichtlich erst viel später, erst an einer nachgeordneten Stelle ins Spiel kommen, später als anzunehmen wäre, wenn wir die Vorgänge nach der Art einer erklärenden Psychologie bewerten würden.

Für beide Seiten, sowohl für die Rolle des Erklärens wie für die Gewichtigkeit von Verstehen, gibt es genügend Zeugen, die für die eine oder andere Seite Argumente beigebracht haben. Letztlich bestätigen sie alle nur, daß wir vor einer beachtlichen, wenn nicht gar grundlegenden Frage im Selbst-Verständnis der Psychoanalyse stehen. So sieht Bychowski (15) gegen dem Widerspruch von Waelder »die Lage der Psychoanalyse bestimmt von der Windelbandschen Unterscheidung in nomothetische und ideographische Wissenschaft«. Federn (16) hatte die Bedeutung der Windelbandschen Unterscheidung, die ja auf eine Differenzierung von Natur- und Geisteswissenschaft abzielt, für die Einschätzung der Wissenschaftsposition der Psychoanalyse noch deutlicher hervorgehoben, wenn er schreibt: »Die Psychoanalyse hat vor allem die von Windelband vor gar nicht langer Zeit aufgestellte Grenze zwischen Geistes- und Naturwissenschaft aufgehoben«. Danach gehört also die Psychoanalyse beiden Bereichen* zugleich an; wie, das ist eine noch offene Frage.

I, 2. Nun hat vor kurzem Loch in seiner Schrift »Voraussetzungen, Mechanismen und Grenzen des psychoanalytischen Prozesses« (3) nicht nur eine geschlossene Darstellung des Deutungsverlaufs gegeben, sondern er hat auch den Versuch unternommen, das Ineinander von Verstehen und Erklären herauszuarbeiten, indem er sich unmittelbar an die Analyse des Interpretationsgeschehens anlehnt, die L. H. Levy vorgelegt hat (17). Loch versucht, die Thesen von Levy mit den psycho-

* Auf die Schwäche der Windelbandschen Unterscheidung und ihre Berichtigung durch Rickert soll hier nicht eingegangen werden.

analytischen Aussagen über Deutung in Verbindung zu setzen. Er kommt damit zu folgenden Einteilungen:

Mit Levy grenzt er einen semantischen Deutungsanteil von einem propositionalen ab und setzt beide in eine Sequenz ein: Die Verständigung geht von der semantischen Deutung über das propositionale Deutungsglied, um dann wieder in eine semantische Operation zurückzubiegen.

Die Wirkung des semantischen Deutungsgliedes ergibt sich entsprechend der Aufgabe, »die vom Patienten in seinen Mitteilungen angebotenen ›Rohdaten‹ gewissen Klassen zuzuordnen, die dem Sprachsystem des Deutenden zugehören«. Voraussetzung solcher Möglichkeit ist, »daß der Deutende mit demjenigen, dem er die Deutung gibt, zumindest ein ›kleines Universum‹ gemeinsamer Bedeutungen teilt«.

Diese semantische Operation »stellt eine Art und Weise dar, gewisse Phänomene zu beschreiben, bewegt sich also auf der phänomenologisch-deskriptiven Ebene«, die in den Zusammenhang des statischen Verstehens gehört. Loch ordnet diesem Operationsniveau – das zunächst einen Erkenntnismodus meint – bekannte Deutungsvarianten zu, nämlich »die Klarifikation« bzw. »vorbereitende Intervention« oder »Konfrontation«. Klarifikation bzw. vorbereitende Intervention werden als Äußerungen, in denen die Übersetzertätigkeit des Analytikers sich niederschlägt, aufgefaßt.

Loch entnimmt Levy folgendes Beispiel (18): »Eine Mutter berichtet, daß sie über den Gesundheitszustand ihres Kindes alarmiert sei und sich große Sorgen mache, so daß sie sich veranlaßt fühlt, seine Spieltätigkeit und sein Unabhängigkeitsstreben ernsthaft einzuschränken«. Der Arzt bezeichnet das als »overprotection« (semantische Interpretation – Loch). Der Übersetzungsvorgang besteht – wenn wir die aufgestellten Regeln ohne Einwendungen respektieren – in folgendem Übersetzungsschritt:

1) Der Analytiker versteht die Mitteilung des Patienten aufgrund der sprachlichen Gemeinsamkeit.

2) Er gibt dem Verstandenen einen Namen, den er seiner eigenen Wissenschaftssprache entnimmt.

Loch führt nun den Verstehensgang weiter zum propositionalen Deutungsglied, dessen Bestimmung es ist, ein »erklärendes Konzept« für das in der Operation des semantischen Deutungsgliedes gefaßte Verhalten des Patienten zu liefern. Das wird am einfachsten deutlich, wenn wir uns wieder dem von Loch gewählten Beispiel zuwenden. Im propositionalen Deutungsglied bzw. im propositionalen Anteil im Verstehensgang wird festgestellt, »daß diese Mutter im Grunde ihr Kind verwirft und ablehnt«. Innerhalb des propositionalen Deutungsgliedes ist ein »Motiv«, und das heißt, wie Loch mit G. Ryle sagt, eine »gesetzesähnliche Aussage« enthalten. Dem Bereich des propositionalen Deutungsgliedes gehört nach Loch die »eigentliche Deutung« im psychoanalytischen Sinne an.

Hervorzuheben ist die Zusammenfassung von Loch. Für ihn ist »der erklärende Teil der Deutung – die essentielle psychoanalytische Leistung von im engeren Sinne wissenschaftlichem Charakter« (19), durch die »dem Kranken für bisher unverbunden nebeneinanderstehende seelische Akte und Zustände ... eine psychologische Erklärung als Hypothese zur Verfügung« gestellt wird (20).

Loch fährt an anderer Stelle fort und kommt nun auch noch auf den Abschluß des Deutungsverlaufs, nämlich das Zurückbiegen zu einer semantischen Operation zu sprechen:

»Ich glaube, daß die eben entwickelten Gedanken uns der Lösung des Problems Erklären-Verstehen näherbringen könnten, zeigen sie uns doch genau die Artikulationsstelle, an der das eine in das andere übergeht, in der das andere – das Verstehen – das eine – das Erklären – *überformt:* Ich erkläre deutend dem Kranken Zusammenhänge, d. h. Motive seines So-Seins, indem ich sie ihm als Hypothesen vor Augen führe. An einer Stelle kommt dann das ›aha‹-Erlebnis, kommt das ›Jetzt weiß ich, weshalb‹, von einem ›freudigen Aufzucken‹ begleitet. Meine Erklärung hat dazu geführt, daß der Patient versteht, meint also, er ist in der Lage, sie zu *gebrauchen.* Und damit ist das erklärende Deutungsglied zu einem semantischen geworden!« (21)

Die Lochsche Analyse des Interpretationsverlaufs erscheint im großen Überblick bestechend. Der Bogen, der von der Mitteilung des Patienten über das Begreifen und Verarbeiten im

Analytiker zum Patienten zurückführt, wird geschlossen, und die Leichtigkeit, mit der Verstehen gegen Erklären abgehoben wird und zugleich das Ineinander von Verstehen und Erklären in beiden Richtungen herauskommt, erscheint auf den ersten Blick elegant.

Aber beide Male melden sich schnell Bedenken; so beim semantischen Deutungsglied schon angesichts des Problems, wie hier Theorie ins Spiel gebracht wird. Im vorgestellten Beispiel – dem Verhalten der Mutter, bezeichnet als overprotection – erscheint der Zusammenschluß aller Aussagen unproblematisch. Wie aber steht es dort, wo die Aussagen im Gesprächsfluß des Patienten eingestreut sind, statt wie hier in einem einzigen Satz als geschlossenes Verhaltensbild sich zur Benennung anzubieten? Da wird die schöne Einteilung in »semantische« und »propositionale« Operationen fragwürdig. Genau das aber ist die weitaus häufigere Form der Erfassung relevanter Daten. Geschieht das Ordnen schon unter dem Einfluß einer Hypothese? Dann wäre hier bereits ein Erklären grundlegend, unzweifelhaft enthält nämlich der Begriff overprotection (nicht nur seiner formalen, sondern auch seiner inhaltlichen Besonderheit wegen) eine Hypothese. Es wird die zusammengefaßte Mitteilung ja nicht nur in eine andere Sprache, nämlich in die Sprache des Analytikers übersetzt, sondern diese Übersetzung kennzeichnet zugleich die Anwendung einer Hypothese, die im Terminus overprotection enthalten ist. Das wirft an dieser Stelle Probleme auf, die wir jetzt nicht weiter verfolgen können, weil wir sonst schon hier das Thema Verstehen-Erklären verlassen müßten. Soviel jedenfalls ist sicher: die Übersetzung von »Weinen« in den Begriff »Trauer« ist eine andere Operation als die Übersetzung, wie sie im Beispiel overprotection vorliegt. Wie hier das Verstehen des semantischen Deutungsgliedes sich gegen Erklären absetzt, bleibt vorderhand undurchsichtig.

Nun betont Loch weiterhin, daß sich das semantische Deutungs- (und das heißt Verständnis-)glied auf der »phänomenologisch-deskriptiven« Ebene abspielt, also »statisches Verstehen« ist. Wo aber steckt das »genetische Verstehen« in seinem

Entwurf? Dafür ist offenbar kein Platz vorgesehen. Auf das semantische Verständnisglied, das dem statischen Verstehen zugehört, folgt nämlich unmittelbar das propositionale Verständnisglied, das nun aber schon in den Bereich des Erklärens fällt. Sein bzw. Lévys Beispiel gibt ihm darin recht – die genetische Deutung des Verhaltens überschreitet im angegebenen Falle offensichtlich jene Schranke, die nach Hartmann (22) dem Verstehen gesetzt ist: Die Feindseligkeit gegen das Kind ist unbewußt. Das Verhältnis ist ein anderes als bei dem von Geiger (23) zitierten Beispiel genetischen Verstehens: das Kind ist traurig, weil es den Apfel nicht bekommt. Im Verständnis dieses Zusammenhanges liegt ein reiner Fall von genetischem Verstehen vor, beim Lochschen Beispiel dagegen geht es um einen Vorgang, der zweifellos das schlichte Verstehen überschreitet. Aber ist hier bereits reines Erklären anzunehmen? Gehört diese Operation nicht in jene Verständniszusammenhänge, die Jaspers »als-ob-verstandene Zusammenhänge« genannt hat? Wenn ja, dann müssen wir beherzigen, daß Hartmann (24) das »als-ob-Verstehen« eine Kompromißbildung zwischen dem einfühlenden Verstehen und einer Hypothese genannt hat. Mitten im Levy-Lochschen propositionalen Deutungsglied, also im Kern der erklärenden Operation, taucht plötzlich wieder Verstehen – mindestens als Anteil – auf. Eine weitere noch ungeklärte Tatsache.

Machen wir einen Versuch zugunsten der Loch-Levyschen Einteilung. Prüfen wir, ob wir uns nicht mit Hilfe einiger Parallelbeispiele entschließen könnten, auf das genetische Verstehen samt dem als-ob-Verstehen insgesamt zu verzichten, um uns, von den angegebenen Bedenken befreit, der Lochschen Annahme eines »Erklärens« an dieser Operationsstelle anschließen zu können. Unser Beispiel soll zunächst noch in dieselbe Richtung wie das Lochsche gehen. Nehmen wir an: ein psychoanalytisch Erfahrener sieht den peinlich ordentlich aufgeräumten Schreibtisch eines Mannes, er beobachtet im Gespräch, wie der Betreffende einen Bleistift, der sich verschoben hat, sofort wieder in die streng parallelisierte Ordnung der anderen Bleistifte zurückschiebt. Der Beobachter versteht sofort, daß hier ein zwanghaftes Handeln auf dem Hintergrund analer Triebstrebungen vorliegen dürfte. Gewiß kommt der Beobachter mit einem Minimum an »Einfühlung« aus, man mag sogar meinen, es genüge, wenn er an den beobachteten Tatbestand seine Hypothese – eines zwanghaften Verhaltens mit dem entsprechenden metapsychologischen Hintergrund – anlegt. Aber wie grenzt sich dies von den nächsten, nur wenig nuancierten Beispielen ab: Wir begegnen einem Menschen, den wir von früher her gut kannten, er ist umgewandelt, finster, verschlossen. Wir erfahren, daß er einen Verlust erlitten hat, der ihm naheging – und wir »verstehen« sofort, daß sein Verhalten von einer Abwehr dieses Erlebnisses bestimmt ist. Auch hier kommt sicherlich eine Hypothese, kommt die »Lehre von der Abwehr« dem Verständnis zur Hilfe. Noch mag man meinen, all diese Verstehensschritte mit Loch einem propositionalen, also erklärenden Deutungsschritt restlos einordnen zu können. Aber, nur ein Schritt weiter bei unseren Vergleichen, und wir sind bei einem Ineinander von ganz vorwissenschaftlichem Wissen und Verstehen: Auch der psychologisch nicht Vorgebildete »versteht« die krampfhafte Clownerie eines Traurigen sofort, und er versteht sie, nicht anders als in den vorigen Beispielen, als »Hervorgehen von Seelischem aus Seelischem«. Die Kette der Beispiele läßt sich verlängern bis zu Fällen, bei denen die Hypothesen sich im Allgemeinverständnis seelischer Zusammenhänge so weit aufgelöst haben, daß man bei solchen Fällen keinesfalls mehr das Erfassen des Fremdpsychischen auf eine erklärende Operation mit Hypothesenbildung zurückführen kann.

Doch genug fürs erste, wir haben gesehen, daß die Vorgänge, die durch die Termini »semantisches« und »propositionales Deutungsglied« gedeckt werden, noch ungeklärt und voll versteckter Fragen sind. Die Einteilung schneidet diese Fragen vorschnell ab.

Dasselbe gilt aber vorweg schon für den Motivationsbegriff, auf den Levy sein Konzept überhaupt aufbaute. Zwar ist

»Motiv« ein Terminus, den Freud schon in mannigfachen Zusammenhängen benutzt hat, immer aber ohne besonderen Anspruch. Und nicht anders haben es die übrigen psychoanalytischen Autoren gehalten. Im strengen Begriffsgebrauch erscheinen in der Psychoanalyse die Ausdrücke »Verhalten« und »Motivation« erst seit verhältnismäßig kurzer Zeit als umschriebene und in systematischen Zusammenhängen formulierte Begriffe (Mitscherlich und Vogel, 25). Mit anderen Worten, der Begriff ist von außen an die Psychoanalyse herangetragen worden, nachdem er in den letzten Jahrzehnten einen enormen Aufschwung erfahren hat, wobei die spezielle Entwicklung weitgehend mit dem zunehmenden Einfluß behavioristischer Strömungen zusammenhängt. Es ist auch leicht einzusehen, weshalb der Begriff gerade dort solche Bedeutung erlangen konnte. Schon ein Blick auf den Inhaltskatalog macht das ohne weiteres deutlich. Der Begriff »Motivation« stellt in der Gegenwart – so Hans Thomae (26) – »mehr und mehr einen Oberbegriff dar für alle jene Vorgänge bzw. Zustände, die in der Umgangssprache mit den Begriffen ›Streben‹, ›Wollen‹, ›Begehren‹, ›Wünschen‹, ›Hoffen‹, ›Sehnsucht‹, ›Affekt‹, ›Trieb‹, ›Sucht‹, ›Drang‹, ›Wille‹, ›Interesse‹, ›Gefühl‹ und so fort umschrieben werden, darüberhinaus für alle jene bewußten und unbewußten psychischen Vorgänge, welche in irgendeiner Hinsicht zur Erklärung oder zum Verständnis des Verhaltens werden könnten, wenn sie sprachlich fixierbar wären«. Wie schon N. Ach (27) 1935 sagte:

›Die Motivation umfaßt die Gesamtheit derjenigen bewußten und unbewußten psychischen Faktoren, aufgrund derer unser Wollen und Handeln zustandekommt.«

Um es kurz zu sagen, »Motivation« ist ein idealer Begriff für den Behaviorismus in seinem Bemühen, nicht nur »die alte Erlebnispsychologie beiseite zu schieben« (Bühler, 28), sondern auch jede Frage nach dem Erlebnis bewußt auszuklammern. Der ganze Problemkreis läßt sich solchermaßen ausschalten. Er wird vom Motivationsbegriff umfaßt, wobei man freilich nicht verkennen darf, daß das für eine ganze Reihe von psychologischen Arbeitsansätzen nützlich, legitim und notwendig ist. Nur nicht für den psychoanalytischen Untersuchungsmodus, weil der Begriff gerade das ausschließt, was der Psychoanalyse als spezielle Aufgabe gestellt ist.

Eine weitere Schwierigkeit bei der Lehre von der Deutung als einem erklärenden Konzept liegt darin, daß damit die richtige Deutung von der richtigen Hypothese des Analytikers über die psychoanalytische Situation seines Patienten abhängig wird. Kann man annehmen, daß der therapeutische Weg der Verständigung zwischen Analytiker und Patient seinen Weg über ein derart luzides, geradezu taghell ausgeleuchtetes Stück empirisch-analytischen Operierens nimmt? Ganz ohne grundsätzlich Überlegungen anzustellen: der Blick auf die alltägliche Erfahrung widerspricht dieser Vorstellung entschieden.

Schon allein Leistungen wie die Erfassung der Beobachtungsdaten als Basissätze und die Etablierung des Zusammenspiels von Hypothesenbildung und Beobachtung sind kaum glaubhaft zu machen:

Angenommen, hundert Mitteilungen ließen sich bequem einer gebildeten Hypothese subsumieren und würden durch ihr Zusammenspiel die Richtigkeit der Hypothese sogar eindeutig bestätigen. Einmal wird nach geraumer Zeit in der Analyse eine *Wendung* kommen, die eine veränderte Hypothese als Bezugsrahmen fordert. Wie steigt dann die Einsicht von der Einzelmitteilung zur Hypothese auf? Wie bildet sich der neue Boden für einen neuen Bezugsrahmen, der seinerseits wieder die Bedeutung der nachfolgenden Mitteilungen festmacht und es erlaubt, dem Verhalten des Patienten eine neue Hypothese zu unterlegen?

Und noch ein anderes Problem: Falls die analytische Einsicht in Wechselschritten sich vollzieht – Hypothesenbildung und Organisation aller weiteren Daten unter die gebildete Hypothese –, so wäre eines bei einer solchen Operation doch wohl unerläßlich: die Hypothese müßte nach und nach eindeutig formulierbar sein, mindestens müßte sie als bewußte Einsicht vorliegen, anders kann sie ja als Stützpunkt für die Interpretation des Verhaltensmaterials gar nicht dienen. Aber die Lage wird noch komplizierter, wenn man berücksichtigt, daß in vielen, wenn nicht den meisten Fällen die Beobachtungen *nicht* bei vorgegebener Hypothese gesammelt werden, sondern erst nachträglich sich zusammenschließen, zugleich mit der auftauchenden Einsicht. Häufig liegt der gemeinsame »Nenner« überhaupt nicht von vornherein fest, sondern er muß während des Berichtes des Patienten erst aus den Wahrnehmungen erspürt werden, entsprechend Freuds Vorstellungen: »Man darf nicht darauf vergessen, daß man ja zumeist Dinge zu hören bekommt, deren Bedeutung erst nachträglich erkannt wird«, und: »Was man auf diese Weise bei sich erreicht, genügt allen Anforderungen während der Behandlung. Jene Bestandteile des Materials, die sich bereits zu einem Zusammenhange fügen, werden für den Arzt auch bewußt verfügbar; das andere, noch zusammenhanglose, chaotisch Ungeordnete, scheint zunächst versunken, taucht aber bereitwillig im Gedächtnisse auf, sobald der Analysierte etwas Neues vorbringt, womit es sich in Beziehung bringen und wodurch es sich fortsetzen kann« (Freud, 29).

Und noch einmal eine Komplizierung: die zutreffende Deutung bei falscher Einschätzung der augenblicklichen analytischen Thematik, also falscher Bedürfnishypothese. Dazu ein kurzes Beispiel: In einem Seminar im Sigmund-Freud-Institut in Frankfurt trug ein Analytiker eine Episode aus der Analyse eines Patienten vor. Der Analytiker hatte eine Hypothese zur aktuellen Bedürfnislage des Patienten formuliert. Dieser Hypothese entsprechend hatte er das vorliegende Material gedeutet. In der Seminardiskussion fiel bald folgendes auf:

a) daß die Deutung mit der Hypothese nicht übereinstimmte,

b) daß merkwürdigerweise zu dem von der Hypothese her gesehen unkorrekten Teil der Deutung eine thematisch passende Reaktion erfolgte,

c) daß es leicht war, Material, Deutung und Reaktion von einer modifizierten Hypothese her verständlich zu machen.

Den Eindruck formulierte ein Seminarteilnehmer so: »Die Deutung ist richtig, die Hypothese falsch.« Der Analytiker stimmte interessanterweise der Kritik zu mit der Bemerkung, daß offenbar »vorbewußte Prozesse eine Rolle« spielten. Er wertete seine eigene Hypothese als »nachträgliche Formulierung«. Bemerkenswert ist die abschließende Beurteilung des Sachverhalts, die Mitscherlich ins Protokoll diktierte:

»Das Bilden der Hypothese ist eine spätere, nachträgliche Rationalisierung. Die Deutung gehört in einen größeren Zusammenhang, der in der wörtlichen Wiedergabe nicht oder nicht genügend enthalten ist.« (30)

Das Beispiel belegt, wie Deutung und Hypothese auseinanderklaffen können. Gerade weil die Deutung sich hier leicht als »richtige« Deutung nachweisen ließ, gewinnt der Fall exemplarischen Wert, der in der erwähnten Beurteilung klar wird: die Deutung gründet offensichtlich auf anderen Vorgängen als dem Zusammenspiel von Hypothesen und Materialerfassung.
Auch eine Bemerkung des betreffenden Analytikers verdient in unserem Zusammenhang Beachtung. Er selbst hatte den Eindruck, daß »vorbewußte Prozesse bei seiner Deutung mitgewirkt haben«. Das ist eine Erfahrung, die sich ganz mit dem deckt, was Isaacs schreibt:

»Die unbewußte Bedeutung der Verhaltensweisen ..., unsere Fähigkeit, sie zu erfassen, hängt von einer Unzahl von Prozessen im Analytiker selbst ab, die halb bewußt, halb unbewußt sind.« (31)

Wie erinnerlich, hatte Reik ja früher schon ausführlich die Bedeutsamkeit gerade der vorbewußten Vorgänge unterstrichen, und Greenson wiederholte das, als er die von ihm hervorgehobene Empathie als »vorbewußtes Phänomen aus dem Beweggrund heraus, den Patienten zu verstehen« definierte (32).
All das verträgt sich schlecht mit der Annahme eines empirisch-analytischen Vorgehens. Eine »vorbewußte Hypothese« ist eine contradictio in adjecto, und eine nachträglich formulierte Hypothese ist, wenn sie so abrupt und unvermittelt einspringt, Merkmal eines Vorganges, der bestenfalls als heuristischer Ansatz, nicht aber als sicheres Glied in einem empirisch-analytischen Urteilsgang sensu strictiori angesehen werden kann.

Der Umstand, daß der Psychoanalytiker nicht auf die Dauer mit unzutreffenden Vorstellungen von der psychoanalytischen Situation seines Patienten bestehen kann, widerspricht unserer Kritik nicht. Nicht die Möglichkeit oder Nützlichkeit von Hypothesenbildung für den Prozeß der Psychoanalyse (in noch aufzuklärendem Bezug) soll in Frage gestellt werden, sondern nur ihre Verwendbarkeit und Verwendung für das Verständnis des Patienten und die psychoanalytische Interaktion in der Therapie.

Führen wir unsere Kritik weiter: Zusammenhänge, die nicht aufgrund einer theoretischen Operation gebildet wurden, sondern sich *spontan* einstellen, sind keine Novität für die psychoanalytische Erfahrung. Reik (33) schreibt:

»Keiner von uns wird den Eindruck jener plötzlichen oder langsam sich verstärkenden Klarheit wiedergeben können, wenn ein anscheinend disparates und zusammenhangloses Material unter der Entwicklung eines Einfalles lebendig wird, sich zu bestimmten Einheiten zusammenfügt wie die losen und zerstreuten Gebeine in der Vision, die Gott den Ezechiel sehen ließ.«

Reik hebt diesen Vorgang ausdrücklich positiv ab von einem anderen Verfahren, das mit theoretischen Operationen werkt:

»Ich kenne Fälle, in denen das heuristische Vorgehen so aussieht, als wäre der Analytiker darauf ausgegangen, Bestätigung für die analytische Theorie zu finden, statt nach Abschluß des Falles zu ihr zurückzukehren.« (34)

Vielleicht mag man annehmen, daß Reik, der mit diesen Auseinandersetzungen im Streit mit Reich befangen war, eine extreme Position eingenommen habe. Aber schon Freud (35) hatte das Gleiche gesagt, was in der Zusammenfassung von Fenichel (36) besonders treffend für unsere Erörterungen herauskommt:

»... daß Freud davor warnt, während der Analyse von Zeit zu Zeit eine ›Bestandsaufnahme‹ zu machen, um sich die Struktur des Falles zurechtzulegen; man schaffe sich dadurch nur Vorurteile; es sei besser, das Unbewußte des Patienten mit dem eigenen Unbewußten zu beantworten und zu warten, bis sich ein Strukturbild von selbst aufdrängt.«

Die grundlegende Bedeutung spontaner Zusammenhänge wird besonders eindrucksvoll erkennbar in den Fällen, in denen der Analytiker dazuhin noch zu einer spontanen Deutung kommt. Paula Heimann (37) hat in einem Vortrag einmal eine Episode einer nachträglichen Analyse unterzogen. Aufschlußreich war auch da, daß die Hypothese erst im Nachhinein formuliert werden konnte, die Deutung aber spontan aus dem sich zusammenschließenden Material, unabhängig von der vorher gefaßten theoretischen Sicht der aktuellen analytischen Situation sich herstellte. – Auch dieser Sachverhalt widerspricht der Annahme, daß der therapeutische Prozeß über die Drehscheibe der Hypothesenbildung verläuft.

Schließlich muß noch auf eine psychoanalytische Grundregel hingewiesen werden, die die Ablehnung der Hypothesentheorie vollständig macht: Die freischwebende Aufmerksamkeit, die man im Zusammenhang mit unserer Fragestellung auch als »Freiheit von der Vorbefangenheit in eine Hypothese« beschreiben kann.

Brechen wir unsere Kritik ab mit der Feststellung, daß schon der allererste grobe Überblick zeigt, wie die psychoanalytische Erkenntnisbildung auch bei tolerantester Auffassung den Rahmen eines empirisch-analytischen Vorgehens entschieden sprengt. Gewiß sind auch beim psychoanalytischen Behandlungsverfahren Antizipationen im Spiel, aber sie sind doch wohl von anderer Art als »Hypothesen«. Gewiß ist auch hier eine wechselseitige Organisation von »Beobachtungsdaten« und dem theoretisch aufgeklärten Verständnis des Psychoanalytikers unablässig tätig, aber auch dieses Wechselverhältnis ließe sich nur mit Zwang als Spiel von Hypothesenbildung und Beobachtung interpretieren. Und schon gar nicht paßt die Art der Sicherung des Erkannten in das Modell der Hypothesensicherung.

Je weiter wir den Vergleich führen, desto mehr widerstrebt das psychoanalytische Vorgehen einer Charakterisierung als empirisch-analytisches Verfahren; dabei haben wir die grundsätzliche Frage, ob die Eigenart des Beobachtungsmaterials – die verbalen Mitteilungen der Patienten – sich überhaupt diesem Vorgehen fügen, ohne sich zu verflüchtigen, noch keineswegs gestellt.

Doch lassen wir für einen Moment alle prinzipiellen Bedenken beiseite und prüfen wir die Verwendung der Levyschen Einteilung an einem letzten Punkt, dort, wo nach Loch Erklären wieder in Verstehen übergeht. Das Levysche Konzept scheint ihm an dieser Stelle das Ineinandergreifen klarzustellen. Er schreibt:

»Ich erkläre deutend dem Kranken Zusammenhänge, d. h. Motive seines So-Seins, indem ich sie ihm als Hypothesen vor Augen führe. An einer Stelle kommt dann das aha-Erlebnis, kommt das ›Jetzt weiß ich, weshalb‹ . . .« (38).

Mit anderen Worten: Der Wirkungsmechanismus des propositionalen Deutungsgliedes besteht darin, daß dem Patienten für sein Verhalten ein »Motiv« angegeben wird und der Patient in der Lage ist, dieses Motiv als einleuchtend anzunehmen. Der als Hypothese formulierte Zusammenhang ist für den Patienten evident, verständlich.

Welcher Art diese Evidenz ist, erläutert Loch an einem Vergleich:

»Im Grunde geht es in den Naturwissenschaften nicht anders zu; denn auch dort wird oft zunächst ›erklärt‹, d. h. es werden aufgrund empirischer Regeln gefundene Formeln aufgestellt. Erst viel später gelingt im allgemeinen die auf Verständnis ruhende Begründung.« (39)

Wie verhält es sich nun aber mit dem Übergang von Erklären und Verstehen bei »naturwissenschaftlichem« Vorgehen in diesem Falle: Wird der nicht-verständliche, bloß als »Formel« aufgestellte Vorgang verständlich, falls es gelingt, ihn in einen sprachlichen Zusammenhang einzugliedern und zu fixieren? Wenn die vom Patienten erreichte Evidenz keine andere wäre als die einsichtige Verständlichkeit eines verstehbaren, weil sprachlich ausdrückbaren Naturvorganges, dann wäre das aha-Erlebnis nur von dem Range eines »aha, so muß man das verstehen«. Dann allerdings wäre die neu gewonnene Einsicht anfällig gegen jede Selbsttäuschung. Die Psychoanalyse wäre dann, im Einzelfall wie im ganzen, nicht grundsätzlich von Heilsystemen weltanschaulicher Art zu unterscheiden. Diese Heilsysteme zeichnen sich ja eben dadurch aus, daß sie ihren Proselyten ein Erklärungssystem anbieten, dem sich der Betreffende unterwirft, indem er sein »So-Sein« in der dort geübten Sprache formuliert.

Das ist selbstverständlich nicht Lochs Meinung, aber es ist die Auffassung, zu der die Anwendung des Levyschen Schemas führt. Auch an dieser Stelle versagt die Unterscheidung von semantischem und propositionalem Deutungsglied. Sie versagt in doppelter Hinsicht: einmal bringt sie uns immer noch nicht der Lösung des Rätsels im Zusammenspiel von Verstehen und Erklären näher, und zum anderen vermag sie nicht zu zeigen, worauf eine sichere Annahme, daß dieser Zusammenhang auf diesen Patienten zutrifft, gründen könnte. Die angebotene Erklärung wird als Teil eines umfassenden Sprachsystems akzeptiert. Das »aha, so muß man das sehen« steht auf dem unausgesprochenen Hintergrund eines »wenn anders nicht meine ganze Auffassung von der Welt falsch ist«.

Welch höhere Gewißtheit verlangen wir? Doch wohl, daß der Zusammenhang von Einsicht und Lebensvollzug nicht nur auf einer logischen Evidenz aufgrund einer Erklärung, die als »sinnvoll« anerkannt wird, aufruht; daß sie nicht nur darauf gründet, daß sich die Phänomene reibungslos einem objektiven Sinngefüge einordnen lassen. Es muß ein historisch individualisierendes Moment an der Entscheidungsstelle der Deutung hereinkommen und uns verbürgern, daß die Deutung die *»sinnvolle Realität dieses Patienten«* meint.

Nun kommt bei Loch das historisch individualisierende Moment sehr wohl herein – aber an einer ganz anderen Stelle, nämlich beim semantischen Deutungsglied. Loch schreibt:

»Der semantische Teil besteht darin, dem Patienten zu erkennen zu geben, daß er den Arzt gefühlshaft besetzt und welche Gefühle im Spiel sind, etwa wie seinen Vater oder wie seine Mutter.« (40)

Die historische Realität des Patienten im hic et nunc seiner

Arzt-Patient-Beziehung und im Übertragungscharakter dieser Beziehung, der sie mit den infantilen Objekten verknüpft, erscheint so nur *im Vorfeld der Deutung*. Die »eigentliche Deutung«, der zentrale Vorgang des propositionalen Deutungsgliedes bleibt davon frei. Dieser Vorgang ist, wie das im Rahmen eines motivations-psychologischen Konzepts gar nicht anders zu erwarten ist, *ahistorisch*. Das ist zu wenig. Wenn das gälte, wäre tatsächlich die gewonnene Übereinstimmung zwischen Analytiker und Analysanden ungeschützt gegen die Möglichkeit einer bloßen Sprachregelung, wie das alle Gegner der Psychoanalyse immer vermutet haben.

Lochs Entwurf, der sich übrigens nicht nur mit dem herausgegriffenen Themenkreis beschäftigt, enthält an vielen Stellen beachtliche Anregungen und Feststellungen zu unserem Thema im einzelnen. Als ganzes aber scheitert sein Versuch, den Deutungsverlauf und das Ineinander von Verstehen und Erklären durch die Bindung an das Levysche Konzept zu fassen, schon allein deshalb, weil der Levysche Entwurf mittels eines methodischen Kunstgriffes, der dem Motivationskonzept immanent ist, über die Differenzierung von Verstehen und Erklären hinweggeht.

I, 3. Unsere Kritik am Lochschen Konzept verpflichtet uns, von vornherein die Fallstricke, die erkannt wurden, zu vermeiden. Es sind dies: die Übernahme eines außerpsychoanalytischen Konzeptes einerseits und ein vorschnell vermittelnder Abschluß der Diskussion im Sinne der »Wechselthese« andererseits.

Unsere Untersuchung soll deshalb der – formulierten wie unformulierten – psychoanalytischen Lehre selbst entnommen werden, und die Bezugnahme auf nicht-psychoanalytische Konzeptionen soll immer erst in einem nachfolgenden Bedenken angeschlossen werden. Die Erörterung muß so lange wie möglich versuchen, jenen methodischen Weg zu verfolgen, mit dem – nach dem übereinstimmenden Urteil aller Psychoanalytiker – immer der psychoanalytische Prozeß einsetzt: mit dem »Verstehen«.

Orientieren wir uns vorweg in einem ganz kurzen Überblick,

welche Verstehensbegriffe die psychoanalytische Auffassung vorgefunden hat, woran sie sich orientierte*:

Der Satz Diltheys (42): »Die Natur erklären wir, das Seelenleben verstehen wir« darf als Programmsatz der verstehenden Psychologie gelten, jedenfalls in ihrer Diltheyschen Form. Die Scheidelinie zwischen Verstehen und Erklären wird, wie die Formulierung verrät, vom Gegenstand bestimmt; das Erklären wird hier dem Erfassen von körperlichen Vorgängen zugeordnet, psychische Tatbestände und Abläufe dagegen fallen dem Verstehen zu. Psychisches Geschehen und naturwissenschaftliches Geschehen sind für Dilthey heterogen (Roffenstein, 43). Diese gegenstandsorientierte Auffassung, die auch Simmel teilt und konsequenter noch als Dilthey durchhält, wird im weiteren Verlauf der Auseinandersetzung verlassen, so von Jaspers (44). Für ihn ist die Unterscheidung schon weithin methodologisch, wenn auch nicht in dem entscheidenen Sinne wie für Rickert (45), der die Unterscheidung einzig und allein an der »Art des Erkennens« festmacht. Für Rickert ist das Psychische ebenso dem Erklären offen wie dem Verstehen. Psychische Gebilde können nicht anders als physische einer Erklärung unterzogen werden. Unter Erklärung ist in beiden Bereichen eine Art des Begreifens gemeint, bei der ein psychischer oder physischer Vorgang unter ein Naturgesetz von unbedingt allgemeiner Geltung gestellt wird. Ist bei Rickert der Bereich des Erklärens schnell verdeutlicht, so ist die Bestimmung des *Verstehens* schwieriger, wie folgendes Zitat zeigt:

»Es muß, damit das Wort nicht seine prägnante und in der Methodenlehre brauchbare Bedeutung verliert, unter Verstehen das Erkennen eines besonders gearteten Materials der Wissenschaft gemeint sein, was man negativ so zum Ausdruck bringen kann, daß man sagt, es handele sich stets um mehr als um ein Erfassen von realen Gebilden, die sich beschreiben oder als bloß real auch erklären lassen.« (46)

Leicht läßt sich die Bedeutung des Terminus »Verstehen« allerdings klarstellen, sobald man jenen Vorgang in den Blick faßt,

* Nur diejenigen Konzeptionen von »Verstehen« sollen hier genannt werden, die unmittelbar für das psychoanalytische Konzept relevant sind. Zur Übersicht über den Begriff des Verstehens s. Apel (41).

den Binswanger (47) als *»logisches Verstehen«* bezeichnet hat, d. h. als »Verstehen eines Denkinhaltes«, bei dem ich »nicht den Sprechenden, sondern das Gesprochene verstehe« (Simmel, 48). Dieser Unterschied von »Verstehen des Gesprochenen« und »Verstehen des Sprechenden« erscheint bei Lipps (49) als »Verstehen eines Satzes« versus »Verstehen einer Persönlichkeit«, entsprechend der Formulierung: »Wenn ich einen Satz höre, so ist dieser Satz für mich einmal Ausdruck eines Sinns – es liegt für mich ein bestimmter Sinn darin –, und andererseits ist der Satz von einer Persönlichkeit kundgegeben – er ist die Äußerung, der Ausdruck einer Persönlichkeit, die mir die Mitteilung macht«. Rickert (45a) schließt dasselbe in den Gegensatz von »Verstehen als zeitloses Sinnerfassen« und »Erfassen eines realen fremden Seelenverlaufs« ein; letzteres wird von Rickert auch als Nacherleben bezeichnet. Denselben Gegensatz sieht Binswanger in Unterscheidung des »logischen Verstehens« vom »psychologischen Verstehen«. Wir werden im folgenden die Binswangersche Unterscheidung benützen, werden aber – der unmißverständlichen Lesart wegen – dem »logischen Verstehen« das »Nacherleben« gegenüberstellen.

Beim »logischen Verstehen« ist der Begriff Verstehen zweifellos an seinem eindeutigsten Ort. Spranger schreibt:

»Verstehen in allgemeinster Bedeutung heißt: *geistige Zusammenhänge* in der Form objektiv gültiger Erkenntnis als *sinnvoll auffassen.* Wir verstehen nur sinnvolle Gebilde. Durch das Merkmal des sinnvollen Zusammenhangs unterscheidet sich die Erkenntnisleistung des Verstehens vom Begreifen und Erklären, z. B. von der Kausalerklärung aus Gesetzen nur äußeren Aufeinanderfolgens. Das Verstehen scheint in den *inneren* Zusammenhang einzudringen. Es erfaßt immer einen Sinn, indem es etwas Geistiges gleichsam mit seinem Leben durchdringt und ausfüllt und erst auf diesen Totalakten die Erkenntnis des Aktsinnes aufbaut.« (50)

Dazu weiter:

»Das rationale Zweckhandeln ist (der) Optimalfall für das Verstehen.« (51)

Jaspers hat nun zusätzlich noch die Unterscheidung von statischem und genetischem Verstehen eingeführt. Er schreibt:

»*Statisches* und *genetisches Verstehen*. Ersteres erfaßt die einzelnen seelischen Qualitäten und Zustände, wie sie erlebt sind (Phänomenologie), letzteres das Auseinanderhervorgehen von Seelischem aus Seelischem, wie es in Motivzusammenhängen, Kontrastwirkungen, dialektischen Umschlägen sich bewegt (Verstehende Psychologie).« (52)

In der bekanntesten Fassung heißt es:

»Seelisches ›geht‹ aus Seelischem in einer für uns verständlichen Weise ›hervor‹ ... Dieses Auseinanderhervorgehen des Seelischen aus Seelischem *verstehen wir genetisch*.« (53)

Mit diesem Überblick haben wir das Terrain so weit gesichtet, daß wir hoffen können, ohne allzu störende Mißverständlichkeiten voranzukommen. Wenden wir uns nun unmittelbar dem psychoanalytischen Selbstverständnis über den Verständigungsgang in der Psychoanalyse zu.

Als erster Anhaltspunkt diene uns nochmals die Bemerkung von Brenner, daß das Bild des Analytikers vom Patienten gewöhnlich intuitiv erlangt werde. Das ist eine Feststellung, die wiederholt, was von vielen anderen Autoren schon immer betont wurde – so von Reik in seiner bekannten Auseinandersetzung mit Reich*.

Nun knüpft Brenner an seine Hervorhebung der Intuition die Forderung an, daß das intuitive Vorgehen des Analytikers »nachprüfbar« sein müsse. Was er hier für jeden Einzelfall an Aufhellung des intuitiven Vorgehens verlangt, ist dasselbe, was Isaacs (55) ganz grundsätzlich für den Begriff Intuition wünschte. Ihr ist dieser Begriff wegen seines mystischen Beiklangs unsympathisch, und sie schlägt vor, stattdessen von »Wahrnehmung« zu sprechen. Ein Vorschlag, dem Kohut (56)

* Diese Akzentuierung der »Intuition« hat in jüngerer Zeit eine – direkte wie indirekte – Bestärkung erfahren durch die verschiedenen Auslassungen zum Thema Empathie. Tatsächlich meint Empathie nichts anderes, als daß im Analytiker eine erhöhte Fähigkeit vorliegen müsse, sich auf den Patienten in seiner unaustauschbaren Individualität hier und jetzt einzustellen. Und wenn unter den Richtlinien für die Führung einer Kontrollanalyse, und entsprechend unter den Maßstäben für die Prüfung der Kandidaten auf ihre Fähigkeit zum Analytiker, mit an erster Stelle (Frijling-Schreuder, 54) die Befähigung zur Empathie, zum einfühlenden Verstehen rangiert, dann wird deutlich, welcher Wert der Intuition im analytischen Erkennen zugemessen wird.

insofern nahesteht, als er die Intuition »als eine Summe von kleinen Wahrnehmungen, die der Analytiker blitzschnell auszuwerten weiß«, ansieht.

Das schiebt dem intuitiven Erfassen allerdings eine nicht unbeträchtliche Leistungsanforderung zu, die noch erhöht wird, wenn man bedenkt, daß das Material zugleich in einem dreifachen Bezugsrahmen aufzufassen ist: zum einen mit Blick auf die aktuellreale Situation des Patienten, dann in bezug auf die Interaktion Analytiker-Analysand und schließlich hinsichtlich der infantilen Bedeutung. Das ist eine erhebliche Aufgabe, die unablässig dadurch kompliziert wird, daß

> »immer nur eine Deutung richtig sein kann (d. h. eine richtige Beschreibung der im Augenblick tätigen seelischen Kräfte gibt), während jeder andere Kommentar als nicht-interpretative Intervention wirkt« (Ezriel, 57).

Aber das ist nicht die gewichtigste Schwierigkeit. Schon unsere Beispiele sind über das Gebiet des bloß phänomenologisch gestimmten statischen Verstehens hinausgegangen in den wesentlich dunkleren Bereich des genetischen Verstehens, des Verstehens, wie »Seelisches aus Seelischem hervorgeht«. Wir sind dabei sogar schon ein wichtiges Stück weitergegangen und haben unbewußte, oder sagen wir zunächst vorsichtiger: nichtbewußte Inhalte mit einbezogen. Der Analytiker z. B., der »versteht«, daß der Patient mit einer Bemerkung über den Streit mit seinem Vorgesetzten eigentlich einen Streit mit ihm meint, hat eine dem Patienten im Augenblick nicht bewußte Bedeutung verstanden. Die Fälle gar, auf die sich alle weiteren Autorenbemerkungen, die wir angezogen haben, beziehen, betreffen aber gewiß ein genetisches Verstehen, das in den Bereich der unbewußten Inhalte eindringt.

Wenn wir unseren Schluß aufrecht erhalten, dies alles Verstehen zu nennen, dann sind wir damit in eine ernste Schwierigkeit geraten. Nach Hartmann (58) bildet *»das Unbewußte generell eine Schranke des Verstehens«*.

Machen wir uns angesichts dieser verzwickten Lage daran, anhand von Beispielen uns vorsichtig voranzutasten, um detailliert zu prüfen, wie es sich mit dem Verstehen im psychoanalytischen Beobachtungsgang verhält.

Orientieren wir uns an einem sehr instruktiven Beispiel Kuipers (59), das er anläßlich seiner Erörterung über »Verstehen« vorstellt:

»Eine junge Frau ist umgezogen und hat nun ihr Haus eingerichtet. Sie hat keine Mühe gescheut und hat mit der Hilfe eines Innenarchitekten ihre Wohnung sehr geschmackvoll eingerichtet. Ihre Freunde und Bekannten haben sich anerkennend darüber geäußert. Nun erwartet sie den Besuch ihrer Schwester, die auch verheiratet ist, die sich jedoch finanziell nicht so viel erlauben kann, weil ihr Mann eine untergeordnete Berufsposition hat und obendrein auch die Familie viel größer ist. Diese Schwester hatte sich bei früheren Gelegenheiten sehr lobend über den Innenarchitekten geäußert. Als sie kommt, guckt sie sich nur eben um und schweigt sich aus über die neu eingerichteten Zimmer. Die einzige Bemerkung, die sie macht, betrifft ein Bild an der Wand: Ich finde die Arbeit von – es folgt der Name des Malers –, die Franziska (eine Freundin von ihr) hat, doch eigentlich schöner und charakteristischer für ihn; dann plaudert sie über allerlei Familienangelegenheiten und weist darauf hin, daß sie nicht lange bleiben kann, weil sie in der Stadt essen will. Die Besitzerin der Wohnung ist enttäuscht. Als ihr Mann nach Hause kommt, erzählt sie, was sich ereignet hat, und fragt, warum sich wohl ihre Schwester nicht anerkennend über die Einrichtung der Wohnung geäußert hat. Er antwortet: Das ist aus Neid.«

Die Sachlage ist einfach: Der Beweggrund des Verhaltens der Schwester ist für die junge Frau unverständlich. Wir erfahren nicht, ob die Schwester sich den Beweggrund ihres Verhaltens eingestehen konnte oder ob er ihr unbewußt war. Aber nehmen wir einmal an, es sei so, dann haben wir drei unterschiedliche Sachverhalte vor uns:

1) Der Schwester war das, was ihr Verhalten bestimmte, unbewußt. Sie hätte, falls sie darüber nachgedacht hätte, ihren wirklichen Beweggrund nicht finden können.

2) Der ersten Beobachterin, der jungen Frau, war der fremdpsychische Zusammenhang unverständlich – auch für sie bestand hier eine *Schranke des Verstehens.*

3) Dem zweiten Beobachter aber, dem Mann, war der Zusammenhang sofort klar. Er verstand das Seelische und auch das,

woraus es hervorging. Er versuchte, nicht nur das Verhalten, wie es vorlag, als unfreundlich zu klassifizieren (das konnte bereits die erste Beobachterin), sondern er war in der Lage, auch den Beweggrund, aus dem solche Unfreundlichkeit hervorging, anzugeben.

Weit trägt das Beispiel noch nicht, und man mag einwenden, daß bis zur analytischen Deutung mit einem historischen Rückgriff auf die Kindheit noch ein langer Weg ist. Die Distanz verringert sich aber um ein Stück, sobald die Bemerkung »so war sie immer schon« hinzugefügt würde. Das Beispiel stünde damit den psychoanalytischen Verständnisbildungen schon um ein beträchtliches Stück näher.

Was sagt nun das Beispiel? Von der ersten Beobachterin her sieht es so aus, als habe der zweite Beobachter mit seinem Verständnis eine »Schranke« überschritten. Für ihn ist das Unverständliche verstehbar geworden. Möglicherweise bleibt der ersten Beobachterin der Zusammenhang auch nach seiner Interpretation nur »als-ob«-verständlich, nämlich begreifbar einzig allein unter Zuhilfenahme einer Art Erklärung, die ihr der zweite Beobachter anbietet. Für den letzteren jedenfalls ist der Zusammenhang aber klar verstehbar. Mindestens in diesem Fall brauchen wir keine Ausnahme von der These über die Schranke des Bewußten anzunehmen. Hier wird keine Schranke überschritten, sondern hier dehnt sich für den letzten Beobachter der Bereich des Bewußten dorthin aus, wo den anderen Personen eine Schranke gesetzt ist.

Das Beispiel ist deshalb illustrativ, weil wir hier von einer durchaus glaubwürdigen Szene gleich in doppelter Hinsicht belehrt werden.

Zum ersten: Man sieht einen unterschiedlichen *Bewußtseinsumfang* bei den Beteiligten. Das Verstehen gelingt dem zweiten Beobachter, dem Mann, deshalb, weil für ihn der gesamte Zusammenhang innerhalb des Bewußtseins liegt. Sein Mehr an Bewußtseinsumfang ermöglicht das Verstehen, und zwar ohne den Einschub einer Hypothese. Es bietet sich an, die Differenz als Umfang des Bewußtseinsinhaltes zu bestimmen: Der Umfang des bewußt Verfügbaren ist um ein Stück größer, das Bewußtsein umfaßt *»etwas mehr«*.

Zum anderen: Diese Ausdehnung betrifft gerade die *fraglichen Zusammenhänge*. Für den zweiten Beobachter, den Mann, war eben jener Zusammenhang von »Seelischem mit Seelischem« auch dort einsichtig überschaubar, wo bei den beiden anderen Beteiligten ein blinder Fleck lag.

Die Lehren, die wir diesem Beispiel entnehmen, weisen einen eindeutigen Weg, wie Verstehen operieren kann, ohne an der Schranke des Unbewußten zu zerschellen: *als Vorsprung des Analytikers vor dem Patienten und in kleinen Schritten*. Das sind zwei Beschreibungen, die vorderhand noch ziemlich verschwommen sind. Sich um eine präzisere Erfassung zu bemühen, wird die weitere Aufgabe sein.

Aber schon in diese ungefähre Umschreibung fügen sich die Erfahrungen der Erkenntnisbildung am Patienten in der Analyse ein. Das Beispiel paßt ganz gut zu dem Charakter der Psychoanalyse als eines Verfahrens allmählicher Aufhellung des Unbewußten, bei dem die Schranke zum Unbewußten immer nur ein Stück weiter hinausgeschoben wird. Fenichel hat das gesehen und zugleich auf den Vorsprung des Analytikers hingewiesen:

»... deute man ... gerade *um ein kleines Etwas mehr*, das der Analytiker schon spürt, der Patient aber noch nicht.« (60)

Dasselbe »Etwas« hatte schon Freud im »Kleinen Hans« betont mit den Worten:

»Der Arzt ist ihm im Verständnisse um ein Stück voraus.« (61)

Der analytische Fortschritt geschieht also in kleinen Schritten unter Zuhilfenahme der Differenz des »ein kleines Etwas mehr«. Er folgt damit dem gleichen Modus, den wir anhand des Kuiperschen Beispiels untersucht haben.

Dieser Modus wird besonders deutlich, wenn man daneben einen anderen, durchaus konträren, hält, wie er im Erstinterview gang und gäbe ist: Das Aufdecken von *Grundlinien* (sei es zur Struktur des Patienten oder seiner unbewußten Bedürfnisse), die mit Hilfe der *Erklärung* aus den angebotenen Daten und Verhaltensweisen herausgehoben werden. Wird hier mit zupackendem Interesse das Unbekannte ausgelotet, so wird dort – in der analytischen Arbeit – die Grenze des Bewußten oder Vorbewußten allmählich hinausgeschoben. Eben der Vorsprung beim Hinausschieben erlaubt es dem Analytiker, das zu verstehen, was dem Patienten noch verschlossen ist, weil dem Verstehen eine Schranke gesetzt ist. Noch ist offen, wie dieses Hinausschieben vor sich geht. Innerhalb des Vorsprungs jedenfalls ist für den Analytiker ein in sich abgeschlossenes Verstehen möglich.

Während im Interview an vielen Stellen ein Erklären zu Hilfe genommen wird, durch das dem Verhalten Motive unterlegt werden, die dann eine erste Einsicht erlauben, bewegt sich das Erkennen im analytischen Prozeß in den kleinen Schritten eines Verstehens, das den Vorsprung, die vorauseilende Erweiterung des Verstehensspielraumes beim Analytiker ausnützt.

Das Unbekannte wird in der analytischen Stunde im Gegensatz zum Interview nicht nach Art eines weitausholenden schnellen Erkundungszuges durchforscht. Der Helligkeitsraum wird da vielmehr in langsamen Schritten erweitert. Hören wir nochmals das Fenichel-Zitat, nun vollständiger:

»Das ökonomisch Merkwürdige der analytischen Deutung besteht aber darin, daß man, deute man nun einen Widerstand oder einen Abkömmling des Verdrängten, doch nicht nur das deutet, was vom Abgewehrten schon ins Vorbewußte gedrungen ist, sondern *gerade um ein kleines Etwas mehr,* das der Analytiker schon spürt, der Patient aber noch nicht.«

Der schnelle Erkundungsritt im Erstinterview wird mit Hilfe des Erklärens von Verhalten durch psychologische Konstrukte, durch das Bestimmen von »Motiven« geleistet. Der langsame analytische Fortschritt bedient sich eines anderen Vorgehens: des Verstehens.

Natürlich gibt es auch in der Analyse Situationen, in denen Erklären zur Hilfe genommen wird – wir werden darauf noch zu sprechen kommen. Nur: Hauptmittel der analytischen Arbeit ist ein Verstehensprozeß, der frei von erklärenden Einschlägen ist. Die psychoanalytische Erkenntnis in der Behandlungsstunde wird durch reines, wenn auch ganz offensichtlich nicht »schlichtes« Verstehen geleistet. Den erklärenden Operationen kommt nur ersatzweise eine Bedeutung als Instrument zu. Das ist eine These, die in vollem Gegensatz zu der Lochschen Auffassung steht.

Nicht wenige aufgeklärte Laien geraten, wenn sie in die Analyse kommen, in die Erwartung, daß jedes Verhalten prompt mit dem vollen Einsatz der psychoanalytischen Theorie gedeutet wird, d. h. schon in der ersten Stunde irgendwelchen Äußerungen eine (z. B. ödipale) Erklärung unterlegt wird. Tatsächlich wäre so ein Verfahren, auch wenn es hundertmal weniger verzerrt sich abspielte, ebenso verfehlt wie die Stekelsche (62) Traumtechnik, die ja nichts anderes darstellt als die Ersetzung des analytischen Verstehensganges durch ein Erklären aus einem Katalog von Möglichkeiten. Beide Male, in der Traumdeutung wie bei der allgemeinen analytischen Deutungsarbeit, kann dem Erklären nur eine Ersatzfunktion zukommen. Unsere These ist:

> Die für die Analyse kennzeichnende Operationsform ist als *Verstehen* zu bezeichnen. Das Erklären tritt in den Erkenntnisgang, der zur Deutung führt, nur ersatzweise ein.

»Nachher« – und das meint nicht nur nach »Abschluß einer Analyse«, sondern kann ebenso heißen: am Ende eines Deutungsabschnittes innerhalb einer jeden analytischen Stunde – ist die Sachlage allerdings anders. Wenn der Verstehensbogen abgeschlossen ist, der Vorgang also seine Evidenz im Analytiker gewonnen hat, dann muß der neu verstandene Zusammenhang auch in das Gesamtbild der analytischen Theorie eingeordnet werden – so fordert das die vorher in dem Reik-Zitat erwähnte gängige Auffassung, nach Abschluß des Falles zur Theorie zurückzukehren. Wir werden auch dies noch eingehend zu prüfen haben. Verfolgen wir jetzt unseren Faden weiter.

Die These, daß der Verständnisgang, der zur Deutung führt, in einer geschlossenen Operation des Verstehens und nicht in einem erklärenden Vorgehen besteht, erfordert freilich noch einige Aufhellungen, bevor sich die These zu einer positiven Aussage rundet. Von vornherein stehen drei Fragen offen:

1) Es ist vorderhand ungeklärt, wie sich das Verstehen im einzelnen aufbaut und wie dabei die Schranke zum Unbewußten immer um ein Stück verschoben wird.

2) Es ist abzuklären, wie das Verstehen des Fremdpsychischen *gesichert* wird. Das Letztere ist ein entscheidender Punkt, weil diesem Verstehen ja eine Fülle von Aufgaben und Leistungen aufgebürdet wird. Die Anforderungen sind, wie wir gesehen haben, erheblich größer als beim Verstehen im alltäglichen Umgang. Einmal wegen der schon dargestellten Besonderheit des Materials, der Undurchsichtigkeit und Vieldeutigkeit aufgrund der sekundären Bearbeitungen. Zum anderen, weil eine Treffsicherheit gefordert wird, die über das übliche Maß hinausgeht. Die Aufgabe des psychoanalytischen Verstehens kann nicht darauf beschränkt werden, mögliche Zusammenhänge aufzustellen, sondern es muß die Gewähr gewonnen werden, daß es sich um wirkliche Zusammenhänge handelt.

Für die Psychoanalyse schärft sich die Sachlage von zwei Seiten her: Das Material scheint vieldeutiger, unsicherer als Stützpunkt, und die geforderte Bestimmtheit für die Aussage muß größer sein.

3) Zu erkunden ist, welche Funktion die Deutung in diesem Prozeß zu erfüllen hat und worauf Verstehen und Deuten zielen.

II. Logisches Verstehen Nacherleben und Evidenzerlebnisse

Unser bisheriges Vorgehen konzentrierte sich darauf, die »Wechselschritt-These«, wie sie zuletzt noch Loch vertritt, zu entkräften und ihre Unzulänglichkeit im Erfassen des psychoanalytischen Tatbestandes aufzudecken. Dazu haben wir Aussagen über das psychoanalytische Vorgehen gesammelt. Wir haben aus diesen Aussagen schließlich die Annahme gewonnen, daß der Erkenntnisprozeß in der Psychoanalyse als ein langer Weg des Verstehens (»in kleinen Schritten«) anzusehen ist. Diese Annahme gilt es nun zu sichern, indem wir Grenzen und Tragfähigkeit dieses Verstehens studieren.

Die Aufgabe läßt sich von zwei Aspekten her formulieren: zunächst einmal in der gegenstandsbezogenen Frage: Wie kann das psychoanalytische Verstehen die Schwelle des Unbewußten als ein »zuverlässiges« Erkennen überschreiten? Umfassender und zutreffender noch präsentiert sich die Aufgabe allerdings als methodologisches Fragestellung: Wie gewinnt der Psychoanalytiker eine zuverlässige Kenntnis des Fremdpsychischen?

Dieses Problem ist in der Tat der entscheidende Prüfstein unseres ganzen Unternehmens. Stellen wir uns die Sachlage vor anhand eines Einwandes, den Jaspers vorbringt, und in dem er die Begrenztheit eines jeden Verstehens als wissenschaftliches Erkenntnismittel darlegt:

»Die Evidenz eines verständlichen Zusammenhangs aber beweist noch nicht, daß dieser Zusammenhang nun auch in einem bestimmten Einzelfall *wirklich* sei oder daß er überhaupt wirklich vorkomme ... Alles Verstehen einzelner wirklicher Vorgänge ist daher mehr oder weniger ein Deuten ... Im wirklichen Einzelfall aber können wir die Realität eines verständlichen Zusammenhangs nur in dem Maße behaupten, als die objektiven Daten gegeben sind.« (63)

Wenn diese – auf den ersten Blick so überzeugend klingende – Feststellung von Jaspers zutrifft, dann ergibt sich für die Psychoanalyse eine unausweichliche Alternative: Entweder verzichtet die Psychoanalyse auf alle Sicherheit, um mit ihrer verstehenden Methode im Rahmen des »Ratens« und »Deutens« zu bleiben, oder aber sie nimmt ihr Verstehen als »heuristischen Ansatz« – mit der Nötigung, alles Erkundete konsequent zu validieren.

Machen wir uns klar: diese Alternative ist unerträglich. Sie läßt, wenn man die Sachlage radikal genug betrachtet, auch keineswegs die Hintertür zum »Wechselschrittverfahren« offen. Auch wenn wir unsere These, daß der psychoanalytische Erkenntnisgang in einer Verstehensoperation besteht, zurücknähmen, bliebe die Situation bedenklich. Denn wie immer Psychoanalyse ihre Annahmen sichert, sie muß in jedem Falle eine verläßliche Fixierung ihres Beobachtungsgegenstandes, der *Inhalte des Fremdpsychischen*, erreichen.

Machen wir uns den Ernst der Lage klar, indem wir uns vergegenwärtigen, wie exklusiv sich Psychoanalyse auf diese Materialebene festlegt, wie wenig sie andere Ebenen erschlossen hat: die Psychoanalyse ist für jedes Unternehmen, Verhaltensdaten zu sammeln (und zu objektivieren), maximal ungünstig ausgestattet. Das verrät schon jene Besonderheit der Anwendung in der Psychoanalyse: der Platz des Psychoanalytikers »hinter« dem Patienten. Welche Gründe immer für diese Anordnung maßgebend waren, der Umstand, daß das setting innerhalb der Psychoanalyse nur ganz sporadisch einem Meinungsstreit ausgesetzt wurde (während doch im Verlauf der Geschichte der Psychoanalyse alle übrigen Anordnungen immer wieder diskutiert und revidiert wurden), darf uns als ein Hinweis dafür dienen, daß damit durchaus den Bedürfnissen der psychoanalytischen Methode entsprochen wird. Wenn die Rapaportsche Feststellung: Das Objekt der Psychoanalyse ist Verhalten (64) im selben Sinne gelten würde, den »Verhalten« im Behaviorismus hat, dann wäre eine derartige Anordnung schlechthin widersinnig, erlaubt sie doch nur ein Minimum an Beobachtung des gestischen Verhaltens des Patienten. Die Mimik seines Patienten sieht der Analytiker überhaupt nicht – es kann der

Psychoanalyse also offenbar nur auf Beobachtung des Sprachverhaltens ankommen. Und auch das nur in einem höchst eigenwilligen Sinne, der jeden behavioristischen Einschlag ausschließt. Was der Psychoanalytiker in dieser »Versuchsanordnung« allein (und unabgelenkt) beobachten kann, ist zunächst nur wenig mehr als die pure »sprachliche Mitteilung« seines Analysanden.

Doch damit nicht genug, eine alte psychoanalytische Regel gibt uns einen weiteren Fingerzeig dafür, wie ausdrücklich sich Psychoanalyse selbst jeder Möglichkeit, »objektive Daten« zu gewinnen, entschlägt: Es ist ganz allgemein verpönt, die Mitteilungen, die der Patient dem Analytiker macht, sich durch zusätzlich eingeholte »Fremdbeobachtung« ergänzen und bestätigen zu lassen. Diese Regel gilt uneingeschränkt, sie kann nicht nur als Eingeständnis einer faktischen Lage angesehen werden, als Bescheidung angesichts von Schwierigkeiten, Außeninformation zu erhalten. Ganz im Gegenteil; auf Informationsgewinn wird nicht nur verzichtet, er wird vielmehr ausdrücklich vermieden. Wo zufällige Informationen »in die Analyse« von draußen hereinkommen, werden sie als Störung empfunden.

Das heißt aber doch: Gerade der Weg, der nach Jaspers dazu führen kann, eine Vermutung über den »wirklichen« Einzelfall zu sichern, wird ausdrücklich abgewiesen. Die Psychoanalyse bleibt ganz im Bereich der Inhalte, ohne diese irgendwie durch Beobachtung der dazugehörigen Verhaltensspuren zu objektivieren. Freilich, auch die Testpsychologie verfährt so. Auch sie wendet sich den Inhalten zu, dies aber nur, um sie mit Hilfe eines standardisierten Meßverfahrens sofort zu objektivieren. Ein derartiger methodischer Schritt fehlt in der Psychoanalyse durchaus. Die Psychoanalyse kann keine »objektivierten« Daten bilden, die als Grundlage einer darauf aufbauenden Hypothesenvalidierung dienen könnten. Wie überzeugend immer dem Analytiker die Mitteilungen seines Patienten vorkommen, es sind »subjektive Aussagen«, die nicht als »objektive Daten« gelten können. Sie sind nicht vergleichbar den

Meßdaten, sie sind untauglich als Elemente zur Formulierung von Basissätzen*.

Ziehen wir das Fazit aus den Überlegungen, die wir im Anschluß an Jaspers anstellten: Psychoanalyse ist in jedem Falle (und unter jeder methodologischen Annahme) auf einen *verstehenden* Zugang zum Patienten angewiesen. Für das Verstehen aber gilt, ein Verstehen, das nicht aus eigener Kraft sich eine zuverlässige Kenntnis der »wirklichen« fremdpsychischen Inhalte verschaffen kann, führt im Verfahrensrahmen der Psychoanalyse auf keine Weise in ein wissenschaftliches Unternehmen ein. Gleichgültig als was wir Psychoanalyse ansehen: als »Naturwissenschaft« verlangt sie eine zuverlässige Kenntnis der fremdpsychischen Inhalte als »Daten«; als »historische Wissenschaft« muß sie mit nicht geringerer Strenge als Untersuchungsbasis die »Wirklichkeit« *dieses* Patienten fixieren können.

Die Suche nach der »zuverlässigen Erkenntnis des Fremdpsychischen« ist demnach keineswegs nur eine Kardinalfrage des psychoanalytischen Prozesses als eines wesentlich verstehenden Vorganges, sie ist vielmehr eine Frage auf Leben und Tod der Psychoanalyse als einer wissenschaftlichen Disziplin. Wir werden deshalb gerade diese Frage mit unerbittlicher Sorgfalt verfolgen müssen; der Ernst der Fragestellung zwingt uns nicht nur, systematischer und pedantischer als bisher den einzelnen Verstehensweisen nachzugehen, sondern erfordert auch, die jeweils schärfsten Kriterien anzulegen. Wir werden z. B. testen müssen, wie unsere Auffassung sich an wichtigen Punkten auf dem Hintergrund einer möglichst konträren Betrachtungsweise ausnimmt. Aus diesem Grunde werden wir danach trachten, uns immer wieder die Orientierung von positivistischen Positionen her vorgeben zu lassen.

II, 1. Lassen wir uns noch einmal einführen von einem einfachen Beispiel: Ein Patient erzählt: »Ich hatte heute eine Aus-

* Auf den Zusammenhang von Erfahrung und Theorie werden wir später an verschiedenen Stellen eingehen – systematisch allerdings erst in einer nachfolgenden Arbeit.

einandersetzung mit einem Vorgesetzten wegen der Zeiteinteilung.« Das ist eine Mitteilung, die sprachlich einwandfrei ist und deren Sinn unmittelbar jedem verständlich wird. Der Analytiker versteht unter Umständen aber sofort einen weiteren Sinn, versteht über den unmittelbaren Satzsinn hinaus eine für den Patienten spezifische »Bedeutung«, die – so soll unser Beispiel konstruiert sein – auf die Gleichsetzung von Analytiker und Vorgesetzten begründet ist. Damit enthält der Satz eine Aussage über das Verhältnis Patient-Analytiker. Sie lautet: »Ich bin mit meinem Analytiker uneins wegen der Stundeneinteilung.« So erklärungsbedürftig (weil auf den ersten Blick unbegründet) diese Operation erscheint, eine formale Besonderheit des Vorgehens ist eindeutig: die psychoanalytische Methode geht offensichtlich aus auf eine Erfassung des »Sinnes« der verbalen Mitteilung, sie sucht also innerhalb des Sprachverhaltens das herauszuisolieren, was wir mit F. de Saussure (65) und K. Bühler (66) als »Sprachgebilde« zu bezeichnen haben. Ganz offensichtlich steuert die Psychoanalyse diese Ebene zielstrebig an, um auf ihr zunächst zu verbleiben; die Erkenntnis verharrt bei der »Bedeutung« der Sprachzeichen unter Vernachlässigung der »Realität« des Bezeichneten. Psychoanalytisches Verstehen sucht den »Sinnzusammenhang«, nicht um das Ausgesagte sondern um die Aussage selbst in erster Linie zu erfassen. Mit anderen Worten, Gegenstand der psychoanalytischen Forschung ist die Schicht der Symbole.

Damit ergibt sich folgende Aussage über die psychoanalytische Methode: Die erste Verstehensoperation ist das, was Binswanger »logisches Verstehen« oder was Rickert »Verstehen eines zeitlosen Sinnes« genannt hat. Die erste Prüfung, die der Analytiker vornimmt, gilt ausschließlich der Richtigkeit des Sinngefüges; der Analytiker hat den Patienten verstanden, wenn er die Mitteilung als logisch richtig akzeptieren kann. Genauer noch: Er kann die Mitteilung nur dann entgegennehmen, wenn sie logisch richtig ist, wenn der Satz einen sinnvollen Zusammenhang bildet.

Diese erste Sicherheit beruht auf der Geschlossenheit eines

logisch einwandfreien Sprachzusammenhanges. Der geschlossene Sinnzusammenhang erweist sich als evident, sobald sich die Mitteilung als richtige, und das heißt hier sinnvolle Sprachgestalt zeigt.

Mit dem Terminus »logische Evidenz« oder, ausführlicher gesagt, Evidenz bei logischem Verstehen haben wir (mit dem Begriff »Evidenz«) eine Bezeichnung eingeführt, die in der verstehenden Psychologie bekanntlich eine große Rolle spielte. Für die verstehende Psychologie ist Evidenz das Erleben eines »unmittelbaren, nicht weiter zurückführbaren« und seine »Überzeugungskraft in sich selbst tragenden« psychischen Vorganges, der einen Zusammenhang erfaßt (Jaspers, 67). Wir benutzen den Begriff Evidenz hier insofern in diesem Sinne, als wir die Merkmale *Überzeugungskraft* und *Gründung im Erfassen eines Zusammenhangs* in gleicher Weise gebrauchen. Natürlich gibt es zwischen »verständlich« und »unverständlich« allerlei Dunkelgrade, aber der Übertritt vom Noch-nicht-ganz-Verstandenen zum »jetzt verstehe ich« ist mit einer klaren Linie markiert: einem Evidenzerlebnis.

Nun muß man sich fragen,woher kommt diese eindeutige Markierung, die den Übergang vom Unverständlichen zum Verständlichen als qualitativen Sprung erleben läßt. Das ist eine Frage, mit der wir uns allerdings von der Jasperschen Annahme, das Evidenzerlebnis* sei nicht weiter zurückführbar, zu trennen beginnen.

Gehen wir davon aus, daß Evidenz logischen Verstehens meint: der Analytiker ist in der Lage, eine Übereinstimmung mit dem Patienten derart zu finden, daß das, was der Analytiker hört, in seiner Wahrnehmung als ein erwartungsgemäßer Zusammenhang, eine Sprachgestalt faßlich wird.

Angenommen, ein Patient spräche einen eingelernten Satz, den er selbst nicht versteht. Der Analytiker würde zunächst diesen Satz, wenn er logisch richtig ist, d. h. sich der Sprache des Ana-

* Im vorstehenden wie auch im weiteren Diskussionsgang wird der Begriff »Evidenz« ausschließlich im Rahmen erkenntnispsychologischer Betrachtungsweise abgehandelt. Die philosophische Debatte um den Evidenzbegriff liegt außerhalb unserer Erörterungen.

lytikers einfügt, mit der Evidenz eines logischen Verstehens annehmen müssen. Erst die nächsten Schritte würden den Analytiker belehren, daß eine psychologische Evidenz nicht möglich ist. Der Satz erwiese sich z. B. als psychologisch sinnlos – doch das ist ein späterer Prüfungsschritt, der uns zunächst nicht beschäftigen soll.

Verbleiben wir noch einen Moment bei dem ersten Schritt, um ihn an einem Vergleich, der sich aus dem Dargestellten aufdrängt, noch weiter zu verdeutlichen: Der Psychoanalytiker befindet sich, wie das Bisherige zeigt, in einer Situation vergleichbar der eines Menschen, der in ein sprachfremdes Land kommt und dort beim Gespräch (was immer ihm dieses »sagen« soll) sich ganz darauf konzentriert zu verstehen, was sein Gesprächspartner »meint«. Zwar hat der Psychoanalytiker keine phonetische Identifikationsarbeit zu leisten, wohl aber fixiert sich auch bei ihm das Interesse darauf, aus den Äußerungen einen Sinn zu ermitteln. Die Evidenz, die sich beide Male einstellt, ist dieselbe, wenn sie auch von unterschiedlicher Deutlichkeit ist, – die Beschränkung auf die Sinnermittlung ist im Falle des Analytikers weniger augenfällig, und von einer Übersetzungsarbeit ist kaum zu sprechen – das Beispiel taugt aber immerhin dazu, die eigenartige Zentrierung der Aufmerksamkeit auf den sprachlichen Zusammenhang, auf die Identifizierung eines Sinnes einerseits und das Zurücktreten des Interesses am Faktengehalt der Mitteilung andererseits zu demonstrieren.

Doch wir haben hier unserer Untersuchung vorgegriffen. Halten wir vorderhand nur soviel fest:

Die logische Evidenz, mit der der Analytiker arbeitet, resultiert aus dem Zusammenschluß der Mitteilungen zu einer *Sprachgestalt* in der Wahrnehmung des Analytikers. Der qualitative Sprung rührt daher, daß das Gehörte sich zu einer Gestalt zusammenfügt, denn das Mitgeteilte bleibt solange unverständlich, bis es zu einem Sinnzusammenhang sich vereinigt hat.

Anni Reich (68) hat darauf schon treffend hingewiesen. Was

sie ganz allgemein über Gestalt und Evidenz sagt, gilt in vollem Umfang schon für den allerersten knappen Schritt, für den Fall der logischen Evidenz:

»Häufig kann der Analytiker beobachten, daß die Einsicht in das Material ihn plötzlich überkommt, als ob sie irgendwoher aus seinem eigenen Geist käme. Plötzlich gewinnen die verwirrend zusammenhanglosen Erscheinungen einen Sinn. Plötzlich werden die unzusammenhängenden Elemente zu einer *Gestalt*. Ebenso plötzlich gewinnt der Analytiker eine innere Evidenz, wozu er deuten soll und wie die Deutung gegeben werden muß.«

Ist uns auch klargeworden, daß das Erleben der Evidenz logischen Verstehens mit einer Gestaltbildung einhergeht, so ist doch das psychologische Rätsel noch offen, weshalb dieser Schritt so überzeugend erlebt wird. Wie entsteht aus dem Wahrnehmen der gebildeten Gestalt jene eindeutige Markierung im Erleben, die das ausmacht, was Reik (33) als »Überraschung« bezeichnet hat? Der Überraschungseffekt ist ja schon auf der Ebene der »Evidenz logischen Verstehens« wirksam. Schon hier basiert er auf dem in der Gestaltpsychologie wohlbekannten Vorgang des erfolgten Abschlusses, und das heißt, der bekannten Lewinschen Hypothese entsprechend, der Erleichterung darüber, daß mit Vervollständigung der Gestalt ein Spannungssystem abgebaut wird.

Verknüpft man metapsychologische Gesichtspunkte mit diesem Sachverhalt, dann kann man den Vorgang so formulieren: Solange die Wahrnehmung noch nicht zu einer geschlossenen Gestalt zusammengefügt ist, besteht für die *synthetische Funktion des Ich* ein Leistungsszwang, der ein bestimmtes Quantum neutralisierter Energie erfordert. Dieses Quantum wird frei, wenn die Gestalt geschlossen wurde und der Aufwand an neutralisierter Energie reduziert werden kann. Es ist dieselbe Erleichterung, die eintritt, wenn unter den raffiniert erhöhten Spannungsbedingungen des Rätsels die passende Lösung erlebt wird. Was für diesen Sonderfall gilt, ist für den Durchschnittsfall der Wahrnehmung ebenfalls gültig, nur da mit geringeren Überraschungseffekten.

Dieses Lösungsgefühl beim Abschluß der Sprachgestalt, bezeichnet als Evidenz logischen Verstehens, ist die erste Sicherheit, die der Analytiker gewinnt und auf die er die weiteren Schritte seines Erkennens aufbaut. Sie hat eine Eigentümlichkeit, die wir auf allen späteren Stufen wiederfinden: Die Sicherung des Mitgeteilten erfolgt ausschließlich durch einen psychischen Akt *im* Analytiker und durch das Gewahrwerden dieses Aktes.

Das ist ein psychischer Mechanismus, den schon W. v. Humboldt gesehen hat, wenn er schreibt:

»Die Menschen verstehen einander nicht dadurch, daß sie sich Zeichen der Dinge wirklich hingeben, auch nicht dadurch, daß sie sich gegenseitig bestimmen, genau und vollständig denselben Begriff hervorzubringen, sondern dadurch, daß sie gegenseitig ineinander dasselbe Glied der Kette ihrer sinnlichen Vorstellungen und inneren Begriffserzeugungen berühren, dieselbe Taste ihres geistigen Instruments anschlagen, worauf alsdann in jedem entsprechende, nicht aber dieselben Begriffe hervorspringen.« (69)

Unterscheidet sich psychoanalytisches Verstehen in diesem Verlauf der Verständigung über – mehr oder minder profilierte – Evidenzerlebnisse durchaus nicht von alltäglichem Verstehen, so gewinnt es mit dem nächsten Merkmal, das wir verschiedentlich schon gestreift haben, eine ungewöhnliche Eigenart. Der Psychoanalytiker vernachlässigt nämlich genau das, was im alltäglichen Verstehen die Aufmerksamkeit vordringlich auf sich zieht, nämlich das faktisch Vorhandene. Durchgängiges Merkmal des psychoanalytischen Verstehens ist die »Vernachlässigung der Faktizität« des vom Patienten Mitgeteilten. Bei allem psychoanalytischen Verstehen, wie wir es bisher skizziert haben, wird einzig und allein die sprachliche Richtigkeit einer Äußerung gesichert: Es bleibt offen, ob das geschilderte Ereignis (z. B. die Mitteilung: »Ich hatte eine Auseinandersetzung ...«) wahr ist, ob es eine zutreffende Beschreibung eines Geschehens ist oder eine ganz und gar unzutreffende – eine Lüge, eine Selbsttäuschung, ein bewußtes oder unbewußtes Ablenkungsmanöver. All das ist vorläufig unbestimmt. Mit anderen Worten, der Psychoanalytiker macht sich auf eine ganz eigentümliche Weise die (als Interessenverschiebung vorher schon erwähnte) *Trennung der »Frage nach dem Sinn«* von der *»Frage nach den Tatsachen«* zunutze. Psychoanalyse sucht nicht die vérités de fait (um die Leibnizsche Unterscheidung ohne den Leibnizschen Platonismus zu benutzen), sondern die vérités de raison.

Mit dieser Feststellung haben wir einen Sachverhalt getroffen, der – wie die weitere Erörterung zeigen wird – ein grundlegendes Merkmal des psychoanalytischen Erkenntnisweges überhaupt ist.

An diesem Punkt gerät die Psychoanalyse in einen bemerkenswerten Gegensatz zu jenen Wissenschaften, die auf technische Verfügung über Naturprozesse ausgehen. Während da alle Fragen sofort zur Erfassung der Tatsachenwirklichkeit hindrängen mit dem Ziel einer Tatsachenvalidierung, wird diese Frage in der Psychoanalyse nicht nur vernachlässigt, sondern ausdrücklich suspendiert – zunächst jedenfalls und an diesem Punkt der Erkenntnisbildung. Die Psychoanalyse verhehlte sich freilich diesen eigentümlichen Tatbestand bisher immer wieder mit dem irreführenden Drang, denselben Weg zu eilen wie die im Rahmen eines instrumentalistischen Denkhorizontes operierenden naturwissenschaftlichen Verfahren.

Positiv bestimmt ist das Außerachtlassen der Frage nach der Faktizität der Mitteilungen des Patienten als »Zuwendung zu den Sprachgehalten«, den Symbolen des Patienten zu bezeichnen. Um es pointiert zu formulieren: die Wirklichkeit, wie sie in der Psychoanalyse registriert wird, ist die symbolische Wirklichkeit des Patienten.

Diejenigen, denen die Verknüpfung des psychoanalytischen Erkenntnisganges mit einem aus solcher Disjunktion stammenden Wirklichkeitsbegriff befremdlich vorkommt, seien in Kürze an zwei Tatbestände erinnert, die sich nur im Rahmen dieses Konzeptes befriedigend rechtfertigen lassen. Der eine wurde schon genannt, es ist die Abweisung der Fremdmitteilungen und die Vernachlässigung der Direktbeobachtung* in der psychoanalytischen Sitzung.

* Die wohlausgebaute Methode der Direktbeobachtung in den psychoanaly-

Die andere Tatsache ist die Aufhebung des Gesetzes vom Widerspruch, die in der Psychoanalyse in einer Weise betrieben wird, wie sie dem dialektischen Muster entspricht. Bei zwei widersprechenden Aussagen werden – falls es sich nicht um zu bereinigende Mißverständnisse handelt – beide als gleichberechtigte Sachverhalte aufgenommen mit dem Anspruch, denjenigen Bezugsrahmen zu finden, in dem beide zugleich Relevanz haben. Um ein Beispiel zu nennen: Wenn ein Patient in einem Augenblick berichtet, daß er ein sehr gutes Verhältnis zu seiner Mutter habe, wenig später aber die Beziehung zu ihr als unerträglich bezeichnet, dann wird die eine wie die andere Aussage als zutreffend akzeptiert; die Bereinigung des Widerspruchs wird keineswegs sofort angestrebt, vielmehr wird gerade diese Paradoxie zum Ansatz einer – erst noch zu gewinnenden – Einsicht in offensichtlich »kompliziertere« Erlebniszusammenhänge. Beide Sätze haben jedenfalls dieselbe Geltung. Die Aufhebung der Geltung des Gesetzes vom ausgeschlossenen Widerspruch ist auch keineswegs nur momentan – die Lösung der Paradoxie ist erst dann erreicht, wenn die Synthesis unter Bewährung beider Sätze gelungen ist.
Versuchen wir, die bisher erarbeiteten Merkmale des psychoanalytischen Erkennens in einer ersten Formulierung zu fassen:

> Erste These: Die fremdpsychischen Inhalte werden als Sinnzusammenhänge erfaßt. Die Erfassung geschieht im Analytiker als Erlebnis der Evidenz »logischen Verstehens«. Die erfaßte Wirklichkeit ist die Wirklichkeit der in der aktuellen Mitteilung präsentierten Symbole.

II, 2. Basis des Evidenzerlebnisses ist eine Übereinstimmung aufgrund der »Sprachgemeinschaft zwischen Analytiker und Analysand«. Der Analytiker versteht den Analysanden, weil der Satz »Ich hatte eine Auseinandersetzung mit meinem

tischen Kleinkinderuntersuchungen, die vor allem René Spitz zu großer Meisterschaft geführt hat, berührt unseren Gedankengang nicht. Wir haben hier ausschließlich die Erwachsenenanalyse im Blick.

Chef ...« eine Mitteilung im Rahmen einer gemeinsamen Sprache ist, wobei nach dem vorstehend Erörterten, »gemeinsame Sprache« auf die »Gemeinsamkeit der Bedeutungen« hinzuweisen scheint.

Der ungefähre Begriff »Gemeinsamkeit der Bedeutungen« führt unsere Überlegungen noch einmal in die Nähe der Ausführungen Lochs. Loch greift auf ein Zitat von Levy zurück, der seine »semantische Interpretation« begründet sah darauf, daß der Analytiker mit dem Analysanden »ein kleines Universum gemeinsamer Bedeutungen teilt« (70).

Die Berührung mit den Loch-Levyschen Gedankengängen kann uns helfen, die eigene Position in Abhebung von der dort vorgetragenen Auffassung klarzustellen. Eine grundsätzliche Übereinstimmung ist nach dem bisherigen Diskussionsgang von vornherein gegeben: wir teilen Lochs und Levys Annahme, das Sich-verstehen-können beruhe auf einer sprachlichen Übereinstimmung zwischen Analytiker und Analysand.

Doch schon mit dieser Formulierung zeigen sich die ersten und, wie wir sehen werden, ganz entscheidenden Differenzen. Bei Loch fußt das Verstehen, also Erkennen, auf den übereinstimmenden »Bedeutungen« entsprechend dem angeführten Levyschen Zitat. Loch nimmt damit aber genau das zur Basis des Erkennens – die Bedeutungen* –, was der Kern des Rätsels ist. Die »Bedeutungen« sind nämlich auf der einen Seite dasjenige, worüber wenigstens teilweise Einverständnis unproblematisch vorgegeben sein muß; zugleich aber sollen sie auf der anderen Seite zurechtgerückt werden in einer sprachlichen Neuordnung, bei der ganz unbegründet bleibt, worauf der Interpret bei seiner Operation, »Rohdaten« gewissen Klassen zuzuordnen, die dem Sprachsystem des Deutenden angehören, sich stützt.

Unserem Konzept zufolge fußt das verläßliche Verstehen des Psychoanalytikers weder auf der Erfassung des Faktischen noch auf der Übereinstimmung der Bedeutungen – sie sind das Un-

* Selbstverständlich geht es hier nicht mehr um jene Grob-Identifizierung der Bedeutungen, die über die Erfassung der »phonematischen Prägung des Wortes« (71) und Ermittlung des »Designatums« läuft. Hier geht es um das Identifizieren der spezifischen Bedeutungsnuance beim jeweiligen Patienten.

gewisse, das Unbekannte, das zu ermitteln ist –; wohl aber stützt es sich auf eine sprachliche Übereinstimmung. Diese ist aber *formal:* Das Einverständnis liegt unserem Konzept nach in der kongruenten Wahrnehmung des *Satzes**. Der »Satz« ist unzweideutig, weil er im Rahmen einer Sprachgemeinschaft übereinstimmend strukturiert ist. Er ist das Fundament der Verständigung, die Operationsbasis, von der her die Erkundung der Bedeutungen allmählich vorangetrieben werden kann.

Das ist ein weiteres Merkmal, das wir betont herausstellen wollen und das in Verbindung mit der (für psychoanalytisches Verstehen bedeutsamen) Abtrennung der »Frage nach dem Sinn« von der »Frage nach der Tatsachenwahrheit« zu der Formulierung führt: Fixpunkt beim Erkennen des Fremdpsychischen in der Psychoanalyse ist der »Satz als Darstellung *möglicher* Tatsachen«.

Diese Feststellung meint zweierlei. Zum ersten, das Verstehen bahnt sich nicht seinen Weg im Aneinanderreihen der interpretierten Begriffe »Ich«, »Vorgesetzter«, »Streit«, und der nachhinkenden Aneinanderkettung zum Satz. Es wird umgekehrt der Satz »Ich hatte einen Streit mit meinem Vorgesetzten ...« verstehend gesichert; von da her geht die Frage weiter zu den Bedeutungen der Einzelelemente. Die Bedeutungen – und das ist der zweite zu beachtende Punkt – sind freilich vorderhand völlig ungesichert. Im Vorgang der »Registrierung des Satzes«, den der Patient mitteilt, bleiben die Bedeutungen unbestimmt; nichts verbürgt dem Analytiker auf Anhieb die Bedeutung des Mitgeteilten. Es bleibt dem Analytiker nur der eine Weg, an Stelle der nicht unmittelbar erschließbaren fremdpsychischen Bedeutungen des Patienten seine eigenen Bedeutungen »probeweise« einzusetzen. Das ist ein ebenso unvermeidlicher wie folgenschwerer – und vorteilhafter Schritt: Nur so kann das mit Extensionen verknüpfte Stück kontingente Empirie völlig ausgeschaltet werden. Nur so erhält die Aussage ihren festen, von

* Auf die Problematik des Begriffes ›Satz‹ können wir hier nicht eingehen (72). Wir nehmen ›Satz‹ hier in dem verdichteten Sinn, wie er auch in Liebrucks Bemerkung zu Wort kommt: »Jedes Wort hat erst im Ganzen des Satzes, ja der Rede, seine genaue Bedeutung« (73).

allen – nicht durchführbaren und nicht erwünschten – Tatsachenvalidierungen unabhängigen Gehalt. Der Nachteil, den der Analytiker dafür einhandelt, ist allerdings offenkundig. Er liegt in der momentanen »Willkürlichkeit« der Unterstellung von Bedeutungen; einer Willkürlichkeit, mit der der Analytiker sich zunächst von dem Ziel abzuwenden scheint, das er sich setzen muß: der konkreten Erfassung der unaustauschbaren individuellen Wirklichkeit. Weil Psychoanalyse die Tatsachenfrage suspendiert und weil der Analytiker seine eigenen Bedeutungen einsetzt, während er doch zu den »Bedeutungen des Patienten« gelangen muß, erhebt sich die Aufgabe, die Bedeutungen des Patienten aus dem Gesamt-Sinnzusammenhang der Sprache des Patienten, aus dem Ganzen seines Symbolsystems zu erschließen.

Damit ist freilich ein langwieriges Unternehmen genannt. Die Aufgabe, die »wirklichen« Bedeutungen des Patienten an Stelle der »probeweise« eingesetzten Bedeutungen aus dem Arsenal eigener Sprachlichkeit zu ermitteln, hat von vornherein mit jenen grundsätzlichen Schwierigkeiten zu rechnen, die das Verhältnis von Allgemeinem und Besonderem in der Sprache betreffen. Liebrucks nennt in Anknüpfung an Humboldt das Problem:

»Noch heute drücken die Sprachen durch die bleibende Gleichförmigkeit ihrer Wörter ihren Gesellschaftscharakter aus. Wenn wir ›Pferd‹ sagen, meinen wir alle dasselbe und zugleich nicht dasselbe. Meinten wir nur dasselbe und hätten darin keine Unterschiede, so wäre ganz unverständlich, wie der einzelne Ton die allgemeine Bedeutung vermitteln kann. ›Verstehen‹ heißt nicht, unter den gleichen Zeichen den gleichen Inhalt meinen, sondern Bildung und Eröffnung der gleichen *Sphäre*, in der die entsprechende Bedeutung in aktivem Selbstvollzug erweckt wird. Beim Erklingen des Wortes ›Pferd‹ wird eine entsprechende, nicht die gleiche Bedeutung in uns ekphoriert. Innerhalb des gleichen Bedeutungs*hofes* ›Pferd‹ erzeugen wir die durch den Sprachzusammenhang gebildete individuelle Bedeutung. Diese Bedeutung ist nicht individueller Ausdruck oder interindividuelle Darstellung eines Allgemeinen, sondern hat innerhalb der Allgemeinheit des Bedeutungshofes die Individualität ... Begriffe werden nicht als individuelle erzeugt und als allgemeine verstanden, sie sind im Erzeugen und Verstehen zugleich individuell und allgemein.

Das Element der Sprache, das Wort, ›theilt nicht, wie eine Substanz, etwas schon Hervorgebrachtes mit, enthält auch nicht einen schon geschlossenen Begriff, sondern regt bloß an, diesen mit selbständiger Kraft, nur auf bestimmte Weise zu bilden‹ (VII, 1, S. 169). Das Wort ist eine Aufforderung, eine bestimmte Bedeutung, die innerhalb der Schranken begrenzter Allgemeinheit (Bedeutungshof) liegen muß, zu erzeugen.« (74)

Noch einmal wird die Problematik deutlich in einem Humboldt-Zitat, hier als genaue Beschreibung jener Distanz, die das psychoanalytische Verstehen zu überwinden hat:

»Keiner denkt bei dem Wort gerade das, was der andere, und die noch so kleine Verschiedenheit zittert, wenn man die Sprache mit dem beweglichsten aller Elemente vergleichen will, durch die ganze Sprache fort. Bei jedem Denken und Empfinden kehrt, vermöge der Einerleiheit der Individualität, dieselbe Verschiedenheit zurück, und bildet eine Masse aus einzeln Unbemerkbarem. Alles Verstehen ist daher immer zugleich ein Nicht-Verstehen ... Dies wird nur da nicht sichtbar, wo es sich unter der Allgemeinheit des Begriffs und der Empfindung verbirgt.« (75)

Martinet (76) formuliert knapp:

»Es hat ein sprachliches Element nur in einem gegebenen Kontext und einer gegebenen Situation wirklich eine Bedeutung: für sich genommen, weist ein Monem oder ein komplexes Zeichen nur semantische Möglichkeiten (virtualités sémantiques) auf.«

Der Prozeß der Ermittlung der »wirklichen« Bedeutungen setzt in der psychoanalytischen Praxis an in folgender Weise: Ein Analytiker, der hinhört, wie sein Analysand z. B. einen literarischen Gedankengang berichtet, versucht den Faden weiterzuverfolgen, um so Aussage an Aussage knüpfend den geistigen Zusammenhang, das System der Symbole als Ganzes zu erfassen. Er muß versuchen, über die einzelnen Aussagegestalten die Gesamtgestalt des Berichtes aufzunehmen, aber freilich nicht, um dem jeweils angesprochenen Sachzusammenhang »unabhängig vom Patienten« nachzugehen. Die »irrealen Sinngebilde« werden vielmehr abhängig vom Patienten als die Symbole dieses jeweiligen Analysanden zu erfassen gesucht. Das ist ja der methodische Sinn der freischwebenden Aufmerksamkeit: daß der Analytiker sich nicht auf der »unpersönlichen« Ebene des Geistes fesseln läßt. Das psychoanalytische Verstehen strebt grundsätzlich zur Ebene der »sinnvollen Realität«, zur »Besonderheit« dieses Patienten.

Auf der Seite des Patienten entspricht der freischwebenden Aufmerksamkeit als methodisches Pendant die Aufforderung zum freien Assoziieren. Das heißt aber auch, der Patient wird veranlaßt, den Zwang zur Systematisierung der Symbole zu lockern; Analytiker wie Analysand sollen nur einen Teil ihrer Aufmerksamkeit (d. h. ihrer neutralisierten Energie) auf der Ebene »irrealer Sinnzusammenhänge« (77) festhalten. Beide sollen versuchen, sich freizumachen für die Leistung, auf stets wechselnde Inhalte überzugehen. Wenn der Analysand nach literarischen Erörterungen z. B. auf einen Zwist mit seiner Hauswirtin zu sprechen kommt und dann auf eine Wahrnehmung im Zimmer des Analytikers, wird der Analytiker gemäß der freischwebenden Aufmerksamkeit diese in sich geschlossenen Aussagengestalten mit demselben Interesse nicht nur akzeptieren, sondern er wird versuchen, die heterogenen geistigen Sachverhalte auf einen und denselben Faden aufzureihen. Auf diesem Wege vervollständigt sich Stück für Stück das individuelle Bild, das der Analytiker vom Patienten gewinnt. Die Individualität, die erkannt werden soll, ist die »Eigentümlichkeit« des Symbolsystems des Patienten insgesamt – und d. h. en détail: die Besonderheit der Bedeutungen innerhalb des allgemeinen Bedeutungshofes.

Die Eigenart dieses Weges läßt sich wohl am besten verdeutlichen, wenn man sich eines relativ peripheren, aber wichtigen und gut bewährten Zweiges psychoanalytischer Arbeit erinnert: der Künstlerpsychogramme. Dort wird unter Umständen (zumal dann, wenn die biographischen Notizen spärlich sind) der Weg über eine »Interpretation des Werkes« gewählt, um so das Zusammenschließen von Einzelgedanken über eine ganze Philosophie hin zum psychologischen Verständnis auszunutzen. Binswanger (78) sagt mit Recht: Schopenhauer läßt sich über die Schopenhauersche Philosophie verstehen. Freud, Bonaparte, Eissler, Erikson, Sterba und andere sind diesen Weg des psychologischen Erschließens anhand der Biographie von Künstlern und Denkern gegangen. Wenn derart das psychoanalytische Verstehen die Individualität *dieses* Patienten im Aufbau eines Bildes sucht, das sich Zug um Zug zusammenfügt, um als Ganzes dann das einzelne in seiner Eigenart auszulegen, so heißt das: Verstehen beruht hier auf einem hermeneutischen Zirkel. Auf der Suche nach den je eigenen »Bedeutungen« des Patienten ist das – im Satz verstandene – Wort im Zusammenhang des Gesprächs und der Mitteilung der umschriebenen Situation zu sehen. Einzelbedeutung, Aussage, Gespräch und umfassendere Sinnzusammenhänge werden erst durchsichtig im Rahmen der »Sprache« des Patienten, die letztlich die Artikulation seiner Lebenserfahrungen ist.

Dieser auf den ersten Blick voluminös anmutende hermeneutische Zirkel erweist sich bei genauerem Hinsehen als ein gegliedertes Gefüge, das sich in der alltäglichen psychoanalytischen Erfahrung darin zeigt, daß am Anfang einer Analyse der Analytiker »seinen« Patienten weniger gut versteht als am Ende – eine Feststellung, die so lange bloß eine Binsenwahrheit zu sein scheint, als man nicht nach den Gründen dafür fragt. Diese Gründe liegen in der zunehmenden Vertrautheit des Analytikers mit der Sprache des jeweiligen Patienten; sie bezeugen auf ihre Weise die ursprüngliche Sprachdifferenz, die hermeneutisch zu überwinden ist.

Fassen wir an dieser Stelle unsere Untersuchungsergebnisse zu einer – zweiten – These zusammen:

> Angelpunkt des psychoanalytischen Verstehens ist der »Satz«. Das Evidenzerlebnis logischen Verstehens gründet auf der strukturellen Übereinstimmung der Sätze von Analytiker und Analysand. Die Bedeutungen werden probeweise vom Analytiker eingesetzt und in einem weitgespannten hermeneutischen Zirkel gegen die Bedeutungen des Patienten ausgetauscht. Grundlage dieses Verfahrens ist die Sprachgemeinschaft zwischen Analytiker und Analysand.

II, 3. Überblickt man rückschauend die skizzierte Lage der Psychoanalyse, die Eigenart ihrer Operationen, so fällt die Übereinstimmung der wichtigsten Linien mit Grundzügen der Sprachkonzeption, die Wittgenstein im Tractatus (79) vorschwebte, auf. Besonders deutlich wird es bei den beiden Hauptmerkmalen des sog. logischen Verstehens in der Psychoanalyse, bei der Disjunktion der »Frage nach dem Sinn« von der »Frage nach der Tatsachenrichtigkeit« einerseits und der Basierung auf der Aussage von »Sätzen« als Darstellung »möglicher Tatsachen«. Apel schreibt (80):

»Der Unterschied zwischen Verständnisproblem und Wahrheitsproblem liegt nach Wittgenstein darin, daß wir bei einer logisch einwandfrei konstruierten Sprache voraussetzen müssen, daß wir den Worten Gegenstände als ihre Bedeutung zugeordnet haben; wir dürfen aber nicht a priori voraussetzen, daß den Sätzen der Sprache Tatsachen zugeordnet sind; nur dies müssen wir wieder a priori voraussetzen, daß den Sätzen kraft ihrer logischen Form mögliche Tatsachen, d. h. Sachverhalte im logischem Raum zugeordnet sind. Darin gerade besteht nach dem ›Tractatus‹ die operative Pointe der Sprache als eines Wort-Satz-Systems, daß wir unter der a priori garantierten Voraussetzung gegenständlicher Wortbedeutungen, durch Kombination derselben nach logischen Regeln eine mögliche Sachlage gewissermaßen ›probeweise‹ im Geiste ›zusammenstellen‹ können.«

Apel verweist dabei auf 4.031 im Tractatus:

»Im Satz wird gleichsam eine Sachlage probeweise zusammengestellt. Man kann geradezu sagen: statt, dieser Satz hat diesen und diesen Sinn; dieser Satz stellt diese und diese Sachlage dar.«
»4.021. Der Satz ist ein Bild der Wirklichkeit: Denn ich kenne die von ihm dargestellte Sachlage, wenn ich den Satz verstehe. Und den Satz verstehe ich, ohne daß mir sein Sinn erklärt wurde.«

Wie zu sehen ist, trifft die Wittgensteinsche Sprachanalyse, methodologisch gewendet, die wesentlichen Züge eines Verstehensvorganges, wie wir ihn im psychoanalytischen Verstehen von Fremdpsychischem finden: Die Basierung auf einer Disjunktion von Sinnfrage und Tatsachenrichtigkeit, die Rezeption des Satzes als probeweise zusammengestellter Sachlage, das Einfügen von Bedeutungen usw.

Wittgensteins Satz 4.022 wird besonders aufschlußreich für unser Thema angesichts des psychoanalytischen Verzichts auf die »Tatsachenprüfung«. Von da her gesehen darf er als eine Bestimmung des logischen Status der Psychoanalyse bzw. des bisher beschriebenen psychoanalytischen Vorgehens genommen werden:

»4.022 Der Satz *zeigt* seinen Sinn.
Der Satz *zeigt,* wie es sich verhält, *wenn* er wahr ist. Und er *sagt, daß* es sich so verhält.«

Auch die Fundierung im »logischen Verstehen des Satzes« wird durchsichtig, wenn man den Tractatus heranzieht und die folgenden Sätze (die auch Apel hervorhebt) betrachtet:

»4.024 Einen Satz verstehen, heißt, wissen was der Fall ist, wenn er wahr ist.
(Man kann ihn also verstehen, ohne zu wissen, ob er wahr ist.)
Man versteht ihn, wenn man seine Bestandteile versteht.«

Die abschließende Bemerkung bei 4.024 – »man versteht ihn, wenn man seine Bestandteile versteht« – weist uns zugleich darauf hin, daß – nach Sicherung des Satzes im Erlebnis formaler evidenter Übereinstimmung – die Auslegung des Inhaltes fremdpsychischen Erlebens *im* Analytiker stattfindet. Die Aussage bildet sich ja aus dem Satz (der einer Erwartungsschablone des Verstehenden entspricht) und aus den Bedeutungen, die der Analytiker »anstelle« der Bedeutungen des Patienten einsetzt – aufgrund einer »Sprachgemeinschaft« zwischen beiden. Die Zulässigkeit dieses »anstelle« bedarf noch einer weiteren Begründung, die uns Wittgenstein zugänglich macht. Es kann nämlich deutlich gemacht werden, was »Sprachgemeinschaft« in dem hier benutzten Sinne meint und wie weit dieser Sachverhalt die Erkenntnis trägt. Gehen wir aus von den Sätzen:

»Die Grenzen meiner Sprache bedeuten die Grenzen meiner Welt.«
»Daß die Welt meine Welt ist, das zeigt sich darin, daß die Grenzen der Sprache ... die Grenzen meiner Welt bedeuten.«

Ziehen wir dazu die Bemerkung heran:

»4.021 Der Satz ist ein Bild der Wirklichkeit: Denn ich kenne die von ihm dargestellte Sachlage, wenn ich den Satz verstehe. Und den Satz verstehe ich, ohne daß mir sein Sinn erklärt wurde.«
»4.023 ... Der Satz ist die Beschreibung eines Sachverhaltes.
Wie die Beschreibung einen Gegenstand nach seinen externen Eigenschaften, so beschreibt der Satz die Wirklichkeit nach ihren internen Eigenschaften.
Der Satz konstruiert eine Welt mit Hilfe eines logischen Gerüstes und darum kann man am Satz auch sehen, wie sich alles Logische verhält, *wenn* er wahr ist. Man kann aus einem falschen Satz *Schlüsse ziehen.*«

Fügt man diese Sätze zusammen, so ergibt sich daraus schon ein Einblick in die Auffassung des Tractatus über die Intersubjektivität der Sprache. Der Angelpunkt dieser Intersubjektivität ist die logische Struktur der Sprache entsprechend der Aussage:

»4.03 ... Der Satz teilt uns eine Sachlage mit, also muß er *wesentlich* mit der Sachlage zusammenhängen.
Und der Zusammenhang ist eben, daß er ihr logisches Bild ist. Der Satz sagt nur insoweit etwas aus, als er ein Bild ist.«

Weil der Satz wesentlich mit der Sachlage zusammenhängt, ist die Intersubjektivität von Sätzen (worauf sich das dargestellte psychoanalytische Verstehen stützt) zugleich eine Intersubjektivität der Welterfahrungen. Denn in der Reichweite der Sprache, wie sie Wittgenstein hier sieht, in der die weltkonstitutiven Sachverhalte aufgrund der logischen Form der Sprache abgebildet werden können, sind »die konkreten menschlichen Subjekte immer schon über die Struktur der Welt miteinander verständigt«. Apel zieht so ein Facit seiner Auffassung des Wittgenstein des Tractatus. Ich unterschlage dabei, daß Apel dieses Facit als kritischen Einwand vorbringt. Es geht in unserem Zusammenhang jetzt nur um jenes begrenzte Terrain von sicherer Intersubjektivität, das den Gebrauch »logischen Verstehens« in der Psychoanalyse trägt: Analytiker und Analysand verständigen sich im gemeinsamen (im Evidenzerlebnis je verbürgten) *Besitz von Sätzen;* sie besitzen damit gemeinsame Bilder von Sachlagen.

»4.031. Im Satz wird gleichsam eine Sachlage probeweise zusammengestellt.
Man kann geradezu sagen: statt, dieser Satz hat diesen und diesen Sinn; dieser Satz stellt diese und diese Sachlage dar.«

Nun bleibt damit die Bedeutung der Zeichen noch ungesichert, denn:

»›Mit den Sätzen ... verständigen wir uns‹, aber ›die Bedeutungen der einfachen Zeichen (der Wörter) müssen uns erklärt werden, daß wir sie verstehen‹ (4.026). Jedoch, die Gegenstände sind von der ›logischen Form‹ der Welt sowohl abhängig wie unabhängig. Abhängig sind sie erstens insofern, als sie nur im ›Sachverhalt‹ denkbar sind, zweitens insofern, als nicht jeder Gegenstand in jedem Sachverhalt denkbar ist (z. B. kann ein Ton oder ein Gefühl nicht im geometrischen Raum sich befinden oder eine Farbe haben) ...« (Apel, 80)

Wenn wir auf dem Wege über die »Sätze« schon verständigt sind über die logische Struktur der Welt, so gewinnt mit jedem Satz die Verständigung über die Bedeutungen an Boden. Mit jedem Schritt weiter kreist sich Bedeutung mehr und mehr ein, und es öffnet sich so ein Weg zum Aufbau eines festen Systems von Symbolen, die das jeweils Besondere dieses Patienten mit den Mitteln allgemeiner Begriffe zu bestimmen vermögen – und schließlich scheint (wie ein Streifen Landes am Horizont des Seefahrers) sich eine wiewohl langwierige, so doch mögliche Einbeziehung auch der Faktizität dieses Patienten anzudeuten, wie die eben genannte Wittgensteinsche Feststellung verbürgen will.
So weit der Vergleich mit Wittgenstein, dessen Konzeption uns ein sicheres Terrain für jenes Verstehen, das wir mit Binswanger »logisches Verstehen« benannt haben, abgibt. Freilich, wir haben die Grenzen des Wittgensteinschen Konzepts von vornherein überschritten, indem wir stillschweigend an der Möglichkeit und Notwendigkeit eines hermeneutischen Verfahrens festgehalten haben.
Eine Rechtfertigung der Vermischung beider Standpunkte und eine Untersuchung ihrer Verträglichkeit können wir uns aber ersparen, weil wir inzwischen vor ein weit ernsteres Problem

gelangt sind, das unser Unternehmen insgesamt in Frage stellt. Bei der Prüfung des Wittgensteinschen Konzeptes im Rahmen unserer Fragestellung wird deutlich, daß wir mit der verläßlichen Fundierung des Verstehens auf »Sprachgemeinschaft« die alten Grenzen zum Unbewußten nur noch dichter verschlossen haben.

Machen wir uns klar, daß Verstehen dem Wittgensteinschen Tractatus zufolge nur so weit trägt, als bereits schon Verständigung vorliegt. Gerade das ist bei unbewußten Inhalten aber nicht der Fall, da das Unbewußte e definitione aus der gemeinsamen Kommunikation ausgeschlossen ist. Unverrückt stehen wir vor der alten festgefügten Grenzschwelle. Indem wir die Übereinstimmung des »logischen Verstehens« mit den im Tractatus vorgezeichneten Linien feststellen, bestimmen sich uns die Grenzen dieses Verfahrens an der Geltungsgrenze des Wittgensteinschen Konzeptes. Daraus folgt:

Zuverlässige Erkenntnis der fremdpsychischen Inhalte läßt sich mit »logischem Verstehen*« nur so weit einholen, als der Bereich der Sprachgemeinschaft reicht. Ist damit dem Verstehen eine definitive Grenze gesetzt? Kann das Nacherleben sie überschreiten? Prüfen wir dies gründlich und von Anfang an – auch unter Gefahr ermüdender Wiederholungen.

II, 4. Der Übergang vom logischen Verstehen zum Nacherleben geschieht, wie wir sahen, bereits mitten im logischen Verstehen selbst. Das Verstehen des Analytikers geht in Richtung des Nacherlebens dann, wenn der Analytiker an der Artikulationsstelle beider Wege, nämlich im Einfall des Patienten seine Aufmerksamkeit auch bzw. *bevorzugt* auf die Mitteilungen als Darstellungen der seelischen Wirklichkeit des Analysanden lenkt. Verfolgen wir diese Linie:

* Spätestens an dieser Stelle mag klar werden, daß der Begriff »logisches Verstehen« nicht unproblematisch ist. Wir benutzen ihn in Rückgriff auf Binswanger, also ohne Eingehen auf die seither entfachte Logikdiskussion und die Frage nach der Deckung logischer und sprachlicher Kategorien. Eine solche Debatte liegt außerhalb der Zuständigkeit dieser Arbeit. Das terminologische Problem verdunkelt m. E. die Argumentation nicht allzusehr.

Der Patient macht uns die verbale Mitteilung »ich bin traurig«. Noch haben wir nicht die Sicherheit, daß er wirklich traurig ist. Wir hören dazu aber einen Laut, den wir als ein unterdrücktes Schluchzen, möglicherweise aber auch als ein unterdrücktes Lachen verstehen können. Wir sehen, daß er Tränen abwischt, und nehmen bei einer Wendung des Kopfes vielleicht sogar einen Gesichtsausdruck wahr, den wir im Zusammenhang mit allen anderen Wahrnehmungen uns nicht anders deuten können denn als traurigen. Wir sind sicher, daß der Patient traurig ist – oder aber überzeugende schauspielerische Fähigkeiten besitzt.

Dieser Schluß verrät uns einiges über die Situation des »Nacherlebens« in der Psychoanalyse. Zunächst:

1) Die affektive Verfassung des Patienten wird unserem »Nacherleben«, d. h. psychologischen Verstehen vornehmlich zugänglich über eine Reihe von »Gesten«, deren affektive Bedeutung uns weithin unsicher bleibt.

2) Wir erhalten keine verbürgte Kenntnis des Faktischen. Auch hier läuft das Erkennen über eine – formale – Rezeption einer Zusammenstellung möglicher Tatsachen der dramatischen Handlung. Die »wirkliche« Bedeutung der Einzelgesten bleibt hier ebenso offen wie beim logischen Verstehen.

3) Erst im Zusammenhang einer dramatischen Handlung erschließen sich die Bedeutungen der Gesten. Je reichhaltiger die Handlung gegliedert ist, desto eindeutiger werden uns die Einzelgesten. Wie reichhaltig aber immer sie sein mag, Sicherheit über die Bedeutung der Geste können wir auch hier erst in einer ganz weit gespannten Einkreisung – nach einer detaillierten Kenntnis der Lebensgeschichte und einigen hundert Stunden Analyse erwarten. Wenn wir den Bezugsrahmen so weit stecken, haben wir jedoch den Geltungsbereich des Nacherlebens offensichtlich weit überschritten. Für die Einzelgeste jedenfalls gilt: ihr affektiver Gehalt wird uns nicht unmittelbar evident.

4) Ein zuverlässiges Evidenzerlebnis kann der Analytiker dagegen im Falle unseres Beispiels über folgendes erhalten: über

die Struktur der dramatischen Handlung. Gerade der Vergleich des vorgetäuschten Ausdrucksverhaltens mit dem Verhalten eines Schauspielers demonstriert diesen Sachverhalt. Die dramatische Möglichkeit des Schauspielers beruht ja offensichtlich darauf, daß es bestimmte gestische Schablonen, bestimmte szenische Verhaltensanordnungen gibt, die dem Zuschauer das Bild eines affektiven Status vermitteln, der ihn »packt«, weil er diese Anordnung als »stimmige Gestalt« auffassen kann, also »evident versteht«.

Auch hier treffen wir wieder auf dieselbe Abtrennung der Frage nach dem Sinn (den man zwingend und eindeutig versteht) von der Frage nach der Wahrheit dieses Affektes (über die man mindestens teilweise im unklaren gelassen wird). Wir haben dieselben Verhältnisse vor uns, wie wir sie auch beim logischen Verstehen in der Psychoanalyse gefunden hatten. Auch hier erbringt uns eine genauere Untersuchung der psychologischen Vorgänge den gleichen Mechanismus des Evidenzerlebnisses wie beim logischen Verstehen, dasselbe »aha-Erlebnis«, dieselbe Erleichterung (infolge der Energieersparnis, metapsychologisch formuliert), wenn wir eine Abfolge unklarer Gesten endlich »verstanden« haben.

Diese Übereinstimmung von logischem Verstehen und Nacherleben führt uns zu einer eigenartigen Gleichsetzung von »Satz« und »dramatischer Handlung«. Eine Gleichsetzung, auf die wir allerdings durch die zitierten Wittgenstein-Sätze nicht ganz unvorbereitet sind.

Nun darf nicht verschwiegen werden, daß wir mit einer derartigen Gleichsetzung von Satz und dramatischer Handlung den von Wittgenstein inaugurierten Bereich überschreiten. Daß wir aber keineswegs aus dem Gebiet der Sprachlichkeit herausgeraten sind, zeigt sich, wenn man sich an die von G. H. Mead (81) bereitgestellten Überlegungen über die Geste als signifikantes Symbol erinnert*. »... die Geste ... wird ... zu

* Auch hier kann es nur um einzelne Verweisungen im Dienste unseres Gedankenganges gehen, nicht um eine gründliche Darstellung der Meadschen Konzeption, die zu erörtern außerhalb unserer Absicht und Kompetenz liegt.

dem, was wir ›Sprache‹ nennen. Sie ist nun ein signifikantes Symbol und bezeichnet eine bestimmte Bedeutung«. (82)
Mead sieht, wie an anderer Stelle ausführlicher dargestellt (83), diese »signifikanten Symbole« im Zusammenhang der Interaktion, in einem Interaktionsgefüge, bei dem an der Geste sich Sprache entwickelt hat, Sprachgemeinschaft mithin verwoben ist mit einem Handlungsgefüge, dessen intersubjektive Gültigkeit zugleich Sprache begründet und Handlung zugänglich und zwar als Symbolanordnung verstehbar macht. Umgekehrt gesehen: Gesten haben eine intersubjektive Signifikanz, weil sie in einer Handlungsgemeinschaft, die zugleich Sprachgemeinschaft ist, wurzeln. »Auf diese Weise steht jede Geste innerhalb der jeweiligen gesellschaftlichen Gruppe oder Gemeinschaft für eine bestimmte Handlung oder Reaktion, nämlich jene Handlung oder Reaktion, die sie explizit im angesprochenen und implizit im sie ausführenden Individuum auslösen. In dieser besonderen Handlung oder Reaktion, für die sie steht, liegt ihre Bedeutung als signifikantes Symbol.« (84).
Und noch deutlicher: »Die ... nach innen genommenen Gesten sind signifikante Symbole, weil sie für alle Mitglieder einer gegebenen Gesellschaft oder gesellschaftlichen Gruppe den gleichen Sinn haben«. (85)
Halten wir aber fest, daß dem sicheren Verstehen des Fremdpsychischen eine unmittelbare Auslegung der Bedeutung der Geste verwehrt ist. Auch hier verbürgt die Sprachgemeinschaft allein die formale Übereinstimmung der Symbolanordnung, der dramatischen Handlung. Die Bedeutung der Einzelgeste kann wie die Bedeutung des einzelnen Wortsymbols lediglich aus einem ausgebreiteten Kontext erschlossen werden.
Wir stoßen beim Nacherleben also auf ganz analoge Verhältnisse, wie beim logischen Verstehen: die Sicherung des Verstehens verläuft auch hier über die evidente Rezeption des »Satzes« – das ist die eine Übereinstimmung – und das Verstehen trennt auch hier die »Frage nach dem Sinn« – von der »Tatsachenfrage« – das ist die andere Übereinstimmung, zu der auch hier das »Einsetzen von Bedeutungen« tritt. Diese zweite

Feststellung erscheint auf den ersten Blick beim Nacherleben nicht so einleuchtend, sieht es doch so aus, als ob wir uns beim Nacherleben allemal nur im Bereich der »inneren Wirklichkeit«, im Bereich der Symbole bewegten. Eine derartige Vereinfachung verkennt aber, daß wir auch hier ein »sprachliches Jenseits« anzunehmen haben, daß auch hier »Realität« vorliegt: letztlich die Realität des »Es«, das dem psycho-physischen Grenzbereich zugehört, vordergründig aber schon die Realität der Emotionen, die es im Ausdruck zu erschließen gilt. Unser Beispiel des »Traurigen« hat uns schon darauf aufmerksam gemacht, daß wir zunächst keineswegs den »wirklichen« Ausdruck von einer »Vortäuschung« des Trauerausdrucks unterscheiden können.

Diese Sachlage ist hier freilich prekärer als beim logischen Verstehen. Der Analytiker möchte hier doch wohl schneller und mit letzter Sicherheit die Bedeutungen und zugleich das Faktische sich beantworten können. Verstehen ist aber auch hier auf jenen langwierigen und niemals ganz sicheren Gang der Ermittlungen angewiesen, den wir schon beim »logischen Verstehen« gesehen haben. Qua Neurotiker steht der Patient außerhalb der Sprachlichkeit, das »Verdrängte« an den Mitteilungen kann nicht mit einem Verstehen erfaßt werden, das auf der Gemeinschaft von Analytiker und Analysand basiert, oder: da auch hier das sichere Terrain verbürgten Verstehens die Gemeinschaft des »Verständigtseins« ist, sind die Grenzen dieses Bereiches zum Unbewußten hin hermetisch abgeriegelt.

Weil logisches Verstehen wie Nacherleben ihr Fundament in kommunizierten Antizipationen haben, die im Verstehensvorgang erfüllt werden (worauf, wie dargestellt, das Evidenzerlebnis beruht), kann auf beiden Wegen nur soweit verstanden werden, als man schon verständigt ist. Das Unbewußte ist aber das von solchem Verstehen Ausgesperrte, weil es außerhalb der symbolischen Kommunikationen geraten ist.

Fassen wir die Verhältnisse, wie wir sie beim Nacherleben gefunden haben, zu einer – dritten – These zusammen:

Auch beim Nacherleben finden wir eine Disjunktion der Frage nach dem Sinn von der Frage nach der Tatsachenwahrheit. Ähnlich der (formalen) Übereinstimmung im »Satz«, läuft hier die Verständigung über Handlungsschablonen; das Evidenzgefühl wurzelt in Antizipationen. Die Bedeutungen der Einzelgesten bleiben unverbürgt. Auch das Nacherleben vermag die Grenzen zum Unbewußten nicht zu überschreiten.

Um unsere Untersuchung weiter vorantreiben zu können, ist eine zusätzliche Arbeit einzuschieben: Eine kritische Sichtung des psychoanalytischen Symbolbegriffs mit dem Ziel, die Beziehungen von Sprache und unbewußten Gehalten zu klären.

III. Exkurs über Symbol und Klischee

Eine Kritik des psychoanalytischen Symbolbegriffs wurde an anderer Stelle (86) ausführlich abgehandelt. Die für unsere Erörterungen wichtigsten Züge sollen jedoch in grobem Überblick wenigstens referiert werden:

Die Geschichte des psychoanalytischen Symbolbegriffs geht zurück bis in die Frühphasen der Freudschen Theorie. Zunächst als Merkzeichen, als »Erinnerungssymptom« auf der Basis einer »physiologischen« Psychologie konzipiert, gewann der Begriff aus dem Umgang mit den hysterischen Krankheitsfällen die Dimension der »Bedeutung«. Die »Symbolisierung« genannten Phänomene wurden als Ausdruck eines individuellen Sinnzusammenhanges aufgefaßt. Die Traumdeutung führte aber bald danach zu einer dritten Begriffsnuance, den »Traumsymbolen«. Diese Traumsymbole (und damit die Symbolik insgesamt) wurden schließlich als fixe Zeichen eines Vokabulars unbewußter Gehalte angesehen – konstant und »unabhängig von individuellen Bedingungen«.

In der Wendung von der ersten zur zweiten Begriffsfassung, nämlich im Aufgreifen der Bedeutungen hatte die Psychoanalyse eine grundlegende Veränderung durchgemacht: Die Wandlung von einer »Psychologie auf physiologischer Basis« zu einer Wissenschaft, die nach dem »Sinn« des Untersuchten fragt. Der Übertritt von der zweiten zur dritten Begriffsnuance führte zu einer nicht weniger einschneidenden Änderung, wenn auch in anderer Hinsicht. Die Subjektivität schien überwunden, an ihre Stelle trat die »Objektivität« eines von der Individualität des Einzelnen wie von der Besonderheit der Kultur unabhängigen Vokabulars der »Sprache des Unbewußten«. Diese Objektivität sollte sich im Laufe der Auseinandersetzung freilich als »falsche Objektivität« zeigen, die aber nur schwer abzuschütteln war, weil die Einordnung des Symbolbegriffs in die psychoanalytische Theorie nicht geringe Schwierigkeit bereitete.

Auf der einen Seite mußte man aus Gründen, die wir hier nicht im einzelnen diskutieren wollen, zwingend zu einem Verständnis des Symbols als »subjektiver« Leistung zurückkommen, auf der anderen Seite aber durfte die Grenze zwischen unbewußten und bewußten Vorgängen nicht verwischt werden. Als Lösung bot sich nach längeren Auseinandersetzungen schließlich der Ausweg an, ein striktes Nebeneinander von zwei psychischen Organisationen anzunehmen. Die niedere Ebene wurde als Leistung des Primärprozesses angesehen, ihr gehört die Symbolbildung zu, die höhere Ebene des reifen psychischen Geschehens dagegen wird von den Sekundärprozessen, den rationalen Vorgängen eingenommen. Ernest Jones schloß die Diskussion um die Symbolbildung 1916/18 ab mit den verschiedenen Fassungen einer bekannten Arbeit, deren zentraler Satz sein dürfte: »Nur was verdrängt ist, bedarf der symbolischen Darstellung. Diese Schlußfolgerung ist der Prüfstein der psychoanalytischen Theorie der Symbolik«. (87)

Diese Definition des Symbolbegriffes bestimmte für die weiteren vier bis fünf Jahrzehnte das psychoanalytische Verständnis. Sie schien eine ausgezeichnete und feste Basis für die psychoanalytische Symbollehre abzugeben. Freilich meldeten sich immer schon vereinzelte Gegenstimmen. In den letzten anderthalb Jahrzehnten aber formulierte sich entschlossene Kritik an der von Jones getroffenen Formulierung.

Die Kritik ging zumeist von der Kenntnis der Begriffsentwicklung aus, wie sie sich im letzten halben Jahrhundert außerhalb der Psychoanalyse entwickelt hatte: In den verschiedensten Wissenschaftsgebieten, der mathematischen Logik, der Sprach- und Entwicklungspsychologie und nicht zuletzt der Philosophie im Rahmen linguistischer Auseinandersetzungen war es zu einem neuen Symbolverständnis gekommen. Bemerkenswert für uns ist, daß alle diese Annahmen in eine Richtung gehen, die der Jones'schen Auffassung strikt entgegengesetzt sind. War bei Jones das Symbol Ausdruck des Unbewußten, also der vom Ich ausgeschlossenen Vorgänge, so wurde in der mathematischen Logik z. B. Symbol ausdrücklich als die klarste Form der rationalen Leistungen verstanden. Noch verschlug diese Unterscheidung wenig, weil man hierin eine bloß terminologische Differenz sehen konnte, hervorgerufen durch eine unterschiedliche konventionelle Benutzung. Sie schien unproblematisch dank der Möglichkeit, zwei unterscheidbare Gruppen von Symbolen nebeneinander zu registrieren.

Der Gegensatz wurde aber unvereinbar in dem Moment, als mit der Aufstellung eines von der Psychoanalyse abweichenden Symbolbegriffs zugleich die Frage nach der Symbolbildung aufgegriffen und mit der Annahme eines einheitlichen Symbolisierungsprozesses (von den niederen bis zu den höheren Leistungen) beantwortet wurde.

Die Entwicklungspsychologie z. B. hat für die Annahme eines durchgängigen Symbolisierungsvermögens, also einer einheitlichen Symbolbildung, gute Gründe vorgebracht. Diese einheitliche Symbolbildung aber wird in jenem Leistungsniveau zentriert gesehen, das in der Psychoanalyse als Sekundärprozeß bezeichnet wird, konträr zur psychoanalytischen Verwurzelung der Symbolbildung in den Primärprozessen. Pointiert tritt dieses Problem zutage, wenn man Cassirer berücksichtigt. Schon sein bekanntes Wort: »anstatt den Menschen als animal rationale zu verstehen, sollten wir ihn als animal symbolicum definieren« (88), macht die Gegensätzlichkeit eindeutig. Gerade bei Cassirer wird auch deutlich, wie wenig die Parallelität von zwei Symbolkonzepten, einer unbewußt verwurzelten »Symbolbildung im Primärprozeß« und einer Schöpfung »rationaler Symbole« durch den Sekundärprozeß, tragbar ist. Cassirer hat nämlich das mythische Denken als eine archaische Stufe der Symbolbildung bezeichnet und dabei Bilder skizziert, die genau der Freud'schen Beschreibung der Vorgänge unter Einwirkung des Primärprozesses entsprechen.

In Fortführung der Cassirerschen Gedankengänge hat Susanne K. Langer (89) die Situation noch eindeutiger gemacht, indem sie den Gegensatz durch die Unterscheidung von »discursiven« und »präsentativen« Formen der Symbolbildung verschärfte. Zur discursiven Symbolik zählt, ihr zufolge, der artikulierte

Symbolismus der Sprache, die präsentative Symbolik dagegen umfaßt einen Bereich, der nun genau jene Baugesetzlichkeit zeigt, die nach Freud die Primär-Vorgänge darbieten, nämlich Verdichtung, Verschiebung usw. Die präsentative Symbolik besitzt auch, Langer zufolge, eine größere Affektnähe und verrät projektive Mechanismen. Um aber jeden Zweifel über die Zusammengehörigkeit von discursiven und präsentativen Symbolen auf dem Boden einer einheitlichen Symbolbildung zu zerstreuen, sagt Langer: Die präsentative Symbolisierung ist keine geringere Leistung des menschlichen Geistes; Symbole erwachsen allemal aus einer einheitlichen Leistung. Sie bilden eine Reihe: »Ideen, die sich zunächst in phantastischer Form schattenhaft andeuten, werden erst dann Besitz des Geistes, wenn die diskursive Sprache sich ihrer Formulierung annimmt. Aus diesem Grunde ist der Mythos der unerläßliche Vorläufer der Metaphysik; und die Metaphysik ist die wörtliche Formulierung der fundamentalen Abstraktionen, auf denen unser Verständnis der nüchternen Tatsachen beruht.« (90)

Es bedarf wohl keiner weiteren Belege, um zu zeigen, daß von all diesen verschiedenen Denkansätzen und Erfahrungen her die psychoanalytische Symbollehre in der Jones'schen Modifizierung in Frage gestellt wird. Seit den 30er Jahren haben zunehmend auch Psychoanalytiker die Unvermeidlichkeit einer Auseinandersetzung empfunden, so besonders Kubie in seiner Arbeit über die schöpferische Leistung (91), aber auch andere, die sich in verstreuten Bemerkungen dazu geäußert haben.

Auf dem Jahrestag der American Psychoanalytic Association 1960 (92) wurde schließlich die Revision der Jones'schen Auffassung vom Symbol von einer ganzen Reihe von Referenten gefordert. Definitionen wie »Symbolism is an act essential to thought and prior to it« und »Symbolization is the essential act of the mind« machten klar, daß die lange Periode der alten psychoanalytischen Symbolauffassung sich ihrem Ende nähert. Einer neuen Symbolauffassung stellten sich freilich erneut jene Fragen, die schon erledigt schienen: Wie verhalten sich die Traumsymbole zum Unbewußten, in welcher Weise wird die neurotische Symbolik ganz allgemein durch unbewußtes Geschehen determiniert?

Wendet man die Fragen um, so lauten sie: Wie fügt sich der neue Symbolbegriff in das Gesamt der psychoanalytischen Theorie ein? Wie ist der Zusammenhang von Symbol und Regression, Symbol und unbewußten Prozessen, Symbol und Verdrängung zu denken? Wenn wir die Traumsymbole als exemplarische Fälle von Symbolbildung aus unbewußtem Material betrachten, dann heißt die konkrete Frage: Wie kann man einerseits ein einheitliches Symbolbildungszentrum annehmen, andererseits aber dem Gegensatz von ubw. zu bewußtseinsfähigen Inhalten Rechnung zu tragen?

Die Antwort kann nur lauten: Die beiden Positionen lassen sich sinnvoll nur vereinen, wenn man das *Zentrum der Symbolbildung* unterscheidet von den *Reizquellen,* aus denen Symbole erwachsen. Jenes Zentrum ist im »Ich« zu suchen, die »Reizquellen« dagegen können ganz unterschiedlich beheimatet sein, u. a. zählt hinzu das Ubw mit dem Schatz seiner verdrängten Gehalte. Die Symbolbildung läuft demnach folgendermaßen ab: Unbewußte Inhalte werden unter bestimmten Bedingungen vom Unbewußten ›freigegeben‹, um vom erkennenden Ich aufgenommen und verarbeitet zu werden. Das Traumsymbol z. B. ist das Produkt einer »inneren« Wahrnehmung, die diese schwer zugänglichen Wahrnehmungsmaterialien aufnimmt.

An die Stelle der *alten Verdoppelung der Bildungsinstanzen* mit unterschiedlichen Inhalten und Mechanismen tritt so ein einziges Zentrum, die *Symbolbildung durch das Ich,* wobei das Ubw bzw. Es aber als Reizquelle besonderer Art und Intensität im Zusammenspiel mit dem Ich zu verstehen ist. Allerdings nicht als die einzige Reizquelle. Beim Traum z. B. gibt es vier verschiedene Reizquellen (wobei wir den Unterschied von Es und Über-Ich vorderhand vernachlässigen), nämlich Reize aus der Außenwelt und aus den Körpervorgängen, rezente Eindrücke, d. h. Tagesreste (einschl. der subliminalen Einflüsse), des weiteren die im Gedächtnis aufgespeicherten Gestalten, die

bei der sekundären Traumarbeit in besonderer Weise wirksam werden, und schließlich das Reservoir des »Unbewußten«. Dieser letztgenannten Quelle kommt besondere Bedeutung zu.
Die These einer zweipoligen Anlage der Erkenntnisbildung – *das Ich als Organisationszentrum und das Ubw als Reizzentrum* – wahrt die Betonung der Differenz vom Ubw und Bw, reinigt zugleich aber die psychoanalytische Theorie von dem Einschlag einer Ontologisierung des Unbewußten.
Einzig das Ich darf als eine formgebende, symbolbildende Instanz gelten, während umgekehrt die Funktion des Ubw als eines Reservoirs an reizaktivem, *noch nicht* oder *nicht mehr* bewußtseinsfähigem Material aufzufassen ist.
Wie fügt sich die neue Symbolauffassung aber in die psychoanalytische Theorie, wenn wir unter einem ganz anderen Blickwinkel, nämlich vom Konzept der psychoanalytischen Triebpsychologie her auf die Symbolfrage blicken? Beres hat dazu eine entschlossene Feststellung gewagt. Er bezeichnet zunächst folgenden Sachverhalt: »the unique capacity to awake an image, concept or thought without direct and immediate external stimulus whereas the animal responds only to an immediate stimulus« (93). Die Sonderstellung des Menschen wird von ihm präziser noch unterstrichen durch eine Bestimmung, die zugleich auch eine genaue Bedeutung für das Symbol ausweist:

»This unique human capacity is designated as the capacity to form mental representations in contrast to the capacity which man shares with animals to experience mental registrations ... Mental registration is the basis of memory but for the evocation of imagery additional – what is postulated as a mental representation.«

Diese Gleichsetzung von Symbolen und Repräsentanzen ist mehr als eine begriffsscholastische Stilübung. Die neu gewonnene Bestimmung des Begriffes Repräsentanz wird von Beres wohlüberlegt in den Rahmen des psychischen Energiekonzepts gerückt. Die Symbole haben eine ökonomische Funktion. Beres sagt dazu:

»I have described the theory that to make possible the delay of response there are mental representations which are cathected by the bound energies of the instinctual drives and which can be evoked to consciousness as images, fantasies or thoughts.«

Mit anderen Worten, die Besetzungsvorgänge spielen sich an den Symbolen ab. Diese Auffassung ergibt sich zwangsläufig, sobald man die revidierte Symbollehre mit der Repräsentanzenlehre in Beziehung bringt und alle diejenigen Einsichten mitberücksichtigt, die gerade im letzten Jahrzehnt in der Repräsentanzenlehre (Hartmann, Jacobson, Sandler u. a.) gewonnen wurden. Man kann die Ergebnisse der Revision der Symbollehre und der Repräsentanzenlehre nebeneinanderstellen und kommt dann zu folgenden Positionen:

1.) Repräsentanzen sind Symbole, d. h. Produkte eines Symbolbildungsprozesses,

2.) Repräsentanzen sind die Elemente der Besetzungsvorgänge, an ihnen als der inneren Welt der Menschen spielen sich die Triebbesetzungen ab.

   Es ist naheliegend, beide Positionen zu verbinden und zu schließen:

3.) Die Triebbesetzungen spielen sich an Symbolen ab.

Dieser Schluß führt aber, sobald man ihn verabsolutiert, in ein böses Dilemma: Sollen wir folgern, daß es keine unbewußten Repräsentanzen gibt? Ist der Bereich des Unbewußten leer, ein Areal bloßer Dispositionen – ohne Objekte, an die sich eine Besetzung heften könnte? Man braucht das Bild solcher Möglichkeiten nicht weiter auszumalen, um erkennen zu können, daß damit das psychoanalytische Konzept an einer zentralen Stelle ausgehöhlt würde.

Aus der Unmöglichkeit, die unbewußten Repräsentanzen dem Symbolmodell einzuordnen, darf ihnen keinesfalls der Charakter von Objekten der Besetzung abgesprochen werden. Sie auf bloße Dispositionen zu reduzieren, geht nicht an.

Tatsächlich wäre dieser Schluß voreilig. Er überspränge eine Anzahl von Erfahrungen, die gebieterisch die Existenz von ubw. Repräsentanzen fordern. Der alte Beweisgang gilt immer noch, er gilt auch im Falle der unbewußten Repräsentanzen: Unbewußte Imagines tauchen in der Therapie auf, unbewußte

Repräsentanzen lassen sich in Symbole verwandeln mit allen Details, die die Abkunft dieser Gebilde aus der Lebensgeschichte, d. h. aus den individuellen Bildungsprozessen nachweisen. Und weiter: Das Arsenal der neurotischen Symptome verrät schon vor der jeweiligen Resymbolisierung zwingend die Anwesenheit eines Attachments von Triebenergie an eine Repräsentanz, die aus dem Bereich der symbolischen Repräsentanzen ausgeschlossen wurde. Der genetische Zusammenhang von Repräsentanzen, die als Imagines im Bewußtsein auftreten, und unbewußten Repräsentanzen gibt uns einen genauen Einblick in die Eigenart der unbewußten Gebilde im Vergleich zu den bewußten Imagines. Die einen wie die anderen sind Strukturen, womit wir differenzierend feststellen können: Es kann zwei Arten von strukturierten Repräsentanzen geben, bewußte und unbewußte. Die bewußten Repräsentanzen haben den Charakter von Symbolen, die unbewußten Repräsentanzen sind dagegen nicht symbolische Strukturen. Ich habe vorgeschlagen, sie in Anlehnung an eine Freudsche Formulierung »Klischee« zu nennen.

Zu betonen ist, daß Klischees als Repräsentanzen in einem genetischen Zusammenhang zu Symbolen stehen. Klischees, d. h. unbewußte Repräsentanzen, stammen von symbolischen Repräsentanzen ab, die im Sozialisationsprozeß gebildet – und im Vorgang der Verdrängung »exkommuniziert«, d. h. aus der Kommunikation in Sprache und Handeln ausgeschlossen wurden. Daß sie dabei ihre Wirksamkeit für Verhalten, ihre dynamisch-energetische Relevanz nicht verloren, hat die psychoanalytische Erfahrung klarstellen können.

Die Vielfalt dieses genetischen Zusammenhanges wird eindrucksvoll erkennbar, wenn man eine Besonderheit der psychoanalytischen Repräsentanzenlehre bedenkt: Objekt- oder Selbstrepräsentanzen bestehen keineswegs aus einem einschichtigen, einfachen Symbol, sondern sind stets ein Gefüge, eine Sammlung von Symbolen. Das macht ihre »Geschichtlichkeit« aus. Die Objektrepräsentanz »Mutter« z. B. erweist sich, auch wenn wir nur die bewußten Anteile, die »Symbole« in Erwägung ziehen, als vielschichtiges Gebilde aus verbal faßbaren, »discursiven« wie auch averbal »präsentativen« Symbolen. Das gilt für die ubw. Repräsentanzen in einer besonderen Weise: hier fächert sich die Mutterimago auf in einer Serie von Momentbildern mit jeweils differentem Beziehungsgehalt, z. B. als zärtliche Mutter, strafende Mutter usw. In den verschiedenen Augenblicken der psychoanalytischen Therapie tauchen Facettierungen als historisch exakte Momentbilder auf: die Mutter in der und der Situation an jenem bestimmten Tag. Häufig handelt es sich dabei um Deckerinnerungen, d. h. um Erinnerungen, die stellvertretend nach Art eines typischen Porträts bestimmte entscheidende Züge der Beziehungslage repräsentieren. Letztlich lassen sich die Imagines aber auf *Originalvorfälle* zurückführen, also auf jene »Szenen«, in denen die Verdrängung das Ganze der Situation zerschlagen hat, um die verpönten Situationsanteile zu desymbolisieren.

Aus all dem mag gefolgert werden, daß eine Besetzung der Imagines als Objektrepräsentanzen niemals als ein einfacher Vorgang angesehen werden kann. Es handelt sich nicht um ein Attachment von Energie an einem »Punkt«, sondern immer um eine mehrschichtige Anknüpfung an einzelne Facetten der Objektrepräsentanz. Beobachtbar ist diese formale Besonderheit bei der Trauerarbeit. Freud hat das präzis und eindeutig beschrieben in der folgenden Schilderung:

»Zunächst: die normale Trauer überwindet ja auch den Verlust des Objektes und absorbiert gleichfalls während ihres Bestandes alle Energien des Ich ... An jede einzelne der Erinnerungen und Erwartungssituationen, welche die Libido an das verlorene Objekt geknüpft zeigen, bringt die Realität ihr Verdikt heran, daß das Objekt nicht mehr existiere, und das Ich, gleichsam vor die Frage gestellt, ob es dieses Schicksal teilen will, läßt sich durch die Summe der narzißtischen Befriedigungen, am Leben zu sein, bestimmen, seine Bindung an das vernichtete Objekt zu lösen. Man kann sich etwa vorstellen, diese Lösung gehe so langsam und und schrittweise vor sich, daß mit der Beendigung der Arbeit auch der für sie erforderliche Aufwand zerstreut ist.« (94)

Zählen wir die Eigentümlichkeit der Klischees auf:

1) Sie erfüllen dynamisch dieselbe Funktion wie Symbole; sie können besetzt werden.
2) Sie lassen sich in Symbole verwandeln und sind aus Symbolen verwandelt worden.
3) Während Symbole aber unabhängig von der Realsituation evoziert werden können, bedürfen die Klischees eines szenischen Arrangements zur Auslösung. Ist dieses vorhanden, so kommt ein Ablauf in Gang, der im hysterischen Agieren besonders drastisch illustriert wird. Die Kehrseite der Abhängigkeit von der szenischen Anordnung ist ein Ausbleiben der Evokation, wenn es gelingt, die situativen Reize sorgfältig genug zu vermeiden. Szenisches Arrangement darf übrigens nicht eingeengt auf Realvorgänge verstanden werden. Auch Phantasiesituationen können, wenn sie sich zusammenfügen, eine Auslösefunktion haben.
4) Während Symbole sich durch die Unterscheidung von »Objekt« und »Symbol« auszeichnen, fehlt eine derartige Autonomie beim Klischee. Wie Beres zutreffend feststellte, basiert die »Verzögerungsleistung« beim reifen Handeln auf der Autonomie der Symbole (und das heißt im gegenwärtigen Diskussionszusammenhang: der Repräsentanzen von Symbolcharakter). Mit der Möglichkeit, sich das Symbol unabhängig von jedem szenischen Zusammenhang zu vergegenwärtigen, gewinnt das Symbol seine Tauglichkeit als Vermittlungsinstrument gerade im Affekthaushalt. Weil das Symbol mit dem realen Liebesobjekt draußen identisch ist und gleichzeitig davon unterschieden werden kann, kann auch die Triebdynamik von der szenischen Anwesenheit des Objektes abgelöst werden. Die wichtigsten Konsequenzen dieses Sachverhaltes sind:
   a) An die Stelle des Handelns kann ein Probehandeln mit kleinen Energiequanten treten. Es kann »im Geist« erst alles durchgespielt werden, bevor die Handlung in Gang gesetzt wird.
   b) Es bringt das Hantieren mit Symbolen einen Verzögerungsfaktor mit ins Spiel, und zwar jenen Verzögerungsfaktor, der für die höheren, das heißt sekundärprozeßhaften Abläufe typisch ist. Dieser Verzögerungsfaktor, der die Zwangsläufigkeit der Geschehnisse – beispielsweise der Triebentladung – lockert, hängt allerdings auch noch mit einem weiteren Umstand zusammen, nämlich damit, daß die Symbole ein vielfach geschichtetes, durch ein reiches Netz von Quer-, Längs- und Diagonalbeziehungen verknüpftes System bilden. Das Gefüge der Sprache mag das verdeutlichen. Jede Operation mit einem Symbol wird vom Symbolsystem kompliziert. Demgegenüber setzen sich klischeebezogene Impulse ohne Verzögerung und

unabhängig vom Symbolgefüge hinter dem Rücken des Individuums durch, wobei dieses Durchsetzen sich bald in motorischen Aktionen, bald in Träumen (bzw. Tagträumen) entäußert. In jedem Falle aber läuft die »Szene« aus innerer, unreflektierbarer Zwangsläufigkeit ab. Das führt zum nächsten Merkmal.

5) Dieses Merkmal ist zugleich die triebökonomische Kehrseite der unter 3) genannten Abhängigkeit vom szenischen Arrangement. Klischeebezogene Triebabläufe sind strikt determiniert. Sie sind mit so strenger Folgerichtigkeit an den szenischen Auslösereiz gebunden, daß vom *Wiederholungszwang* gesprochen wird. Diese durchgängige Determination (und fehlende Reflexionsfähigkeit) rückt die neurotischen Prozesse von den symbolvermittelten ab. Bei diesen kann die Frage nach der *Ursache* nicht in gleicher Weise gestellt werden, die Suche nach dem *Motiv* kann hier nicht als Ermittlung einer Ursache betrieben werden.
6) Ein weiteres gemeinsames Merkmal aller klischeebestimmten Prozesse ist ihre Irreversibilität. Gegen alle Erwartungen erweisen sich die neurotischen Klischees, die »szenischen Muster«, als nicht abnützbar und nicht reversibel. Im Gegenteil, wir kennen den Vorgang der Chronifizierung, bei dem es zu einem immer müheloseren Einschleifen (um diesen Ausdruck aus der Reflexlehre zu übernehmen) kommt. Diese Irreversibilität, diese Stereotypie des klischeebestimmten Verhaltens setzt ein an einer umschriebenen historischen Marke: dem *Originalvorfall.* An diesem Moment der Entwicklung endete auch jede flexible Anpassungsfähigkeit. Anstelle einer Veränderlichkeit nimmt eine unwandelbare Starre Platz.

Mit diesem Katalog von Merkmalen zwingt sich eine zunächst befremdliche, bei näherer Prüfung aber doch wohl unabweisbare Parallele auf: die Analogie mit dem Verhalten tierischer Lebewesen. Wir müssen in dem knappen Aufriß, den wir hier geben, auf die Aufzählung der ethologischen Parallelen verzichten. Halten wir lediglich summarisch fest, daß das klischeebestimmte Verhalten in entscheidenden Strukturelementen mit dem von Lorenz herausgearbeiteten Verhalten der »Trieb-Dressur-Verschränkung« übereinstimmt. Wir begegnen bei den tierischen Auslöseschemata einer Merkmalsanordnung, die sich dem neurotischen Verhaltensklischee vergleichen läßt, sobald man nur von dem Gesamttext der neurotischen Reaktionen die Überformung des Verhaltens durch das symbolvermittelte

Handeln künstlich abstrahiert. Es bleiben dann die Muster einer Ordnung, die wir als klischeebestimmtes Verhalten bezeichnen wollen.

Die Merkmale dieses klischeebestimmten Verhaltens sind, um sie summarisch in Stichworten aufzuzählen: fehlende Erkennbarkeit – Determiniertheit – unverzögerte Entladung – Irreversibilität – Unabhängigkeit und Tendenz zum Einschleifen – Umweltverhaftung, d. h. Verhaftung an eine »Szene« und »szenische Reproduktion«, d. h. Wiederholungszwang – entwicklungsgeschichtliche Verankerung. Alle diese Merkmale teilt das klischeebestimmte Verhalten, wie es als Folge einer Verdrängung vorkommt, mit den tierischen Lebewesen, die ein Auslöseschema erwerben.

Der Hinweis auf die Parallele von neurotischem, nämlich klischeebestimmtem Verhalten zu der tierischen Triebdressurverschränkung darf aber nicht als echte Gleichsetzung verstanden werden. Für menschliches Verhalten gilt in jedem Falle: *Klischeebestimmtes Verhalten ist stets mit symbolvermitteltem Handeln vermischt:* Das Ich nimmt zumindest in Form von Rationalisierungen oder sekundären Überarbeitungen (wie der sekundären Traumarbeit) Stellung. Gerade die Erinnerung an den Traum warnt uns davor, die Ich-Leistung zu unterschätzen. Diese Überformungen und Eingriffe sind nur der Spezialfall einer unablässigen Verknüpfung von Klischees mit Symbolen in Bildung sekundärer Motivationszentren. Klischeebestimmtes Verhalten ist ständig mit symbolvermitteltem Handeln verbunden.

Gerade an der Gegenüberstellung von »Reagieren« und »Handeln« wird der Unterschied von klischeebestimmtem zu symbolvermitteltem Verhalten besonders gut einsichtig, insbesondere anhand der Merkmale, die Winch (95) für »regelgeleitetes Verhalten« (das ich mit »symbolvermitteltem Verhalten« identifizieren möchte) herausgestellt hat.

Ein weiterer Punkt, an dem menschliches und tierisches Verhalten deutlich differiert, ist der genetische Ansatz. Die Bildung der Auslösemechanismen bei Tieren ist als progressive Erfüllung des Verlaufsplanes zu verstehen, die Bildung des klischeebestimmten Verhaltens in der Neurose dagegen erfolgt, indem eine bereits gewonnene Differenzierung, nämlich die Operation mit Symbolen, verlassen wird. Dieses Aufgeben einer schon entfalteten Fähigkeit und der Rückfall auf eine präsymbolische Stufe folgt einer, gegenüber den Entwicklungsschritten beim Tier ganz andersartigen Verlaufsweise, nämlich einem Verfallsmechanismus. Ausbildung eines Auslösemechanismus beim Tier und Verdrängung sind zweierlei – wenn beide auch in einem umschriebenen Punkt dasselbe Resultat zeitigen: ein klischeebestimmtes Verhalten.

Die Verwandlung von Symbolen in Klischees, d. h. von symbolischen in desymbolisierte Repräsentanzen erfolgt durch Verdrängung*.

Beschreiben wir den Vorgang am typischen Verlauf einer infantilen Entwicklung: der Beziehung des kleinen Jungen in der ödipalen Phase zu seiner Mutter. Sie verändert sich im ödipalen Konflikt so, daß das Symbol in einen Gegensatz zum Gesamt des Symbolsystems gerät und schließlich nur die Wahl zwischen einer Aufhebung der Besetzung oder einer Skotomisierung des konflikthaften Vorgangs bleibt. Da das Liebesobjekt bzw. die betreffende Objektrepräsentanz nicht losgelassen werden kann, muß die Repräsentanz ihren Charakter als »Symbol« verlieren. Unter Belassung der Triebbesetzung wird sie desymbolisiert, wobei das Festhalten des Triebes an dem Objekt als Ursache der Desymbolisierung anzusehen ist. Man kann das auch so ausdrücken: Weil die Objektrepräsentanz weder freigegeben werden kann, noch auch »mit Besetzung« bewußt ertragen werden kann, wird sie »verleugnet«. In Umkehrung der Freudschen Bemerkung kann die Verdrängung so als »innere Verleugnung« aufgefaßt werden.

Eine Besonderheit der Objektrepräsentanzen, nämlich ihr grundsätzlicher Beziehungscharakter dürfte an der Schilderung dieser Vorgänge erkennbar geworden sein. Wenn wir sagen,

* Die Funktion und Wertigkeit der anderen Abwehrmechanismen soll hier nicht abgehandelt werden.

ein Liebesobjekt muß wegen der verpönten Triebbesetzung desymbolisiert werden, so ist diese Bezeichnung nur sinnvoll, wenn wir berücksichtigen, daß die Objektrepräsentanzen eine Ansammlung von Imagines mit je verschiedenen »Verhaltensaspekten« umfaßt. Als Beispiel sei nochmals auf die »zärtliche Mutter«, und das heißt die »Mutter, die sich in der und der Weise zu dem erlebenden Subjekt verhält, verhalten hat oder verhalten soll«, hingewiesen. Verhalten wird hier sinnvoll im »Zusammenhang«, d. h. als Verhalten »in-Beziehung-zu«. Den Objektrepräsentanzen »in-Beziehung-zu« entspricht dabei eine Selbstrepräsentanz, die das Verhalten zu einer Beziehungssituation ergänzt. Desymbolisiert wird also niemals eine Mutterimago für sich – die Annahme der Beseitigung des »Symbols eines Gegenstandes« gibt keinerlei Sinn. Nur ein Konzept, das die Repräsentanzen als »Beziehungsobjekte in actu« annimmt, sie in einem ganz bestimmten *szenischen Arrangement*, das einem präzisen lebensgeschichtlichen Punkt entpricht, sieht, bringt Licht in die Zusammenhänge. Wenn wir diese Annahme akzeptieren, müssen wir allerdings eine Konsequenz mit einhandeln: da unserer These zufolge die Verdrängung als »innere Verleugnung« identisch ist mit Desymbolisierung und d. h. »Verwandlung einer symbolischen Repräsentanz in ein Klischee unter Bewahrung ihres Beziehungscharakters«, muß notwendig dem Klischee derselbe Beziehungscharakter unterstellt werden, den schon die symbolischen Objektrepräsentanzen besaßen – deretwegen sie desymbolisiert werden. Auch das Klischee muß als Repräsentant eines Verhaltens »in-Beziehung-zu« angesehen werden. Daraus folgt weiter: Wenn die Repräsentanz des Liebesobjektes desymbolisiert wird, trifft dasselbe Schicksal die korrespondierende Stelle der Selbstrepräsentanz, die ja der dem Objekt korrespondierende Anteil der Szene ist.

Soweit die Verwandlung von Symbolen in Klischees. Aber es gibt noch eine andere Veränderungslinie im Bereich der Symbole selbst. Repräsentanzen können ihren Charakter als »Symbole« zunehmend in den von »Zeichen« umwandeln. Das ist eine ansteigende Entleerung der Bedeutung, die als eine Abschwächung von »emotionaler Bedeutung für das Subjekt« zu verstehen ist. Resonanzverlust meint hier immer: Verlust an Affizierbarkeit im Subjekt durch die Objekte, wobei der Ansatz für den Beziehungsverlust an korrespondierenden Stellen besteht: sowohl bei den Selbst- wie bei den Objektrepräsentanzen. Desgleichen ist die Verwandlung der Symbole in Zeichen gleichbedeutend mit einer zunehmenden Vergegenständlichung; die Zeichen unterscheiden sich von den Symbolen durch eine one-to-one-Beziehung, d. h. eine Perfektion der Denotation mit Verringerung der Konnotationsbreite. Bei dieser Verwandlung wird das Bezeichnete herausisoliert und als Gegenstand abgegrenzt. Auf die Repräsentanzen der Beziehungsobjekte übertragen, ergibt sich daraus zwingend: die Objektrepräsentanzen verlieren mehr und mehr ihren Beziehungscharakter. In einer formalen Analyse der Zeichen erscheint die psychologische Erfahrung der fehlenden Wärme und affektiven Lebendigkeit bei Intellektualisierung und Isolierung als zunehmende Auflösung des Beziehungscharakters und d. h. als Auflösung des »gestischen Charakters« mit ansteigender Abgrenzung von Selbst und Objekt.

Es kann folgender Gegensatz notiert werden: Die Verdrängung mündet aus in eine Desymbolisierung, eine formale Regression des Symbolprozesses in Richtung auf eine Klischeebildung, wobei anstelle des symbolvermittelten Verhaltens (mit der Reflexion auf das Motiv) ein klischeebestimmtes blindes Agieren und Reagieren einsetzt. Beim zwangsneurotischen Arrangement des Isolierens und Intellektualisierens dagegen eilt die Symbolisierung progressiv voran in eine Weiterverwandlung von Symbolen in Zeichen.

Von den Zeichen zu den Symbolen geht dementsprechend eine Linie der Zunahme an gestischen Gehalten. Diese Linie führt weiter von den Symbolen zu den Klischees bis zum Ineinanderschmelzen von Selbst und Objekt. Verbindet man die Erfahrungen aus der Traumwahrnehmung mit den Einsichten über die infantilen Entwicklungsschritte, dann wird deutlich, wie auf der Ebene der Klischees die weitestgehende Akzentuierung des »In-Beziehung-Stehens zum Objekt« in eine »primary confusion« von Objekt und Subjekt ausläuft.

Fassen wir das Diskutierte zusammen:

1) Mit dem Übertritt der Symbole zu Klischees wird der »gestisch funktionale Anteil« verstärkt.
2) Umgekehrt entschwindet bei zunehmender »Vergegenständlichung« im Bereich der Zeichen der »szenische« oder »situative« Anteil der Objektrepräsentanzen weitgehend (oder ganz). Je mehr die Symbole sich in »Zeichen« verwandeln, desto mehr mindert sich der szenische Charakter. Zwischen Klischee und Zeichen in der Mitte angesiedelt, besitzen die Symbole (in engerem Sinne) ein ausgeglichenes Verhältnis derart: man kann dort bei einer bestimmten Gleichgewichtslage mit gleich viel Berechtigung von »Objektsrepräsentanzen in einer bestimmten szenischen Anordnung« sprechen, wie auch von »Situationen, die sich an bestimmten Objekten konkretisieren«. Dieser szenisch-situative Aspekt verstärkt sich beim Übertritt in den Geltungsbereich der Klischees, beim Überschreiten der Grenze des Unbewußten, also bei der Verdrängung.

Beim Übertritt über die Verdrängungsschwelle in Richtung auf Klischees geschieht ein doppeltes:

a) der szenisch-situative Aspekt prävaliert, er saugt gleichsam das Objekt auf,
b) der szenisch-situative Aspekt verliert seine »symbolische Fassung«. Die »Situation« kann ebensowenig mehr vorgestellt werden wie das »Objekt« – ebenso wie die Objektrepräsentanzen werden auch die »Situationen« desymbolisiert: sie können nicht mehr begriffen werden. An die Stelle der in der Reflexion begriffenen Situation tritt die unbegriffene Szene – das innerpsychische Muster eines reizstimulierten und schemageleiteten Umweltbezuges. Verdrängung bedeutet demnach zweierlei, nämlich einerseits: ein Prozeß, der als Desymbolisierung, als qualitativer Sprung zu verstehen ist. Verdrängung meint andererseits aber auch: Dominieren des »situativen« (bzw. richtiger gesagt) »szenischen« Charakters

(von Objekt und Selbstrepräsentanz), Auftreten eines zwanghaften szenischen Zusammenspiels von Triebrepräsentanz und Schema (als innerer Repräsentanz eines umweltgebundenen Auslösemechanismus). Die Suspension des Gegenständlichen im Funktionellen ist neben der Desymbolisierung ein anderer nicht weniger bedeutsamer Verwandlungsschritt mit bemerkenswerten theoretischen Konsequenzen: Desymbolisierung plus totale Inszenierung sind als eine Funktionalisierung anzusehen, die dem methodischen Schritt einer Reduktion auf funktionelle Zusammenhänge die sachliche Begründung beistellt. Die Psychologie des klischeebestimmten Verhaltens hat den Status eines funktionalistischen Systems. Sie hat es allerdings nur im Blick auf das klischeebestimmte Verhalten, und man muß hinzufügen: Psychoanalyse kann diesen Blick nie ungebrochen durchhalten.

Die Neuformulierung des Symbolbegriffes und die Einführung des Begriffs Klischee im Sinne von »desymbolisierter Repräsentanz« wäre aber unvollständig, würde man nicht das Problem der signifikanten Geste, wie sie G. H. Mead (82) entwikkelt hat, in der Erörterung einbeziehen.

Mead hat sein Verständnis der »Geste« von Wundt her entwickelt: Geste wird im Verlauf der phylogenetischen Sprachentwicklung zu einem Symbol, das in seinen Anfangsstadien als Teil einer gesellschaftlichen Handlung angesehen werden kann.

Schon in dieser Ausgangsposition wird die Übereinstimmung der Entwicklungslinie, wie sie hier vorgelegt wurde, auffällig. Wie leicht zu sehen ist, nimmt die Linie der Desymbolisierung unter dem Druck der Verdrängung den umgekehrten Verlauf. Wir hatten verfolgt, wie bei der Verdrängung die Symbole (das Symbol der begriffenen Situation, des symbolischen Selbst wie der Objektrepräsentanz) in ein szenisches Zusammenspiel aufgelöst werden. »Szene« kann dabei identifiziert werden mit dem, was oben »gesellschaftliche Handlung« genannt wird.

Pure »Szene« meint hier vorsprachliche Kommunikation. Mead erörtert sie als Austausch von nichtsignifikanten Gesten.

Diese Gesten sind nicht als Ausdruck von Gefühlen zu interpretieren, sondern als »Teile komplexer Handlungen, von denen verschiedene Wesen betroffen werden. Für Wundt waren sie Werkzeuge, durch die die anderen Wesen reagieren. Wenn sie eine bestimmte Reaktion auslösen, werden sie wiederum selbst in Reaktion auf die beim anderen Wesen stattfindende Veränderung verändert. Sie sind Teil der Organisation der gesellschaftlichen Handlung, und zwar äußerst wichtige Elemente innerhalb dieser Organisation« (96).
Gesten sind also *Teile von Szenen*, der Übergang von Gesten zu signifikanten Gesten ist ein Übergang von einer vorsprachlichen Kommunikation zu sprachlicher Kommunikation. Die Geste erhält ihre Signifikanz dadurch, daß sich an ihr eine Verständigung herstellt.

»Nur durch Gesten qua signifikante Symbole wird Geist oder Intelligenz möglich, denn nur durch Gesten, die signifikante Symbole sind, kann Denken stattfinden, das einfach ein nach innen verlegtes oder implizites Gespräch des Einzelnen mit sich selbst mit Hilfe solcher Gesten ist. Dieses Hereinnehmen-in-unsere-Erfahrung dieser äußerlichen Übermittlung von Gesten, die wir mit anderen in den gesellschaftlichen Prozeß eingeschalteten Menschen ausführen, macht das Wesen des Denkens aus. Die so nach innen genommenen Gesten sind signifikante Symbole, weil sie für alle Mitglieder einer gegebenen Gesellschaft oder gesellschaftlichen Gruppe den gleichen Sinn haben.« (97)

Wir beschränken unsere Diskussion auf die Verhältnisse in einer schon gegebenen Sprachgemeinschaft, und da gilt, daß innerhalb einer schon bestehenden Sprachgemeinschaft die Geste nur dann den Charakter eines signifikanten Symbols erhalten kann, wenn sie in den sprachlichen Zusammenhang eingeholt wird. Es läßt sich so erneut der Unterschied von klischeebestimmtem Verhalten zu symbolvermitteltem Verhalten festlegen. Klischeebestimmtes Verhalten ist als Teilhabe an einem Aktionsgefüge, d. h. einer »Szene« zu bezeichnen, wobei sich das Spiel über den Kopf der Individuen hinweg durchsetzt. Symbolvermitteltes Handeln dagegen ist ein Verhalten, bei dem die Individuen auf die eine Kommunikation begründenden Repräsentanzen reflektieren können. Hier ist die Fähigkeit ungebrochen, die im Sozialisationsprozeß erworbenen Regulatoren in den Blick zu nehmen. Symbolvermitteltes Handeln setzt den Besitz eines Systems signifikanter Gesten, d. h. es setzt eine *Sprache* voraus.

Ergänzend läßt sich nun schärfer sagen: klischeebestimmtes Verhalten ist als »*Ausschluß aus der Sprachkommunikation*« zu kennzeichnen. Auf dieser Stufe des Verhaltens muß die Szene »agiert« werden, sie kann weder als »Situation« begriffen werden, noch auch kann das Verhalten (das eigene wie das andere) als »Verhalten in-Beziehung-zu«, und d. h. als signifikante Geste *verstanden* werden. Erst recht nicht können Objekt und Selbstrepräsentanz wahrgenommen, geschweige denn unterschieden werden. Objekt wie Selbstrepräsentanz sind »unbewußt«, d. h. sie sind »vorhanden« aber nicht erkennbar und – so muß hinzugefügt werden – sie sind (besetzbare) Strukturen in einem nicht auftrennbaren szenischen Zusammenspiel. Die Szene ist umweltgebunden, d. h. nur durch einen Stimulus provozierbar, dann aber zwangsläufig. Verdrängung hatten wir als Desymbolisierung, als Verfall an das szenische Agieren beschrieben – Verdrängung ist Ausklammerung aus der sprachlichen Kommunikation.

Mit dieser Formulierung stellen sich einige interessante Fragen: Wenn wir Verdrängung als Ausklammerung aus der sprachlichen Kommunikation bezeichnen, sollen wir dann »neurotisches Verhalten« als Verhalten aus unbewußter Motivation, d. h. als sprachlos identifizieren? Diese Annahme erscheint naheliegend, ist aber unhaltbar. Verhalten aus unbewußter Motivation setzt sich niemals ungebrochen durch. In jedem Falle, gleichgültig ob es sich um Agieren, um Fehlleistungen, um Traumproduktionen, um verbale Mitteilungen oder was immer auch handelt, finden wir das Phänomen der sekundären Bearbeitung. Jener Vorgang, den wir bei den Symbolbildungen am Werk sahen und dann bei Waelder als mehrfache Funktion bezeichnet fanden, kommt unvermeidlich ins Spiel – noch beim schwer destruierten psychotischen Patienten mit einem

Minimum an freien Ich-Funktionen. Man kann mit dem gleichen Recht sagen, die sekundäre Bearbeitung hebt den Sprachverlust auf, wie auch, sie vertieft ihn. Das »Bewußtsein« erweist sich in diesem Punkte als ein Danaergeschenk. Denn durch die unablässige Überformung allen Verhaltens wird der Verlust an subjektiver Verfügung (als der ein Verfall in klischeebestimmtes Verhalten gelten muß) ebenso ausgeglichen wie irreführend zugedeckt. Weil das klischeebestimmte Verhalten mit symbolvermitteltem Verhalten ständig verbunden wird und das letztere ersteres überformt, wird das klischeebestimmte Verhalten der Beobachtung (und erst recht der Selbstbeobachtung) entzogen. Die »Lebenslüge« des Neurotikers besteht darin.

Die Verfälschung reicht aber tiefer. Untersuchen wir das an einem Beispiel: Ein Patient hat Streit mit einem Vorgesetzten, weil er »seinen Vaterprotest auf diesen Vorgesetzten überträgt«. Wir finden bei genauer Analyse seines Verhaltens ein Gemisch aus realitätsangemessenem Verhalten (der Patient behandelt z. B. seinen Vorgesetzten rollengerecht höflich), von Erfüllung von Triebbedürfnissen (er bekommt Wutausbrüche, die eine Reproduktion seines frühkindlichen Verhaltens sind), von Reagieren (der Vorgesetzte macht das Spiel mit, indem er den autoritären Vater evozieren läßt), von Rationalisierungen (der Vorgesetzte ist selbst recht despotisch), Abwehrvorgängen, psychosomatischen Mechanismen, usw. All das läßt sich in die Formel fassen: ein *»Szene«* wird reproduziert. Die »wirkliche Situation« ist aber unkenntlich, sie wird »falsch verstanden«. Anders ausgedrückt: die agierte »Szene« wird zwar symbolisiert, sie wird als »Situation« verstanden – aber falsch, nicht als die Situation, die sie wirklich ist. Konzentrieren wir uns auf die Wahrnehmung der »Objekte«. Der Vorgesetzte wird

1) in der Szene als »Vater« behandelt,

2) in der verfälschten Situation als »Vorgesetzter« angesehen.

Entsprechend befindet sich der Patient

1) in der Szene als »Sohn«, der sich
2) in der – verfälschten – Situation als »Untergebener« versteht.

Dasselbe Geschehen wird zugleich »nicht verstanden« und »verstanden«, indem es falsch verstanden wird.

Wir können dasselbe Verhalten als gleichzeitigen Austausch von »nicht-signifikanten Gesten« und »signifikanten Gesten« gelten lassen.

Nicht Sprachlosigkeit, sondern eine eigentümliche Sprachverwirrung liegt vor. An der Vermischung der Objektrepräsentanzen wird diese Sprachverwirrung ganz deutlich. »Vorgesetzter« entspricht hier der Formel:

»Vorgesetzter« = Vorgesetzter (+ Vater)

Der in Klammer gesetzte Anteil ist dynamisch dominant, der andere ist bewußtseinsdominant. Es gelten aber beide zusammen:

»Vorgesetzter« = Vorgesetzter + Vater.

Es versteht sich, der in Anführungszeichen gesetzte Begriff »Vorgesetzter« hat

1) einen nur für diesen Patienten geltenden Begriffsumfang – er ist Teil einer »Privatsprache«.
2) Er ist gleichzeitig Teil der Umgangssprache, über den zu verständigen unproblematisch zu sein scheint (im Selbstverständnis des Betroffenen und anderer), was aber nicht der Fall ist.

Man sieht, es wäre irreführend, hier von einer bloßen Ausklammerung aus der Sprachgemeinschaft zu sprechen. Der Begriff ist re-integriert, er ist Bestandteil einer *»pseudo-kommunikativen Privatsprache«*.

Diese Sprachverwirrung der »pseudokommunikativen Privatsprache« soll genauer noch verdeutlicht werden anhand der »Analyse der Phobie eines fünfjährigen Knaben« durch Freud, der bekannten Krankengeschichte des »kleinen Hans«. (98)

IV. Exkurs über die Krankengeschichte des kleinen Hans

Stellen wir das Problem uns im Rahmen unserer methodologischen Untersuchung genau ein:

Verdrängte Inhalte sind nicht nur aus der Kommunikation, aus dem intersubjektiv verständigten Symbolgefüge ausgeschlossen, sondern sie sind diesem Gefüge hinterrücks wieder auf jene verwirrende Weise einverleibt worden, für die wir den Ausdruck »pseudokommunikative Privatsprache« gebrauchen wollen. Das Instrument der verbalen Verständigung ist verfälscht, der Reflexion des Betroffenen sind ebenso falsche Wege gewiesen, wie auch für den Analytiker der Weg des Verstehens an dieser Stelle auf eine nicht unproblematische Weise verschlossen ist. Der Analytiker steht nicht nur vor einer Schranke, sondern vor einer gefährlichen Fallgrube der Verständigung.

Gerade diese besondere methodische Situation des Psychoanalytikers läßt sich gut an der Krankengeschichte des kleinen Hans studieren. Die Darstellung kann dabei nicht nur die Pathologie als »Symbolstörung« ausweisen, sondern sie bietet auch Gelegenheit, zugleich den Kernpunkt der Schwierigkeit psychoanalytischen Verstehens zu präsentieren: die *Verfälschung der Bedeutungen.*

Wie bekannt, handelt es sich bei dieser Freudschen Krankengeschichte um die Pferdephobie eines kleinen Jungen, um die Angst: »ein Pferd wird ihn beißen«. Sammeln wir einige Daten in den folgenden Freud-Auszügen. Zunächst zur Angst: »Der Zusammenhang ist aber noch ein loser und das Pferd scheint zu seiner Schreckensrolle recht zufällig geraten zu sein«. Hinter der Pferdeangst steht eine Angst vor dem Vater wegen der feindlichen und eifersüchtigen Wünsche des Patienten gegen ihn: »der Vater mußte das Pferd sein, vor dem er sich in guter, innerer Begründung fürchtete«, wobei anzumerken ist, daß sich hier einerseits ein Stück Realangst vor dem Vater als dem

Mächtigen manifestiert und andererseits eine Projektion der eigenen aggressiven Wünsche auf den Vater ihren Ausdruck findet. Die genauere Beschreibung der Pferdeangst deckt Zusammenhänge auf, die sich in einer szenischen Form darbieten: Angst vor Pferden, die sich in Bewegung setzen, Pferde, die groß und schwer aussehen. Pferde, die schnell laufen. Den Sinn dieser Bestimmungen gibt Hans dann selbst an: er hat Angst, daß die Pferde umfallen. Dahinter steckt eine Erlebnisszene: »er ging mit der Mama spazieren und sah ein Stellwagenpferd umfallen und mit den Füssen zappeln. Dies machte auf ihn einen großen Eindruck, er erschrak heftig, meinte, das Pferd sei tot. Von jetzt ab würden alle Pferde umfallen.«

Interessant für uns ist folgende Verbindung von Phobie und Objektbeziehungen, die Freud herausstellt: die Pferde sind identisch mit dem Vater. »Hans sträubt sich nicht gegen diese Deutung, eine Weile später akzeptiert er durch ein Spiel, das er aufführt, indem er den Vater beißt, die Identifizierung des Vaters mit dem gefürchteten Pferde und benimmt sich von da ab frei und furchtlos, ja selbst ein wenig übermütig gegen seinen Vater. Die Angst vor den Pferden hält aber noch an und in welcher Verkettung das fallende Pferd seine unbewußten Wünsche aufgerührt hat, ist uns noch nicht klar.« Mit anderen Worten, hinter der erstgeäußerten Angst, das Pferd werde ihn beißen, ist die tieferliegende Angst, die Pferde werden umfallen, aufgedeckt worden: beide Objekte, das beißende wie das fallende Pferd, sind der Vater, der ihn strafen wird, weil er so böse Wünsche gegen ihn hegt.

Eine weitere Aufhellung der Pferdeangst ergibt die Analyse, indem sie Hans zur Erinnerung eines Erlebnisses in Gmunden bringt, »dessen Eindruck sich hinter dem des fallenden Stellwagenpferdes verbarg. Fritzl, sein geliebter Spielgenosse, vielleicht auch sein Konkurrent bei den vielen Gespielinnen, hatte im Pferdespiele mit dem Fuß an einen Stein gestoßen, war umgefallen und der Fuß hatte geblutet. An diesen Unfall hat ihn das Erlebnis mit dem fallenden Stellwagenpferd erinnert. Die Vermutung, daß der Vater ihm zuerst als Pferd gedient hatte, wird in Erkundigungen beim Vater bestätigt und so konnten sich bei dem Unfall in Gmunden die Person des Vaters und die Fritzls substituieren.«

Bekanntlich führt die Analyse dieses Falles noch zu anderen Zusammenhängen, zu der Verknüpfung der Pferdeangst mit der Gravidität der Mutter, mit der vermuteten Urszene usw. Freud faßt seine Meinung zusammen in den Worten: »Den Beobachtungen mit den Pferden kommt keine traumatische Kraft zu, nur die frühere Bedeutung des Pferdes als Gegenstand der Vorliebe und des Interesses und die Anknüpfung an das traumatisch geeignetere Erlebnis in Gmunden, wie Fritzl beim Pferdespiel umfiel, sowie der leichte Assoziationsweg vom Fritzl zum Vater, haben den zufällig beobachteten Unfall mit so großer Wirksamkeit ausgestattet. Aber wahrscheinlich hätte auch diese Beziehung nicht ausgereicht, wenn nicht dank der Schmiegsamkeit und der Vieldeutigkeit der Assoziationsverknüpfungen der gleiche Eindruck sich als geeignet erwiesen hätte, an den zweiten, den unbewußt bei Hans lauernden Komplex, an den von der Niederkunft der graviden Mutter zu rühren.«

Freuds Bemerkungen von der »früheren Bedeutung des Pferdes«, vom »leichten Assoziationsweg« und von der »Schmiegsamkeit und der Vieldeutigkeit der Assoziationsverknüpfungen« geben uns einen Fingerzeig darauf, daß auch Freud hier eine eigenartige Sprachverwandlung im neurotischen Prozeß gesehen hat. Dreierlei hat an diesem Sprachprozeß die psychoanalytische Theorie klarmachen können:

1) Ihm liegt ein Mechanismus zugrunde, der psychologisch als Verdichtung und Verschiebung bezeichnet wird. Das Ergebnis dieses Mechanismus ist eine Bedeutungsidentität.

Die Bedeutung von »Pferd«, »Fritzl«, »Vater« sind im aktuellen Erleben des Patienten so identisch, daß die Gleichung gilt:

Pferd = Rivale Fritzl = Vater*

* Die anderen, in der Krankengeschichte genannten Determinanten – wie z. B. die Gravidität der Mutter – sind der Einfachheit wegen beiseitegelassen worden. Die Berücksichtigung dieser Komplizierungen brächte uns keinen Gewinn für unsere vorliegende Untersuchung.

Eine derartige sprachliche Konfusion muß als Störung der Symbolbildung aufgefaßt werden. Der Patient ist – mindestens partiell – auf eine niedere Symbolebene mythischen Denkens regrediert, auf der eine solche Bedeutungsidentität besteht.

2) Grund dieser Regression ist ein Abwehrgeschehen, und zwar die Abwehr eines Konfliktes des kleinen Patienten mit seinen Eltern. Dieser Vorgang ist kausal- und formalgenetisch folgendermaßen: Der Konflikt konnte nicht bewältigt werden, es blieb als Ausweg nur ein Abwehrmanöver, zu dem eine Veränderung der Objektrepräsentanz »Vater« gehört. Aus dem Bündel der symbolischen Repräsentanzen »Vater« wurden bestimmte Anteile als bedrohlich (bedrohlich i. S. der Realangst, aber auch der Triebangst) ausgeklammert, so der umfallende Vater, der »krawallmachende Vater«, der »fürchterlich starke Vater«. Diese Objektrepräsentanzen und die dazugehörigen Triebanteile werden aus dem Bw ausgeschlossen, d. h. desymbolisiert; sie sind – in unserer Bezeichnung – nun als Klischees wirksam. Sie sind damit:

a) aus der Sprachkommunikation ausgeschlossen, aber dennoch virulent;
b) ihre Spuren sind, wie wir bei der Erfahrung unbewußter Inhalte in der Traumwahrnehmung sahen, der Wahrnehmung nicht entzogen.

Den Vorgang des Hereindringens von Klischeegebundenem auf der topisch erniedrigten Stufe der Traumbildung haben wir ausführlich erörtert. Ein anderer Vorgang ist die Symptombildung, die im Fall des kleinen Hans so verläuft, daß an Stelle der aus der sprachlichen Kommunikation ausgeschlossenen Objektrepräsentanzen des Vaterbildes das Symbol (bzw. das Symbolgefüge) »Pferd« einsteht. Der Konflikt ist damit vom Vater abgezogen, die restlichen Vaterimagines und das Vaterbild als ganzes sind konfliktfrei geworden. Allerdings, das Gesamtsymbol Vater hat nunmehr eine Bedeutungseinengung erfahren, und zwar in demselben Maße, als die Bedeutung »Pferd« ausgedehnt wurde. Beide Bedeutungsveränderungen entziehen sich jeder unmittelbaren Erfassung. Daß der kleine Hans, wenn er Pferd sagt, »Pferd + Vater« meint, ist weder ihm noch einem anderen Beobachter unmittelbar zugänglich.

Mit anderen Worten: Im Begriff Pferd ist ein Bedeutungsanteil »Vater« enthalten und verborgen. Wenn wir sagen, dieser Bedeutungsanteil ist unbewußt, so heißt das auch, er ist aus der allgemeinen Kommunikation ausgeschlossen und entsprechend nicht in einem Sprachzeichen faßbar. Reziprok dazu ist das Sprachzeichen Pferd verändert gegenüber der allgemeinen Bedeutung.

»Pferd« hat so einen Bedeutungsumfang, der von dem Sprachgebrauch der allgemeinen Verständigung abweicht. Das Wort Pferd ist privatisiert. Sprache ist hier zur Privatsprache geworden. Entscheidend ist, daß dieser privatsprachliche Charakter verborgen ist, weil der persönlichkeitsspezifische Bedeutungsanteil Vater nicht bewußt ist, also außerhalb der Sprache bleibt. Die Ausdehnung der Bedeutung, die privatsprachliche, pseudokommunikative Konstitution des Begriffs »Pferd« bleibt deshalb unbemerkt.

Die Heimtücke der Privatsprache besteht darin, daß sie infolge ihrer allgemeinsprachlichen Einkleidung nur indirekt aus den Verhaltensabweichungen als privatisiert ermittelt werden kann. Das Subjekt bleibt in all den Bereichen, die von der Störung im Symbolgebrauch betroffen werden, aus dem öffentlichen Sprachverständnis partiell ausgeschlossen.

Fatal wirkt sich hier jene Aufspaltung aus, die für Klischees, d. h. aus dem Bw ausgeschlossene Repräsentanzen gilt: sie dienen weiterhin (und mit vermehrtem Druck) der Triebbesetzung, sind nun aber nicht mehr vom Ich faßbar, sind nicht mehr (bzw. nur falsch) erkennbar. Dynamisch gilt:

> Triebobjekt ist der Vater (als unbewußtes Objekt, als Klischee, wobei die Besonderheiten des klischeebestimmten Verhaltens zu bedenken sind).

Für die Wahrnehmung gilt:

Triebobjekt ist das Pferd (als Symbol, d. h. zugänglich, aber nur irreführend zugänglich, weil der verdrängte, mitenthaltene Bedeutungsanteil »Vater« nicht benennbar ist).

»Vater« wie »Pferd« haben einen falschen Namen.

Unser einfaches Beispiel beschränkt sich auf die Worte »Pferd« und »Vater«, die beide dergestalt privatisiert wurden. Erfaßt wird selbstverständlich ein weitaus größerer Bereich, mindestens all das, was mit »Väterlichem« oder »Pferdhaftem« zu tun hat. In diesem ganzen Gebiet ist eine Verschiebung der Bedeutungen der sprachlichen Symbole vorgefallen.

Die Verhältnisse sind so, um einen etwas groben Vergleich zu benutzen, wie bei einer meisterlichen Fälschung in einer Betrugsaffaire, wo es dem Betrüger gelang, die Bilanz auf der Soll- wie auf der Habenseite so abzustimmen, daß sich die Fälschung innerhalb des Systems nicht mehr entdecken läßt. Der Vergleich hat allerdings zwei Grenzen: zum einen ist der Betrüger – der Patient – selbst der Betrogene, die Fälschung läuft hinter seinem Rücken ab; und zum anderen kann keiner der Betroffenen ohne weiteres aus dem System heraus: die Sprache kann nicht überstiegen werden. Nur von den Konsequenzen her, von den realen Folgen, also im Falle des kleinen Hans von dem unangemessenen Angstverhalten den Pferden gegenüber, wird die Unstimmigkeit der Bilanz erkennbar – aber noch keineswegs durchschaubar.

Bevor wir uns mit der Konsequenz dieser Sachlage für die Aufgabenstellung der Psychoanalyse beschäftigen, wollen wir die Bedingungen dieser eigenartigen semantischen Verschiebung und Verfälschung der Namen genauer betrachten. Aus der Freudschen Analyse lassen sich folgende Bedingungen für die Gleichsetzung von »Pferd« und »Vater« ermitteln; die Gleichsetzung ist möglich aufgrund der Übereinstimmung von Vater und Pferd im Erlebnis des kleinen Hans:

1) Aufgrund szenischer Identität, die am augenfälligsten in der vermuteten Gleichsetzung von krawallmachendem Pferd und Urszene ist.

2) In der Übereinstimmung des Rollenverhältnisses, der Bezie-

hungsqualität von Pferd und Vater einerseits und Patient andererseits: beide als kraftvoll-mächtige Figuren dem Patienten gegenübergesetzt.

Da wir den assoziationspsychologischen Standpunkt Freuds nicht mehr teilen können, sind wir hier nun allerdings genötigt zu klären, wie denn eine solche Gleichsetzung möglich ist. Unsere Überlegungen müssen dabei zu einem Punkt führen, der zugleich auch ein Licht auf den Unterschied von Syptombildung und Traumbildung wirft.

Greifen wir den Begriff der funktionellen Regression auf unter Hinweis darauf, daß damit die Fähigkeit gemeint ist, beim Erkennen eventuell auf jenes Symbolniveau »topisch regressiv« heruntergehen zu können, auf dem bestimmte Inhalte (z. B. die nur subliminal registrierten Wahrnehmungsgehalte) synthetisiert werden können. Wenn das Erkennen sich dabei auf einem »niederen« Niveau abspielt, so heißt das, wie dargestellt, nicht, daß die Symbolisierungsfähigkeit gering ist, u. U. ist das Gegenteil der Fall; die Formulierung meint vielmehr, daß sich solche »topische Regression« auf einen Stand begibt, der einer früheren Entwicklungsstufe entspricht. Topische Regression ist, so gesehen, immer auch eine genetische Regression, wobei aber doch folgende Differenz festzuhalten ist: Während die topische Regression bei der Registrierung von subliminalen Wahrnehmungen von der Schwierigkeit der Materialerfassung bestimmt ist, verdankt sich das niedere Symbolniveau bei der genetischen Regression im Falle einer Symptombildung (wie z. B. der Phobie des kleinen Hans) einer mindestens partiellen Gestörtheit der betroffenen Symbolorganisationen. Kurz gesagt, dort wird eine erschwerte Wahrnehmung mit einem intakten Symbolgefüge geleistet, hier wird eine »normale« Wahrnehmungsleistung bei gestörtem (partiell de-symbolisiertem) Symbolgefüge gefordert. Die Störung des Symbolgefüges resultiert aus einer konfliktbedingten Verdrängung, die einzelne Repräsentanzen de-symbolisierend in Klischees verwandelt hat. Wir haben hier eine Regression vor uns, deren sprachliches Zeichen jene Verarmung an Bedeutung ist (z. B. der Repräsentanz »Vater«), die

von uns als »Privatsprache« verstanden wurde. Die »sekundäre Überarbeitung« der Gestörtheit, d. h. die Überbrückung, die Verdeckung von Lücken im Symbolgefüge wiederum ergibt jene Verfälschung der Bedeutung, wie wir sie beim Begriff ›Pferd‹ als zunächst unerkennbare Bedeutungserweiterung verstanden haben. Mit anderen Worten: daraus resultiert, daß die Privatsprache »pseudoumgangssprachlich« maskiert ist.
Formulieren wir der Deutlichkeit halber die verschiedenen Bedingungen der »Namensverfälschung« stichwortartig:

1) Konflikt – Verdrängung – Desymbolisierung
2) Resultierende Störung im Symbolgefüge – Notwendigkeit, die Lücke zu schließen, d. h. die aus der Sprachkommunikation ausgeschlossenen Sachverhalte zu integrieren.
3) Integration auf einer niederen Symbolstufe, die einem – genetisch regressiven – Ich-Status entspricht. Daraus ergeben sich Bedeutungen, die auf diesem Niveau nur möglich sind aufgrund

a) der dort herrschenden Gleichsetzung: Pferd = Vater
b) der damit möglichen Verdichtung: Pferd = Pferd (+Vater).

Aus diesem Tatbestand ergibt sich eine bedeutsame Eigenheit, die erneut und mit verstärkter Betonung klarlegt, warum ein aus der Distanz unbeteiligten Beobachtens wirkendes Erklären notwendig die Aufgabe einer semantischen Revision verfehlen muß: im Rahmen eines a-historischen, von der Teilnahme am geschichtlichen Prozeß dieses Patienten dispensierten erklärenden Vorgehens (im Sinne einer »Vermessung« der semantischen Differenz) kann der lebensgeschichtliche Prozeß dieses Individuums nicht erreicht werden. Er muß aber erreicht werden, denn genetische Regression muß an ihrem individuell-lebensgeschichtlichen Ursprungsort der jeweiligen semantischen Privatisierung aufgesucht werden. Genau das muß eine Eigentümlichkeit des psychoanalytischen Prozesses leisten, von der wir noch eingehend sprechen werden: die Übertragung.
Um den Weg der psychoanalytischen Therapie abrißhaft darzustellen: sie zielt darauf ab, die sprachliche Privatisierung aufzulösen, die Privatsprache zu korrigieren und mit den kom-

munizierten öffentlichen Bedeutungen in Übereinstimmung zu bringen.

Der Analytiker versucht das mit Hilfe der Übertragung in fünf Operationsschritten (die nicht obligatorisch sind, aber regelhaften Vorgängen entsprechen):

1. Operation: Der Analytiker erkennt (um beim Beispiel Pferd–Vater zu bleiben), daß die Bedeutung Pferd nicht stimmt, er schließt das aus dem Verhalten.

2. Operationsschritt: Der Analytiker nimmt die Gelegenheit wahr, daß der Patient die Angst vor dem Pferd auf ihn überträgt. Er erkennt also

Analytiker = Pferd

aufgrund folgender Gleichungen:

a) Szene mit dem Analytiker = Szene mit dem Pferd in der Angstsituation
b) Ich des Patienten vor dem Analytiker = Ich vor dem Pferd.

3. Operationsschritt: Der Analytiker vermag die Lage weiter zu komplizieren, indem sich ihm bei Gelegenheit die Situation ergänzt um die weitere szenische Konstellation

Analytiker = Vater

Die Gleichung lautet nun abgekürzt so:

Analytiker = Vater
Analytiker = Pferd

Es ergibt sich also die Vermutung:

Pferd = Vater

Der 4. Operationsschritt soll dann die verlorengegangene Situation mit dem durch die Verdrängung verstümmelten ganzen Bedeutungsrahmen rekonstruieren. Die Vermutung Pferd = Vater wird dadurch eingelöst, daß die Deutung die Szene herausholt. Es wird sich dann ergeben:

Szene mit dem Pferd = Szene mit dem Vater

Damit ist klar:

Pferd = Vater

Der 5. Operationsschritt fällt dem Analytiker und dem Patienten als Schluß zu, sobald das Ich des Patienten den vollen, ungeschmälerten Zugang zur Bedeutung der Symbole »Vater«

und »Pferd« gewonnen hat. Nun vermag das Ich die fehlgelaufene Symbolbildung voranzutreiben und entsprechend dem allgemeinen Sprachverhalten einzuholen. Es resultiert (bei idealtypischer Vollendung):

Pferd = Pferd
Vater = Vater
Analytiker = Analytiker

Die Sprachverschiebung ist zurechtgerückt. Die Privatsprache ist aufgelöst, die Sprache des Patienten ist mit der allgemeinen Sprache zur Deckung gebracht.

Derselbe Grund, aus dem wir die Möglichkeit einer in Beobachtungsdistanz operierenden Erklärung bei der Beseitigung der semantischen Unstimmigkeit abgewiesen haben, läßt sich aber auch gegen die Annahme eines schlichten »Verstehens« wenden: Wenn die Therapie (in ihrem Erkennen wie ihrem Deuten) die sprachliche Privatisierung des Patienten nachvollziehen muß, dann kann sich Verstehen nicht im Rahmen einer Sprachgemeinschaft abwickeln. Vorgänge, wie wir sie im Rahmen des Konzeptes des »logischen Verstehens« wie auch des »Nacherlebens« abgehandelt haben, reichen dann offensichtlich nicht aus. Eine Operation, die nur auf Erfüllung von festen Erwartungsformeln aufbaut, greift immer an der entscheidenden Stelle zu kurz, an der Stelle, an der das psychoanalytische Verstehen sich überhaupt erst bewähren muß: als Vermögen, das Immer-schon-Verstandene zu überschreiten und die Privatisierung Schritt für Schritt zu bereinigen. Kurzum, psychoanalytisches Verstehen hat sich als hermeneutisches Verfahren zu zeigen.

Die Schwierigkeit dieser hermeneutischen Aufgabe besteht darin, daß alle diese Privatisierungen vollkommen umgangssprachlich verschleiert sind. Weder »Sprache« noch Gesten als »signifikante Symbole« bieten genügend Hilfe, um sich den Zugang zu der privaten Sprachwelt des Patienten zu bahnen, den Patienten zu befreien.

Und auch die Kenntnis eines idealiter vollständigen Kontextes reichte nicht aus, die Bedeutungen auszulegen. Die Interpretationsleistung hat hier die Ebene schlichten Übersetzens verlassen und gerät auch in einen Gegensatz zu den klassischen hermeneutischen Aufgaben: wo der Historiker sich bei seiner Textinterpretation auf den Zusammenhang von Tradition verlassen darf, steht der Psychoanalytiker unablässig vor dem Abreißen einer Verbindung.

V. Das szenische Verstehen

Wenn man unsere Darstellung des logischen Verstehens und des Nacherlebens in der Psychoanalyse genauer besieht, so entdeckt man unschwer, wie die Psychoanalyse unablässig dazu drängt, die Grenzen beider Operationsweisen zu überschreiten. Die Überschreitung geht in eine ganz bestimmte Richtung, auf eine Zwischenebene, die vom logischen wie psychologischen Verstehen gleich weit entfernt, die eindeutige Abgrenzung der beiden Bereiche verwischt. Wir waren ausgegangen von der klaren und einfachen Unterscheidung: logisches Verstehen ist als Verstehen des Gesprochenen, psychologisches Verstehen als Verstehen des Sprechers anzusehen.

Unvermerkt war bei der Abhandlung unserer Beispiele die Linie beider Verstehensarten abgebogen: Das logische Verstehen geht zunächst wohl darauf aus, die Mitteilungen des Patienten für sich aufzunehmen, dann aber wird diese Mitteilung mit entschiedener Ausschließlichkeit als Mitteilung »des Patienten« verfolgt. Der Blick des Analytikers heftet sich so ausnahmslos auf diese Spur, daß ganz disparate Themen auf einen Faden aufgenommen werden. Bei dem Patienten, der z. B. zunächst einen literarischen Gedanken verfolgt, dann von einer Debatte mit seiner Hauswirtin berichtet, um schließlich auf ein drittes, viertes und weiteres Thema überzugehen – entsprechend der »Grundregel« freien Assoziierens, die ihm nahegelegt wird –, wird der rote Faden quer durch dieses Material gesucht. Alle Themen werden daraufhin überprüft, Mitteilungen »dieses Patienten« zu sein. Kurz gesagt: Dieses Verstehen ist zugleich »Verstehen des Gesprochenen« wie auch »Verstehen des Sprechers«.

Dasselbe läßt sich in umgekehrter Richtung am Nacherleben aufzeigen: die Äußerung einer traurigen Stimmung wird zunächst »nacherlebend« begriffen, wird dann aber sogleich in den Zusammenhang eines Erlebnisses gesetzt und mit anderen

Mitteilungen verknüpft, wobei, in Umdrehung des vorher geschilderten Vorganges, der Bericht über einen Film z. B. ebenso unmittelbar in die Kette emotionaler Äußerungen einbezogen wird wie irgendeine direkte Äußerung über emotionale Befindlichkeit. Das alles geschieht mit einer Gleichgültigkeit gegen die formale Zurechnung zu der einen oder anderen Verstehensart, die Methode ist: beide Verstehensweisen suchen das Material auf eine Mittelebene einzustellen mit dem Ziel, die eine wie die andere Mitteilung als Aussage über Erlebnisse zu verstehen. Auf diese Ebene biegen logisches Verstehen wie Nacherleben ein. Sinnzusammenhänge dieser Schicht sind, wie schon Roffenstein (79) vermerkt hat, weder vom logischen Verstehen, also vom Verstehen irrealen Sinnes, noch vom Nacherleben zureichend erfaßbar. Sie stehen zwischen beiden. Die Sinnzusammenhänge*, die sich auf diese Zwischenebene beziehen, zeichnen sich durchweg dadurch aus, daß sie auf das Erleben des Patienten bezogen sind, dieses Erleben darstellen, ohne doch unmittelbar Aussage über Erlebnis*vorgänge* zu sein. Es ist die lange Kette der Vorstellungen des Patienten, die fortlaufend als Darstellung einer inneren oder äußeren Welt verstanden werden wollen, stets aber mit dem Patienten als Bezugspunkt. Erfaßt werden diese Vorstellungen gewiß mit Hilfe des logischen Verstehens als sinnvolle Aussage. Wenn sie erfaßt sind, werden sie aber nicht mehr als Gebilde eines irrealen Sinnes genommen, sondern sie werden jeweils als Schilderung der Individualität interpretiert, sie werden mit der Erlebnisrealität des Patienten verknüpft gesehen. Sie gewinnen damit jene Mittelstellung, die Rickert als »sinnvolle Realität« bezeichnet hat. Diese Ebene der sinnvollen Realität, die Schicht der Sinngebilde, die als Wirklichkeit des Patienten sich unablässig auf ihn beziehen, das ist genau jener Operationsbereich, der hier gemeint ist. Es ist eine dritte Ebene des Verstehens, auf der sich, wie wir im weiteren sehen werden, das psychoanalytische Verstehen hauptsächlich abspielt.

* Zum Begriff des Sinnzusammenhanges in der Psychopathologie s. schon Kurt Schneider (99).

Stellen wir der unmißverständlichen Genauigkeit wegen nochmals die Unterschiede zum logischen Verstehen wie zum Nacherleben fest. Vom logischen Verstehen, das auf das Erfassen zeitlosen Sinnes ausgeht, unterscheidet sich dieses Verstehen durch jene Richtungsänderung, in der die Ebene des irrealen, überpsychologischen Sinngebildes verlassen wird, um die Richtung auf das Seelische dieses Menschen einzuschlagen; das Geistige interessiert hier nur insofern, als darin das Seelische zum Ausdruck kommt, das allgemein Überpersönliche wird nur insoweit registriert, als darin das historisch Wirkliche des Patienten sich abbildet. Keineswegs ist diese Ebene nun aber dem Nacherleben einfach einzuordnen. Sie ist zwar »psychologisch« insoweit, als es um das Verstehen des Sprechers geht, sie ist aber doch nicht psychologisches Verstehen, da sie nicht versucht, psychische Vorgänge zu begreifen, sondern sich damit begnügt, psychische »Inhalte«, und zwar verbalisierte Vorstellungen zu registrieren. Die Mitteilungen sind nur zum geringsten Teil unmittelbare Beschreibungen seelischer Prozesse. Ob der Patient sagt: »Ich bin verliebt« oder »Es fällt mir eben Romeo ein«, wiegt als Eigenaussage gleichviel. Die Aussagen bedeuten zwar jeweils Verschiedenes, in ihrer Beziehung auf den Patienten selbst rangieren sie aber völlig gleichwertig. Die eine wie die andere Mitteilung wird als Aussage über das Erleben des Patienten gewertet (angenommen, wir wissen, was »Romeo« hier meint). In den meisten Aussagen entfernt sich die Mitteilung noch viel weiter von einer so mittelbaren Darstellung der psychischen Prozesse des Patienten als das Beispiel »Romeo«. Das Beispiel läßt sich immerhin noch ziemlich leicht verwandeln in eine direkte Beschreibung des Patienten, auf die ein psychologisches Verstehen, d. h. Nacherleben zielt. Gewöhnlich sind keine schnellen Übersetzungen möglich.

Wie zentral diese Ebene der »sinnvollen Realität« oder – psychologisch gesprochen – der »Erlebnisse« beim psychoanalytischen Verstehen ist, kann schon am Beispiel des kleinen Hans gesehen werden, wobei der Text ganz gut auslegt, was der Begriff »Erlebnis« meint: eine szenische Anordnung, die sich immer auf den Patienten bezieht. Die zitierte Krankengeschichte enthält eine ganze Reihe solcher Szenen: so die Szene mit dem Fritzl, die Szene mit den krawallmachenden Pferden usw., angefangen von der ersten szenischen Beschreibung »ein Pferd wird es beißen«, über die Vorstellungen »Angst vor Pferden, die sich in Bewegung setzen«, »Pferde, die groß und schwer aussehen«, »Pferde, die schnell fahren«, »Pferde, die umfallen«, bis zu den aufgefundenen Ereignissen der »fallenden Stellwagenpferde«, dem Spiel mit Fritzl und dem Vater – insgesamt eine ganze Sammlung von *Szenen*. Wir sehen in der Analyse, daß die Arbeit unablässig um diese Szenen sich dreht, und wir finden die analytische Durcharbeitung schwergewichtsmäßig konzentriert auf szenische Arrangements, auf Situationen des Patienten. So beim kleinen Hans als Situation mit dem Vater, der Mutter usw.

Der Überblick über die psychoanalytischen Erfahrungen insgesamt zeigt ebenfalls diese Betonung und besondere Hervorhebung der drei »Grundsituationen«: der aktuellen Situation, der infantilen Situation und der Übertragungssituation. Damit sind wir in wohlvertrauten psychoanalytischen Einteilungen angelangt. Tatsächlich haben wir nur die Verbindungslinie von diesen analytischen Einteilungen zu unserem Thema zu ziehen, um formulieren zu können: psychoanalytisches Verstehen ist im »Verstehen der Situation« zentriert.

Das Verstehen der sinnvollen Realität ist gleichbedeutend mit der Fähigkeit, die Beziehungssituation der Subjekte zu ihren Objekten und die Interaktionen der Subjekte zu verstehen. Richtet sich das »Nacherleben« auf die Vorgänge im Subjekt, so sucht es die Realität der Subjekte zu erfassen; beschäftigt sich das logische Verstehen mit den irrealen Sinngebilden, mit den »objektiven Werten«, so wendet sich das hier beschriebene Verstehen der *Interaktion der Subjekte mit ihrer Mitwelt und Umwelt zu.* »Sinn« interessiert dieses Verstehen nicht als ein von den Subjekten abgelöstes Objektives; die Vorgänge des Subjektes erfaßt es einzig mit Blick auf die Verwirklichung des Subjektes in seiner Mitwelt- und Umwelt-Beziehung. Es erfaßt sie einzig in der Verwirklichung des Subjektes in seinem Beziehungsfeld. Während das psychologische Verstehen sich auf die *realen Abläufe* im Subjekt konzentriert, beschäftigt sich das Verstehen, von dem wir jetzt sprechen, mit den Vorstellungen des Subjektes, und zwar so, daß es die Vorstellung als Realisierung von Beziehungen, als Inszenierung der Interaktionsmuster ansieht. Diese Verstehensart soll deshalb »szenisches Verstehen« genannt werden.

Wie genau dieser Blick auf die »Vorstellungen« Zentralpositionen psychoanalytischen Gedankenguts entspricht, mag das Zitat zeigen: »Ein Trieb kann nie Objekt des Bewußtseins werden, nur die Vorstellung, die ihn repräsentiert« (Freud, 100). Was hier für den sich selbst verstehenden Patienten gesagt wird, gilt auch für den erkennenden Analytiker: Gegenstand der psychoanalytischen Untersuchung sind die Vorstellungen, die Sinnzusammenhänge in ihrer Bedeutung als Darstellung der Beziehung des Ich zu den Liebesobjekten. Die Fokusierung des Interesses des Psychoanalytikers auf die Vorstellungen des Patienten heißt: Zentrierung auf die Interaktionsszenen.

Wie betont psychoanalytisches Verstehen als szenisches Verstehen operiert, wird erst recht deutlich an der Zentrierung auf *Phantasien.* Phantasien sind nichts anderes als imaginierte Objektbeziehungen, szenische Arrangements, in denen bestimmte Interaktionsmuster ausgelegt werden. Es ist keine Phantasie denkbar, die nicht dieses Wesensmerkmal der Inszenierung hat. In der Phantasie wird der Trieb deshalb sichtbar, weil er sich hier in einer Objektsituation darstellen kann. Man kann Freuds Bemerkung, daß der Trieb nur in der Vorstellung faßbar ist, so variieren: Triebe sind nur erlebbar in den (in der Realität oder Phantasie inszenierten) Objektbeziehungen, d. h. in einem realen oder phantasierten *Spiel mit dem Objekt.* Die Vorstellungen sind als Darstellung der Beziehungssituation zu verstehen. Was immer der Patient berichtet, die Bedeutung, die in dieser Mitteilung verstanden werden will, ist die Situation, in der eine Trieberfüllung inszeniert ist, eine bewußte oder unbewußte Situation, die Wiederholung einer erlebten oder die Erdichtung einer ersehnten Szene. Einprägsam kommt diese Tatsache des »Szenischen« in der Definition von Susan Isaacs (101) zum Ausdruck. Sie bezeichnet die unbewußten, infantilen Phantasien als »die seelischen Repräsentanten der Triebe«, womit (umgekehrt gesehen) noch einmal formuliert wird, wie Trieb einzig als szenische Anordnung wahrgenommen werden kann. Das wird bekräftigt auch durch die weitere Bemerkung: »Eine Phantasie stellt den besonderen Inhalt derjenigen Bedrängungen und Gefühle dar, ... die im Augenblick die Seele beherrschen«. Paula Heimann (102) hat diese Gesichtspunkte ebenfalls unterstrichen.

Für den Psychoanalytiker bedarf es keiner Begründung dafür, weshalb mit dem Begriff des szenischen Verstehens eine so ungewöhnliche Betonung der zwischenmenschlichen Beziehungen verbunden ist. In der psychoanalytischen Praxis steht die Objektbeziehung in solch entschiedenem Ausmaß im Mittelpunkt der Arbeit, daß die Formulierung eines »szenischen Verstehens« zwar eine begriffliche, aber keine sachliche Neuerung ist. Weder Ich-Strukturen noch Es-Impulse können für die Bedürfnisse der Psychoanalyse anders erfaßt werden denn als »Vorstellungen«, d. h. als Sinnzusammenhänge, die als Interaktion verstanden werden.

In der Kette der Vorstellungen, die als Darstellung der sinnvollen Realität des Patienten vom Analytiker wahrgenommen werden, schließen, genauso wie beim logischen und psychologischen Verstehen, sich umschriebene Gestalten zu Sinn und Bedeutungsgefügen zusammen. Reihen sich die evidenten Gestalten des logischen Verstehens den logischen Strukturgesetzlichkeiten ein und die des psychologischen Verstehens den Schablonen psychischen Verhaltens, so folgen die situativen Sinnzusammenhänge der *Gesetzlichkeit von Interaktionsmustern.*

Auch hier erfolgt die Sicherung des Verstehens *im* Analytiker gemäß jenem psychischen Modus, den wir unter dem Stichwort »Evidenzerlebnis« beim logischen wie beim psychologischen Verstehen beschrieben haben: Beim szenischen Verstehen ist das *Evidenzerlebnis an Interaktionsmuster* geknüpft.* Es sind die Interaktionsmuster, die es erlauben, die unterschiedlichsten Erlebnisse als Ausprägung einer und derselben szenischen Anordnung zu erkennen. Sie sind der »rote Faden« der besonders augenfällig wird in dem Sachverhalt, auf den sich das schon genannte Freud-Zitat (103) bezieht: »Man darf nicht darauf vergessen, daß man ja zumeist Dinge zu hören bekommt, deren Bedeutung erst nachträglich erkannt wird«, und »Was man auf diese Weise bei sich erreicht, genügt allen Anforderungen während der Behandlung. Jene Bestandteile des Materials, die sich

* An diesem Punkt ist für eine spätere Diskussion (in einer Untersuchung über das Erklären in der Psychoanalyse) anzumerken, daß Theorie auf eine bestimmte Weise ins Spiel kommt. Dies geschieht freilich anders, als das im Konzept des Wechselschrittverfahrens, das Loch vertritt, angenommen wird: Nicht unmittelbar als Geflecht von Hypothesen, von metapsychologischen Gesetzmäßigkeiten, sondern als ein Repertoire von Bildern, die weitgehend dem entsprechen, was Habermas als »allgemeine Interpretationen« (104) vorgestellt hat. Ohne die Diskussion über das Verhältnis solcher Interpretationsschablonen zur Theorie hier beginnen zu wollen, sei zur Eigenart dieser »Modelle« folgendes gesagt:
Das Bewußtsein des Psychoanalytikers verfügt, nicht anders als das eines jeden anderen Menschen, über eine artikulierte Fülle von begriffenen Interaktionsschemata, d. h. von Gestaltungen möglicher zwischenmenschlicher Beziehungen. Da das psychoanalytische Verstehen von der Oberfläche her vorangeht, sind die betreffenden Gestalten zwischenmenschlicher Beziehungen zunächst nicht sehr verschieden von den Gestalten und d. h. Symbolen im menschlichen Bewußtsein, wie sie jedermanns Besitz sind.
Dies erklärt, weshalb es möglich sein kann, ohne nennenswerte theoretische Kenntnisse schon dort erfolgreich zu operieren, wo nur einmal ein erster Blick auf die Operationsebene des situativen Verstehens, auf die Sinnebene der zwischenmenschlichen Beziehungen hingeleitet wurde, wie dies z. B. bei den Balint'schen Ärztegruppen der Fall ist. In solchem Fall trägt bekanntlich – die Fälle der Balint-Gruppe belegen das glänzend – das Verstehen ziemlich weit.
Selbstverständlich gehen die Möglichkeiten des Analytikers entschieden über die Verstehensmöglichkeiten des allgemeinen Gemeinverstandes hinaus: Psychoanalyse bietet im Verständnis eines jeden Analytikers einen Katalog von miteinander zusammenhängenden Interpretationsmustern. In der Ausbildung solcher Interpretationsmuster liegt ein Hauptakzent der theoretischen Diskussion der Psychoanalyse – wobei wir jetzt ganz außer Acht lassen, ob es daneben Theorie durchaus im Sinne empirisch-analytischer Wissenschaft innerhalb der Psychoanalyse gibt. Auf dieser unmittelbar praktisch aktiven Seite jedenfalls erweist sich Psychoanalyse nicht als Naturwissenschaft vom Seelischen, sondern durchaus als »verallgemeinerte Historie« (Habermas). Wir werden später der »anderen« Seite ausgiebig nachzugehen haben.

bereits zu einem Zusammenhange fügen, werden für den Arzt auch bewußt verfügbar: das andere, noch Zusammenhanglose, chaotisch Ungeordnete scheint zunächst versunken, taucht aber bereitwillig im Gedächtnisse auf, sobald der Analysierte etwas Neues vorbringt, womit es sich in Beziehung bringen und wodurch es sich fortsetzen kann.«

Wie das Auffädeln der unterschiedlichsten Szenen vor sich geht, mag unser mehrfach benutztes Beispiel zeigen: Der Patient, der von seiner Auseinandersetzung mit seinem Chef wegen der Stundeneinteilung spricht. Wenn der Patient das schildert, so ist mit dieser Einzelaussage fürs erste eine bestimmte Szene umrissen:

Patient – Auseinandersetzung – Chef.

Nehmen wir nun aber an, der Analytiker erinnere sich, daß der Patient in der letzten Stunde schon zweimal eine Bemerkung über die Einteilung der analytischen Stunden gemacht hat, so vervollständigt sich die Situation bereits hier (noch ohne Berücksichtigung anderen Materials) so:

Patient – Auseinandersetzung – Chef
Patient – Erörterung über die Stundenzahl – Analytiker

Tatsächlich reiht sich nun aber nicht Information 1 an Information 2, vielmehr gehören beide Informationen bereits ihrerseits in einen umfassenden Sinnzusammenhang: Nehmen wir z. B. weiter an, in der analytischen Situation läge bereits eine Kette von Aussagen vor zum Thema »Auseinandersetzung des Patienten mit seinem Vater in der Kindheit«, wobei sich die Art der Interaktion zwischen Patient und Vater etwa so erkennen läßt: Der Patient rebelliert, er unterwirft sich dann aber und gibt nach. Folgt nun die berichtete Auseinandersetzung unseres Patienten mit seinem Chef demselben Verlaufsmodus, so lassen sich die Übereinstimmungen wie folgt aufzeichnen:

a) Patient – Auseinandersetzung mit seinem Chef wegen der Zeiteinteilung
b) Patient – Erörterung mit dem Analytiker wegen der Stundeneinteilung

c) Patient – Auseinandersetzung mit seinem Vater in derselben Weise wie bei a) und b).

Die Zusammengehörigkeit ergibt sich demnach nach folgendem Schema: a = b = c*

Das heißt: a und b und c werden von demselben Interaktionsmuster bestimmt, sind dieselbe »Situation«.

Nach alledem gilt: Wir finden beim szenischen Verstehen ganz parallel zu den Vorgängen beim logischen Verstehen und Nacherleben die nun schon bekannten Mechanismen: das Voranschreiten des Verstehens über Evidenzerlebnisse und die Verankerung der Verständigung im Erfassen von Komplexen – dort Satz, dramatische Handlung, hier »Szene«. Wir finden damit auch die feineren Besonderheiten, in denen eine solche Methode wurzelt: die Sicherung der Verständigungsbrücke im Besitz von gemeinsamen Strukturen, hier den übereinstimmenden Interaktionsmustern bei Analytiker und Analysand.

Ganz analog zu den beiden »klassischen« Verstehensarten bleiben auch beim szenischen Verstehen die Bedeutungen unverbürgt, sie müssen auch hier vom Analytiker probeweise eingesetzt werden, um dann in einem hermeneutischen Zirkel eingeholt zu werden. Die Einzelbedeutungen der Szene sind die individuellen »Rollenbedeutungen«. Daß auch dabei das Problem des Allgemeinen und des Besonderen aktuell ist, ergibt sich von selbst.

Der Erkenntnisweg ist in der analytischen Sitzung danach der folgende: Der Analytiker steht in jeder Stunde jeweils vor einer Abfolge von Mitteilungen. Er gerät vor diese Abfolge zwar nicht unvorbereitet, er hat, je nach der Länge der Analyse, bereits ein mehr oder minder differenziertes »Bild« der analytischen Situation und der Szenen des Patienten im Gesamt seiner Lebensgeschichte gewonnen, ist jedoch darauf eingestellt, jeweils einer neuen, noch unverstandenen Nuance des szenischen Rahmens zu begegnen und muß in jedem Falle die »aktuelle Szene« aus dem Fluß der Aussagen ermitteln.

* Was hier additiv dargestellt wurde, wird in Wirklichkeit über das Ermitteln der Struktur festgemacht.

Die situative Struktur erhebt sich aus den Einfällen, dem Mitgeteilten, den Vorstellungen des Patienten. Der Analytiker vergegenwärtigt sich die Situation, die situative *Sinnebene* der Aussagen des Patienten, bis er seine Wahrnehmungen entsprechend bestimmten Interaktionsstrukturen sammeln kann. Die Mitteilung des Patienten, »Ich hatte eine Auseinandersetzung mit meinem Vorgesetzten«, seine Erörterung über die Stundeneinteilung beim Analytiker, seine Aussagen über die Auseinandersetzung mit seinem Vater, alle diese Einzelinformationen bleiben z. B. so lange unverstanden, bis sich dem Analytiker daraus ein situativer Sinnzusammenhang bildet, der die Szenen Patient – Chef, Patient – Analytiker, Patient – Vater auf einen Faden aufnimmt. Dieser Verstehensvorgang macht ohne weiteres erklärlich, wie es möglich ist, daß sich dem Analytiker der zutreffende Sinn der Mitteilungen zumeist erst »nachträglich« erschließt. Die Einzelaussage wird nicht von einer theoretischen Regel her ausgelegt, sie wird nicht einer vorgefaßten Hypothese unterstellt, sondern sie kann nur verstanden werden von einem Sinnzusammenhang her, der sich im Verstehensvorgang selbst bildet und von dem aus überhaupt erst die Frage nach den Bedeutungen, auf die es im Moment ankommt, möglich ist.

Die Ermittlung der »wirklichen Bedeutungen« der Einzelrollen (der Akteure der jeweiligen Szenen) werden nach dem nun schon bekannten Muster gehandhabt: probeweises Einsetzen der Bedeutungen aus dem szenischen Repertoire, d. h. dem je eigenen Rollenverständnis des Analytikers und allmähliche Ausmittelung der »wirklichen« Bedeutungen. Die Einzelrollen werden als Teil eines umfassenden Situationsarrangements, eines vielschichtigen Dramas, aufsteigend bis zum Gesamtdrama des Lebenslaufs dieses Individuums gesehen. Mit anderen Worten, die Bedeutung der Einzelelemente der Szene, der Rollen also, wird in ihrer je individuellen Ausprägung von einem bereits reich entfalteten System von Sinnzusammenhängen dieser Lebensgeschichte her zugänglich gemacht. Sie wird – im Ganzen der Szene – in ihrer je individuellen Ausprägung auf dem Hintergrund des Gesamtzusammenhanges des »Lebensspiels« des Patienten ausgelegt, so wie umgekehrt dieses »Lebensspiel« in seiner Individualität erschlossen wird aus der Vertrautheit des Analytikers mit den Rollenbedeutungen in den vielen Einzelszenen, die ihm der Patient mitteilte. Auch da gilt: am Anfang einer Analyse werden die Bedeutungen in jenem vagen Ungefähr verstanden, das den probeweise eingesetzten Bedeutungen entspricht. Mit wachsender Dauer der Analyse festigt sich die Sicherheit; zu Beginn kann die »Szene« vieles bedeuten, am Ende vieles nicht mehr.

Diesen ersten Aufriß des szenischen Verstehens der »Interpretation von Szenen mit Hilfe von Interaktionsmustern« wollen wir abschließen mit einem Hinweis auf eine Feststellung von Habermas, aus der das Zusammentreffen unserer Untersuchung mit seinen aus einem ganz anderen Untersuchungsansatz stammenden Resultaten erkennbar werden mag. Habermas (105) schreibt:

> In der Psychoanalyse wird der »funktionalistische Zusammenhang ... nach dem Bühnenmodell gedeutet: die elementaren Vorgänge erscheinen als Teile eines Zusammenhangs von Interaktion, durch die ein ›Sinn‹ realisiert wird.«

Versuchen wir nun eine weitere – die vierte – These zu formulieren:

> Hauptweg des psychoanalytischen Verstehens ist das »szenische Verstehen«. Es stützt sich auf die Mitteilungen des Patienten, nimmt also vor allem »logisches Verstehen« in seinen Dienst. Das szenische Verstehen verläuft analog dem logischen Verstehen und dem Nacherleben: Es wird im Analytiker gesichert durch ein Evidenzerlebnis. So wie das logische Verstehen in der formalen Rezeption des Satzes, so wurzelt das szenische Verstehen im Erfassen der »Szene«. Die verstandene Szene entspricht einem Erwartungsmuster im Analytiker, dem »Interaktionsmuster« – das der Interaktionsstruktur des Patienten entspricht. Die »Bedeutungen«, nämlich die »Rollenbedeutungen«, werden auch hier erst probeweise eingesetzt. Idealiter liegt am

Ende einer Analyse die Individualität des »Lebensspiels« des Patienten zu Tage – wobei sich zeigt, daß die Sinnzusammenhänge, auf die logisches Verstehen, Nacherleben und szenisches Verstehen sich beziehen, nicht unverbunden nebeneinander stehen.

Mit der Feststellung, daß das szenische Verstehen demselben hermeneutischen Modus folgt wie die anderen Verstehensweisen, ist die Begründung eines zuverlässigen Verstehens von Fremdpsychischem immer noch unbegriffen. Im Gegenteil: konnten wir zu Beginn unserer Untersuchung noch der Meinung sein, das Problem der Bedeutungen erledige sich, wenn wir nur die hermeneutische Anforderung, die sich auch dem Verhältnis von Allgemeinem und Besonderem, und d. h. der Individuierung innerhalb eines »Bedeutungshofes« ergibt, in ihrem Lösungsweg begriffen hätten, so waren wir sofort mit Eintritt in die eigentlich psychoanalytische Aufgabenstellung an eine Schwelle geraten, an der jedes idealistische Verstehenskonzept für den Geltungsbereich psychoanalytischen Verstehens scheitern muß: die Ausschließung aus dem Bereich der Sprachgemeinschaft. Die hermetische Verriegelung des Verstehens in dem der Psychoanalyse zugewiesenen Aufgabenbereich erschien schließlich total, als wir uns klar machen mußten, daß nicht Aussperrung aus der Sprachgemeinschaft, sondern die unvermerkte Verfälschung der Bedeutungen fatal ist.
Nun wird die Lage beim szenischen Verstehen noch auf eine eigentümliche Weise zugespitzt: während das logische Verstehen sich innerhalb eines geschlossenen Symbolgefüges bewähren kann – vor allem, wenn durch methodische Kunstgriffe Störungsfaktoren ausgeschaltet sind – und Einzelnes zuverlässig aus der Kenntnis des Ganzen heraus interpretierbar ist, kann dem szenischen Verstehen solche Bescheidung nirgends legitim zugestanden werden. Szenisches Verstehen ist definitionsgemäß auf Interaktionssymbole bezogen. Zwar kann (und wird im Falle neurotischen Verhaltens) die Übereinstimmung der Interaktionssymbole mit der realen Interaktion aufgehoben; bei

dem innigen Verhältnis von (szenischem) Verstehen und realer Interaktion kann das aber nicht ohne Störung, ohne Verstümmelung des Verstehens geschehen. Das Verstehen scheint hier also auf besondere Weise doch noch seine Insuffizienz zu zeigen: die Szene wird schon einem alltäglichen Verstehen unverständlich, sobald wir bei einem Mitmenschen auf ein »Agieren« stoßen, das nicht in seinen ausgewiesenen szenischen Rahmen paßt, das allen Beteiligten auffällt, nur nicht dem Akteur selbst. Weil uns die Szene »unverständlich« ist, ist nun die Forderung, die Lebenspraxis des zu Verstehenden sich unmittelbar verstehend zu erschließen. Schien das psychoanalytische Verstehen den bisher diskutierten Befunden zufolge innerhalb der Grenzen einer puren Symboloperation angesiedelt, so wird jetzt deutlich, daß eine striktere Bezogenheit von Praxis und Verstehen notwendig ist. Wir stehen beim szenischen Verstehen unversehens vor einem doppelten Problem: vor der Unverbürgtheit der Bedeutungen (mit der Aufgabe, die verfälschten Bedeutungen zurechtzuweisen und die »wirklichen« Bedeutungen zu finden) und vor der Distanziertheit allen Verstehens von der Faktizität (mit der Aufgabe, eben an dieser Stelle den Ring von Verstehen und Interaktion, von Erkenntnis und Praxis zu schließen). Der Vorteil, den Verstehen aus der Disjunktion von Sinnhaftem und Faktischem zog, schlägt nun zurück: das szenische Verstehen muß die doppelte Aufgabe leisten, Präzisierung der »wirklichen« Bedeutungen und Erfassung der »realen« Interaktion, sofern es den Anspruch eines zuverlässigen Erkenntnisweges nicht aufgeben will. Wie kann die Psychoanalyse dies zuwege bringen?

V, 2. Bevor wir diese wichtigste, entscheidende Frage unserer Untersuchung zu beantworten suchen, müssen wir das bisher Erarbeitete erst noch genauer sichern und explizit machen: in der Exemplifizierung des szenischen Verstehens anhand von psychoanalytischem Fallmaterial einerseits und in der detaillierten Schilderung der einzelnen Schritte des Verständnisprozesses andererseits. Mit dieser Arbeit werden wir uns in den nächsten Abschnitten beschäftigen müssen, wir werden abzuwarten haben, wann und wie wir aus der Arbeitserfahrung der Psychoanalyse selbst Antwort auf unsere aufgeschobene Frage erhalten.

Zunächst zur kasuistischen Illustration. Als Material werden Fallepisoden benutzt, die am Sigmund-Freud-Institut in Frankfurt diskutiert wurden. Absichtlich wird kein Protokoll aus der eigenen psychoanalytischen Praxis gebracht, um ein von den vorgelegten theoretischen Gesichtspunkten völlig unbeeinflußtes Material zeigen zu können. In den Protokollen wurden nur unwesentliche Streichungen vorgenommen, allerdings werden immer nur Teile der Protokolle vorgestellt. Es versteht sich, daß die Kasuistik nur in ihrer methodischen Relevanz genommen werden will, ohne differenzierte Abklärung der klinischen Sachverhalte. Die Fallberichte sollen auch nur als Illustration dienen, nicht als vorgelegtes Untersuchungsmaterial, das diese Fälle tatsächlich auch nicht waren.

Fall A: 44-jähriger, verheirateter Beamter.

Suchte die Analyse wegen Lebensschwierigkeiten, Depressionen und Schlafstörungen auf. Nebensymptome waren Kopfschmerz, Opstipation, Gefühl von Impotenz und Arbeitsunfähigkeit.

Ausschnitt aus der 220. Stunde, Bericht des Patienten:

Er habe sich Gedanken gemacht über seine Interessen für Sprachen. Er habe etwas Englisch in der Schule gelernt, sei aber nicht frei genug gewesen, die Wörter so auszusprechen, wie sie ausgesprochen werden sollten. Er habe sich nicht so natürlich geben können. Ein Traum sei ihm noch eingefallen: er war in der Schweiz, hoch in den Bergen allein. Plötzlich kam ein riesiger schwarzer Bär. Er hatte keine Waffe, fand aber einen Stock, mit dem er versuchte, den Bären aufs Maul zu treffen. Über den Ausgang wisse er nichts.

Als kleiner Bub hätte er, als ein Bärentreiber auf der Straße war, so Angst vor dem Bären gehabt, daß er sich nicht ans Fenster traute, dabei hätte er ihn so gerne gesehen. Überhaupt hätte er so viel von gefährlichen Bären und Bullen geträumt. Das Sprachhemmnis müsse eine Verbindung mit der Musikalität haben, denn in letzter Zeit habe er so oft das Bedürfnis, Klavier zu spielen. Er klagt darüber, daß er so ruppelig spielte. Er möchte Klavierunterricht nehmen, Dinge tun, die er als Junge versäumt habe. Er könne nur ein Wiegenlied spielen, das sei ein so angenehmes Gefühl, das sei nicht zu beschreiben. Da empfinde man warm und die Gedanken würden so konzentriert.

Deutung:

Sie sprechen von Ihren Hemmungen, wenn Sie sich ausdrücken möchten. Wenn Sie so schöne warme Gefühle haben, wenn Sie in diese Höhen kommen, dann ist das wie im Traum, wo Sie so hoch in den Bergen sind und dem Bär begegnen, den Bären herausgefordert hätten.

Absicht der Deutung:

Sie verfolgt das Ziel, das Gefährliche der schönen, warmen Gefühle zu zeigen.

Der Analytiker faßt, wie schon aus dem verkürzten Material ersichtlich, die scheinbar zusammenhanglosen Einzelaussagen auf einem situativen Bedeutungsfaden zusammen – zu einer Situation, die alle Anteile einer Beziehungssituation erkennen läßt. Der Patient erkennt sich in einer ganz bestimmten, von ganz bestimmten Gefühlen beherrschten Position einem »Objekt« (hier dem gefährlich-bösartigen) gegenüber. Logisches Verstehen wie Nacherleben, münden hier in szenisches Verstehen.

Fall B: 26-jähriger, unverheirateter Mann. Wissenschaftlicher Mitarbeiter in einem technischen Betrieb.

Der Patient suchte die Analyse auf wegen eines Examensversagens.

Ausschnitt aus der 149. Stunde, Bericht des Patienten:

Habe den ganzen Samstag im Labor verbracht, sei abends völlig erledigt gewesen, aber es habe ihm keine Ruhe gelassen. Habe seine Methode nochmals von A bis Z durchgerechnet und dann Messungen an einer Probeapparatur angestellt – es stimme alles, und auf diese Weise sei das Gerät ausführbar. Sein Problem sei ja nun gewesen, ob er nach der Zurückweisung durch den Betriebsingenieur seine Ergebnisse für sich behalten oder ob er sie direkt dem Firmeninhaber vorlegen solle. Dieser sei wohl in erster Linie an der Sachfrage interessiert, andererseits habe er, der Patient, doch Skrupel, weil er als der Neuling in der Firma dann den geschätzten langjährigen Betriebsingenieur übergehe und letztlich blamiere. Der Lösung dieses Problems sei er jedoch enthoben worden, als der Inhaber unerwartet am Samstagnachmittag ins Labor gekommen sei und sich erkundigt habe, woran er arbeite. Da habe er ihm vorsichtig, unter Vermeidung aller

Dinge, seine Überlegungen und Ergebnisse dargestellt. Der Inhaber sei sehr interessiert gewesen und habe vorgeschlagen, daß am Montag eine Konferenz zusammen mit dem Betriebsingenieur über das Gerät abgehalten werden sollte. Diese Konferenz habe heute stattgefunden. Die Schwierigkeit dabei sei gewesen, daß keiner von den beiden anderen die neuesten elektronischen Schaltungen in ihren physikalischen Grundlagen kenne, die er doch auf der Hochschule gelernt habe. Ohne in die Details gehen zu wollen, die der Analytiker ja auch nicht verstehen könne: der Ausgang sei gewesen, daß der Firmenleiter den Auftrag gegeben habe, der Betriebsingenieur solle mit der Methode des Patienten und mit seiner eigenen Methode weiterbauen. Es sei ihm diese Entscheidung als ein Kompromiß vorgekommen, bei der einerseits die Sachfrage und andererseits die persönliche Seite berücksichtigt werden sollte. Der Inhaber und der Ingenieur hätten nach Ende der Konferenz noch weiter gesprochen, worüber, wisse er allerdings nicht.

Deutung:
Sie haben auch den Wunsch, ich möge mit Ihrem Vater sprechen, der auf Ihre Darstellungen nicht eingeht, und ihn von der Richtigkeit Ihrer Auffassungen überzeugen, aber Sie fürchten auch, daß ich dann faule Kompromisse schließe und Sie über meine Kontakte zum Vater letztlich im Unklaren lasse.

Die vorliegende Deutung zeigt, daß der Analytiker die Szene »Patient – Betriebsingenieur – Inhaber« en bloc übertragen hat auf die Beziehung Analytiker – Patient; richtiger gesagt, die zeigt, wie der Analytiker den Sinn der Szene als Darstellung einer imaginierten Situation zwischen dem Patienten, dem Vater und dem Analytiker aufgefaßt hat.

Die Interpretation muß dem naiven Denken befremdlich erscheinen wegen der Selbstverständlichkeit, mit der aktuelle Situation, infantile Situation und analytische Situation zusammen gesehen werden.

Den analytisch Erfahrenen überrascht diese Sicht aber gewißt nicht. Das Konzept der Übertragung »erklärt« solches Vorgehen sofort. Aber, da ja nicht jede Mitteilung zwangsläufig so interpretiert werden kann und wird, bedarf es auch für den analytisch Erfahrenen einer Begründung, worauf der Analytiker seine Annahme stützt, daß die geschilderte Szene hier »tatsächlich« diesen Sinn hatte.

Das Material der Stunde erlaubt eine solche unmittelbar zwingende Annahme nicht. Der Analytiker behauptet das auch keineswegs. Befragt auf weiteres Material, würde er die Inhalte der vorangegangenen Stunden, evtl. zurück bis zum Erstinterview, heranziehen. Damit würde er einen Kontext beibringen können, der im Nachhinein klar macht, weshalb der Betriebsingenieur aufgrund dieser oder jener Übereinstimmung im Erleben des Patienten dem Vater entspricht. Das gleiche gilt auch für die Einsetzung von Firmeninhaber und Analytiker. Nur bei genügend umfänglichem Datenangebot können diese Zusammenhänge in einem Bericht so dargestellt werden, daß man das Konzept »Übertragung« einleuchtend einsetzen kann, um die Überzeugung des Analytikers auch dem Beobachter durchsichtig werden zu lassen.

Solches Vorgehen entspricht aber nicht dem Erkenntnisgang in der Analyse, sondern ist das Resultat einer nachträglichen Beobachtung und Bearbeitung des Analytikers, der eventuell aus wissenschaftlichen Bedürfnissen heraus das Rohmaterial sichtet und bestimmte Beziehungen herstellt.

Der Betriebsingenieur wird nicht als Vaterfigur festgestellt, um gestützt darauf ableiten zu können, wie es mit dem Verhältnis Patient – Betriebsingenieur bestellt ist, sondern umgekehrt: Der Analytiker erkennt die Interaktion Patient – Betriebsingenieur als eine *Vater-Sohn-Situation*, als eine *bestimmte Vater-Sohn-Beziehung dieses Patienten.* Dieses Erkennen montiert sich nicht aus der Eigenart der Akteure (des Betriebsingenieurs oder Firmeninhabers und des Vaters), sondern »die Bedeutung« der Akteure wird erkannt, weil die Szene als Doublette einer infantilen Situation verstanden wird. Als solche kann sie nur verstanden werden, weil die gegenwärtige Übertragungssituation das Modell einer derartigen Konstellation der Objektbeziehungen erkennen läßt.

Irreführend wäre die Annahme, der Analytiker gehe von der Persönlichkeitsstruktur im Zusammenhang mit der aktuellen Konstellation im analytischen Prozeß aus, gestützt auf eine Hypothese, die er sich von dieser Lage macht. Machen wir uns noch einmal klar: solches Operieren würde ihn, wie nun schon verschiedentlich betont, blind machen gegenüber jeder Wendung, die sich aus dem Material »ergibt«. Es würde ihm auch bestenfalls nur eine mehr oder minder begrenzte Anzahl von möglichen Erklärungen der Einzelphänomene liefern. Im Geflecht der Überdeterminationen wäre er völlig hilflos. Die Gewißheit muß woanders ankern, nämlich im evidenten Erlebnis der aktuellen Situation »als einer ganz bestimmten infantilen Situation«, und zwar einer Situation, die zugleich der Situation zwischen Analytiker und Analysand entspricht.

Und nochmals: der Analytiker kann nicht ausgehen von der Einschätzung dieser oder jener Person als Vater- oder Mutterfigur und dergleichen, um dann den Sinn eines Zusammenhanges, eines Zusammenspiels aus solch festgelegter Rolleneinschätzung zu erschließen. *Es gibt keine festen Rollenbedeutungen im Erleben des Patienten ohne Situation, und es gibt kein Erkennen einer Situation ohne szenisches Verstehen.* Es ist immer so: Die Szene bestimmt die Rollenbedeutung.
Das Evidenzerlebnis des Analytikers angesichts einer Szene – im Netzwerk der vielfach geschichteten Zusammenhänge – ist der wichtigste Sicherungspunkt der analytischen Arbeit. Die konkrete Szene, hier im Fall B. die berichtete Szene »Patient – Betriebsingenieur – Firmeninhaber«, wird evident in dieser bestimmten Übertragungs- und infantilen Situationsbedeutung vom Analytiker registriert. Die konkreten Einzelrollen erhalten ihren Sinn, wie wir sahen, aus dem übergreifenden situativen Zusammenhang, letztlich der Lebensgeschichte als einem »Lebensspiel«. Das höhere, d. h. umfassendere Situationsarrangement gibt der niederen Einheit, die Teil ihres Zusammenhangs ist, ihre »Bedeutung«. Beide Szenen, die in der Firma und die szenische Anordnung Analytiker – Analysand, stehen in demselben Sinnzusammenhang, bedeuten von daher gesehen das gleiche. Darauf geht die Deutung des Analytikers ein. Weil in beiden Szenen die Rollenbedeutungen sich in den wichtigsten Linien zur Deckung bringen lassen, kann der Analytiker die einzelnen konkreten Szenen miteinander verknüpfen, kann er den Sinnzusammenhang, der die Bedeutung der konkreten Einzelszene ausmacht, dem Patienten erkennbar machen.
Die konkrete Szene vermittelt Einzeldaten und übergreifenden Sinnzusammenhang. Das Evidenzerlebnis ist geknüpft an diesen Vermittlungspunkt: an die Inszenierung in der konkreten Szene. Daß »konkrete« Szene nicht »reale«, d. h. wirklich vorgefallene Szene heißt, braucht wohl nicht mehr klargestellt zu werden. Das Wesentliche der Szene ist hier wie immer nicht ihre physische, sondern ihre psychische Realität: die Aktualisierung der Triebimpulse und Triebobjekte (mit allen damit ver-

flochtenen psychischen Vorgängen) in einer Objektbeziehung. Der nächste Fall wird die Bindung des Erkennens an die Szene noch deutlicher machen. Hier werden wir den Prozeß der Evidenz und der Gestaltbildung gleichsam in statu nascendi sehen können.

Fall C: 40-jähriger, verheirateter Mann.

Der Patient kam zur Behandlung, weil er von anderen auf seine Kontaktschwierigkeiten aufmerksam gemacht wurde, die er sofort als richtig anerkannte. Während der Behandlung trat ein sehr massives Symptom in Form panischer Existenzangst in Erscheinung. Diese Ängste bewirkten eine Art Lähmungszustand mit passivem Rückzug, der seine Arbeitsfähigkeit und damit seine ganze Existenz bedrohte.

Als Nebensymptom ergab sich eine passagere Unfähigkeit zu urinieren, wenn er Personen in der Nähe wähnte. Das Hauptsymptom ist letztlich eine narzißtische Charakterneurose. Obwohl er keine bewußten Ängste in lebensbedrohlichen Situationen kennt, hat er als Kind eine ganze Reihe phobischer Symptome gehabt.

*Daten aus dem psychoanalytischen Prozeß**

Skizze der augenblicklichen »Lage«:

Vordergründig geht es um seine Passivitätsproblematik, verknüpft mit Abhängigkeit und Unabhängigkeit, die sich in der Übertragung konflikthaft verschärft, weil das Ende der Behandlung in Sichtweite gerät. So hat der Patient seine bewußte Phantasie von einem arbeitslosen Einkommen fast verwirklicht. Andererseits wird er aber ständig von neuen Ideen überflutet, die er auch ökonomisch so praktikabel gestalten kann, daß er ein gesuchter Fachmann geworden ist und immer mehr zu tun bekommt, d. h. in eine zunehmende Aktivität hineingerät. Im Hintergrund wird klarer, wie stark diese Thematik sexualisiert ist, wobei er in einer weiblichen Rolle erscheint. Am Ende einer Stunde, die mit diesem Problem zu tun hatte, hatte der Analytiker plötzlich die unabweisbare Phantasie, Patient sei eine »Nitribit«, die im Sportwagen herumfährt, Kunden hat, die ohne ihn nicht mehr auskommen können, selbst aber doch nur das eine Ziel verfolgt, aus

* Technische Anmerkung: Bemerkungen des Analytikers während der Stunde erscheinen in einer einfachen Klammer.

dieser Arbeitsabhängigkeit herauszukommen, um ein passives Lebensziel zu erreichen, das ihm eine völlige Unabhängigkeit garantiert.
Als der Patient an einem Sonnabend mit seiner Tochter ihren Geburtstag feierte, wurde er plötzlich unruhig, bis er sich schließlich frei machte und in sein Geschäft fuhr. Obwohl er dort nichts Wichtiges erledigen konnte, war die Unruhe schlagartig verschwunden. Obwohl ähnliche Themen schon oft vorgekommen waren, wurde es mir zum ersten Mal deutlich, daß er zu seinem Geschäft eine symbiotische Beziehung hat. Auf meine Deutung, sein Geschäft sei wie eine ernährende Person, von der er sich nicht entfernen dürfte, reagierte er bestätigend und führte weiter aus, sie seien *beide* vollkommen voneinander abhängig, jede Distanz gefährde unmittelbar sowohl seine persönliche Existenz als auch die seines Geschäftes. Diese symbiotische Machtkonstellation muß er erhalten, um nicht in eine Abhängigkeit von mir zu geraten, bzw. ihr ausgeliefert zu sein. In diesem Zusammenhang kommt heraus, daß er sich inzwischen durch die Erfahrung davon überzeugt hat, daß die Analyse keine Gefahr für seine »Ideenkreativität« darstellt. Eher ist das Gegenteil der Fall. In einer Stunde nahmen seine Bemühungen, mich um jeden Preis in eine Abhängigkeit zu ihm zu bringen, eine sehr deutliche Gestalt an. Er machte mir das Angebot, mit ihm zusammen geschäftlich zu arbeiten. Trotz meiner Deutung, er müsse nun endlich einen Weg finden, um auch über mich Macht ausüben zu können, indem er mich von seiner Ideenkreativität abhängig macht, und trotz seiner klaren Erkenntnis, daß er genau dieses Ziel verfolge, konnte er es doch nicht lassen, mir immer weiter diese Zusammenarbeit schmackhaft zu machen.
Inzwischen ist er mit seinem Flugzeug wieder in eine unmittelbar lebensbedrohliche Situation geraten, die er ohne jede Angst geistesgegenwärtig gemeistert hat; aber die Maschine hat er sofort »fallengelassen« und sich eine neue gekauft. Dieses Thema spitzte sich darauf zu, daß er auch Menschen »fallen lasse«, wenn ein Versagen ihn unerwartet überrumpelt. Wir kamen dabei auf die Mutter, die ihn mit der Geburt des Bruders unerwartet überrascht hatte; sie mußte er deshalb genauso fallen lassen wie seine Frau, der gegenüber er sich in einer ähnlichen Position erlebt. Die letzte Stunde klang mit der Formulierung aus, daß das Unerwartete im Grunde genommen das Nichtkontrollierbare ist. Er erinnerte sich, daß die Mutter trotz einer Warnung ihres Arztes doch noch weitere Kinder bekommen hatte. Das heißt es ist letztlich die Sexualität, die sich so schwer kontrollieren läßt. Zum Schluß berichtete er, daß er jetzt während der Brunstzeit in seinem Jagdrevier gewesen ist und es tatsächlich geschafft hatte, das mißtrauische Wild mit entsprechenden Geräuschen unter seinen Hochsitz zu locken, d.h. das Mißtrauen zu überwinden und die Sexualität unter Kontrolle zu bringen.

Auszug aus der 651. Stunde: Bericht des Analytikers:

»Zur Zeit befinde ich mich in einer Phase, in der ich mich anderen überlegen oder zumindest doch gleichwertig fühle. Vor 3-4 Jahren war ich noch so verkrampft und hatte immer die Vorstellung, andere seien mir überlegen. Ich kann es jetzt gar nicht mehr verstehen, warum ich früher solche Minderwertigkeitsgefühle hatte. Heute habe ich eigentlich nur ein quälendes Problem, nämlich die Zeit. Ich stoße immer wieder auf die Grenze ›Zeit‹.« (»Seit 3-4 Jahren sind wir hier in der Analyse zusammen. Heute ist die Zeit, die wir noch haben, das Problem«). »Genau das meine ich. Mit der Zeit ist es eine ganz merkwürdige Sache. Ich habe die Erfahrung gemacht, daß Leute, die absolut keine Zeit haben, am besten Probleme lösen können, so paradox das auch klingen mag.« Danach machte der Patient eine längere Pause, in der ich darüber nachdenke, was es wohl bedeuten möge, daß er sich mir jetzt eher überlegen fühlt. Mir fällt dazu seine Abhängigkeitsthematik im Zusammenhang mit Trennung und Fallenlassen ein. Dann fährt er fort zu schildern, wie er bei seinem Auslandsaufenthalt einen Rückschlag erlitten hatte und in eine gewisse Bedrängnis bei seinen Kunden kam, aber dann doch innerhalb einer halben Stunde eine Lösung fand, von der alle Beteiligten begeistert waren, so daß die Zusammenarbeit mit diesen Kunden weiterhin gesichert ist. (»Sie haben also eine Möglichkeit gefunden, weiterzumachen«). »Ich finde in Sachfragen immer eine Lösung und weiß immer, wie es weitergehen soll« – und fügt dann etwas nachdenklich hinzu – »nur bei Menschen mache ich plötzlich Schluß, lasse sie fallen«. (»Also handelt es sich bei uns beiden nicht um eine menschliche, sondern um eine sachlich-geschäftliche Beziehung.«) Der Patient ist verblüfft. Man merkt, er will sich dagegen wehren, macht auch einige Ansätze in dieser Richtung, sagt dann aber schließlich doch: »Man könnte es als eine Hypothese stehen lassen«. Danach schweigt er längere Zeit.

In dieser langen Pause spüre ich noch einmal, wie der Patient sich sachlichen Argumenten nicht entzieht, sie aber dazu benutzt, den gefährlichen menschlichen Beziehungen auszuweichen, und erwarte, daß sich im Folgenden etwas mehr von diesem Problem zeigen wird.

»Mein zweites großes Problem sind die vielen Ideen, die mich ständig überfluten. Ich müßte einfach jemanden haben, der meine Ideen laufend festhält. Ich will mich ja nicht mit Goethe vergleichen, der dieses Problem für sich gelöst hatte. Sie wissen ja wohl, welche Rolle Eckermann bei ihm gespielt hat.«

Der Patient schildert jetzt sehr ausführlich, wie er bei seinem Auslandsbesuch beim Anblick eines Bilderrahmens eine neue Idee entwickelt hat. Er führt dieses vor mir aus und endet in diesem Bericht mit der schon fast stereotypen Feststellung: »Komisch, daß mir so etwas so leicht einfällt und andere Leute nicht auf solche naheliegenden Ideen kommen.« (»Sie sprechen von Ihren Ideen, nicht von sich selbst.«) »Die Ideen, das bin ich doch selbst, ich produziere sie laufend.«

Jetzt habe ich die Vorstellung, daß er recht hat, denn die Ideen sind ein Teil von ihm selbst, den er laufend produziert. (»Sie scheiden die Ideen aus sich aus.«) Er berichtet darauf wieder ausführlich von seinem Kundenbesuch, wie er den ganzen Vormittag ihrem Gespräch zugehört hat, aber dann am Nachmittag plötzlich so viel Ideen entwickelt und vorgetragen hatte, daß die Kunden damit für die nächsten 5 Jahre eingedeckt sind. (»Sie lassen Ihre ausgeschiedenen Ideen bei den Leuten zurück, und diese sind mit Ihnen beschäftigt, aber Sie selbst sind frei.«) »Ja, leider kann ich meine eigenen Ideen nicht selbst verwirklichen, ich habe ja eben keine Zeit, keine Zeit, das ist mein Problem. Viel lieber würde ich die Verwirklichung der Ideen selbst übernehmen. Es kommt aber auch vor, daß meine Ideen manchmal sterben, wenn die Leute sich nicht genügend für diese Ideen einsetzen und auftretenden Schwierigkeiten begegnen.«

Das Wort »sterben« machte mich stutzig. Mir fiel sofort ein, daß das letzte Kind, d. h. sein viertes Geschwister, kurz nach der Geburt gestorben war und sein nächstfolgender Bruder im Gebirge bei einem Bergunfall abgestürzt war. Mir fiel weiter ein, daß wir ja in der letzten Woche von der Kränkung gesprochen hatten, die darin bestand, daß seine Mutter immer wieder Kinder bekam, obwohl der Arzt es ihr verboten hatte. Ich sah den Patienten jetzt plötzlich vor mir, unbewußt identifiziert mit dieser Mutter, indem er mit seinen Ideen laufend Kinder produziert, so entsetzlich viel Kinder, daß er nicht die Zeit haben kann, sie selbst großzuziehen, gleichzeitig aber in der überlegenen Position ist, viel mehr Kinder zu produzieren als diese Mutter. Dabei wurde mir klar, daß er zwar die Mutter als »Objekt« fallen gelassen hat, aber in einer narzißtischen-symbiotischen Weise mit ihr verbunden blieb, ihre gefährliche Allmacht des »Kindergebärens« übernommen hatte, und zwar in überlegener Manier, und mich dabei in die Position bringt, in der er selbst dieser Mutter gegenüber war. Ich sitze also hinter ihm, nehme seine »Kinder« in Empfang, registriere sie, nur offensichtlich gefühlsmäßig im Gegensatz zu ihm; denn ich fühle mich dabei nicht gekränkt. (Ende des Berichtes)

Im großen und ganzen bestätigt der Analysenverlauf nochmals das bei den beiden anderen Fällen schon Gesehene. Wir finden wieder die Gleichsetzung von aktuellem Geschehen und Arzt-Patient-Beziehung aufgrund der Übereinstimmung im dramatischen Zusammenhang. Der ausführlichere – im Stundenverlauf

fast wörtliche – Bericht erlaubt besser als die vorigen Episoden (die zudem wesentlich gekürzt wurden), diesen Zusammenhang zu ahnen, weil für den Betrachter im Nachhinein allerlei Fäden, an die das Verstehen im Material anknüpft, bloßgelegt werden. Gerade deshalb ist es um so eindrucksvoller, wie der Bericht die nicht-induktive, nicht-montierende Weise der Verständnisbildung im Analytiker sichtbar macht.
An zwei Stellen tritt dies ganz deutlich zutage, so an der Stelle, wo der Analytiker schreibt: »Am Ende einer Stunde ... hatte ich plötzlich die unabweisbare Phantasie ...« Schon da wird sichtbar, wie aus dem Nebel der vielen Wahrnehmungen einerseits und den im Bewußtsein des Analytikers anwesenden Sinnstrukturen eine Gestalt sich bildet und als Situation konkretisiert. Das »Plötzliche« und »Unabweisbare« der Phantasie bestätigt den Evidenzcharakter der Gestalten. Noch deutlicher wird dies an der zweiten Stelle, an der der Analytiker ziemlich detailliert den Gang der Konkretisierung der Gestalt schildert. Er beginnt mit: »Das Wort ›sterben‹ machte mich stutzig. Mir fiel sofort ein, ... und ... mir fiel weiter ein«. Das ist eine Schilderung des Verstehensprozesses, der keinen Zweifel läßt, daß hier nicht ein gemächlicher Schluß, sondern eine Gestaltbildung mit Zusammenschließen von mehreren Materialteilen gleichzeitig stattfindet. Es kann keine Rede davon sein, daß hier der Analytiker sich irgendeine Hypothese gebildet hätte, um an Hand dieser Hypothese eine Erklärung für die Daten bereitzustellen. An dieser – für den analytischen Verlauf bedeutsamen – Wendestelle drängt sich vielmehr dem Analytiker aus dem Material eine Sinngestalt auf. Das Material ist unverstanden – und die Theorie ist unwirklich, bis zu dem einen einzigen Moment, wo beides in der Gestaltbildung dieses situativen Verstehens zugleich konkret wird. Die Theorie ist dabei nicht anders im Bewußtsein des Analytikers anwesend, als es die Begriffe der Sprache in jedem Verstehensakt sind. Nicht als »hypothetische Konstrukte« nach der Art der »Motive«, sondern als Sprachsymbole, die im Verstehen konkret erfüllt werden wollen. Das Verstehen schließt ab mit einer Deutung, in

der die Gestalt des situativen Verstehens in Worte gefaßt wird. Noch ein weiterer Vorgang der Gestaltbildung im szenischen Verstehen deutet sich in diesem Material an: Die allmähliche Konturierung der Gestalt. In der ersten Situationsvorstellung des Analytikers in der Phantasie »Nitribit« finden sich bereits grundlegende Züge der zweiten Gestalt »Mutter, die Kinder bekommt«. Die zweite Gestalt ist die vollständigere, die *prägnantere.* Sie ist entschieden stimmiger zum Gesamtmaterial. Der Analytiker hat hier aufschlußreicherweise die stärkere Evidenz. An dieser Stelle hat er die nötige Gewißheit und auch das nötige Vermögen, um in der Deutung die Gestalt verbal zu konkretisieren.

Zwischen dem bloß wirklichen, aber noch unverstandenen, sinnlosen Rohmaterial und den bloß möglichen allgemeinen Sinnzusammenhängen, wie sie im Bewußtsein des Analytikers aufgrund seiner generellen Erfahrung mit Patienten und seiner speziellen Kenntnis dieses Patienten vorhanden sind, bildet die in der Szene konkretisierte Gestalt des szenischen Verstehens den entscheidenden Sammelpunkt. Hier wird, gesichert vom Evidenzerlebnis des Analytikers, das Sinnlose sinnvoll und das bloß Mögliche real. Daß es gerade situative Gestaltbildungen sind, szenisches Verstehen ist, ergibt sich ganz selbstverständlich aus der Grundfrage des psychoanalytischen Erkennens: Die Subjekte im »Spannungsfeld« von Trieb und Triebobjekten zu bestimmen. Triebe wie Triebobjekte realisieren sich nur in einer Szene. Gerade derjenige Begriff der psychoanalytischen Theorie, der dem zu widersprechen scheint, der Begriff des Narzißmus, beleuchtet das vollends. Es ist ein Begriff, der gebildet wurde, um auch dort, wo das Objekt nicht im Nicht-Ich liegt, das Konzept der Situation Trieb-Triebobjekt anwendbar zu machen – wie dies Hartmanns (106) Definition des Narzißmus kenntlich macht in der Beschreibung: »Libidinöse Besetzung der eigenen Person«. Das Modell eines szenischen Spiels wird auch noch in einer Situation ohne äußeres Liebesobjekt aufrechterhalten. Es muß aufrechterhalten werden, wenn anders das psychoanalytische Selbstverständnis als dynamische Psychologie nicht hinfällig werden soll. Sogar die Theorie vom »absoluten primären Narzißmus« lebt begrifflich von diesem Modell (Hartmann).

Von der Tatsache her gesehen, daß das Augenmerk der Psychoanalyse so ausschließlich auf der Beziehungssituation liegt, begründet sich von selbst, weshalb psychoanalytisches Verstehen als szenisches Verstehen ans Werk gehen muß.

V, 3. Wir haben uns in der bisherigen Gedankenführung auf die verschiedensten psychoanalytischen Äußerungen zur Methode gestützt, möchten nun aber noch ausführlicher auf eine Arbeit eingehen, die bemerkenswerte Parallelen zu der hier herausgearbeiteten methodologischen Interpretation enthält. Es ist eine Arbeit von George Devereux (107). Der Vergleich ist um so leichter anzustellen, als Devereux seinerseits ebenfalls dem Ziel zustrebt, das wir ins Auge gefaßt haben: der Deutung. Wie nahe die Devereuxsche Beurteilung unseren Gedankengängen kommt, wird in aller Kürze schon klar, wenn Devereux von den herandrängenden Einfällen des Patienten sagt: »Man fühlt häufig, daß die Produktionen des Patienten mit den Teilen eines Puzzlespiels zu vergleichen sind, die, wenn der Analytiker genügend aufmerksam und wachsam ist, Schritt für Schritt eine Gestalt annehmen. Mit anderen Worten, wenn der Analytiker lange genug schweigt oder wenn er angemessene Konfrontationen macht, gewinnen die Produktionen des Patienten die Qualität der Prägnanz.«

Diese Bemerkung handelt am Verhalten des Patienten ab, was wir von methodologischen Überlegungen her herauszuarbeiten suchen. Wichtig ist dabei ein Gesichtspunkt, dem Devereux eingehende Betrachtungen gewidmet hat:

Ausgehend von der Hypothese von Kurt Lewin, »daß die Wahrnehmung einer unvollständigen Gestalt ein Spannungssystem hervorruft zwischen dem Betrachter und der Gestalt, das nicht gelöst werden kann, bis die Gestalt geschlossen ist«, kommt Devereux zu folgender Einsicht in die Lage des Patienten in der Analyse: Im Patienten üben unerledigte Komplexe als »emotional unvollständige Segmente der Vergangenheit ... eine Tyrannei über die Psyche aus«, die so lange Energie an sich reißen, bis »eine systemadäquate und ichsyntone Abschließung erreicht ist«. Diese Aussage stellt im Grunde nichts anderes dar als die gedrängte Formulierung einer ganzen Reihe von analytischen Grundannahmen über die Macht unerledigter Konflikte und den Wiederholungszwang, allerdings formuliert unter Zuhilfenahme der gestaltpsychologischen Gedankengänge. Die Aussage schlägt zugleich auch eine Brücke zu unseren Überlegungen.

Devereuxs Meinung wird noch durchsichtiger, sobald er seine Beschreibung der Merkmale »systeminadäquater«, »unvollständiger Segmente der Vergangenheit« folgendermaßen fortführt:

»Die Tatsache, daß die neurotischen Schlußelemente der Gestalten oft nicht bloß unbewußt sind, sondern auch in hohem Maße systeminadäquat, erklärt, weshalb die Laien die Gestalt der Produktion des Patienten nicht sehen oder weshalb sie versucht sind, diese in Gestalten zu bringen, die viel reifer sind als diejenigen des Patienten.«

Worauf beruht die Eigenart der »unvollständigen Segmente«? »Unvollständig« hat im Devereuxschen Gedankengang ganz offensichtlich einen doppelten Bezugsrahmen:

1) »Unvollständig« hat zusammen mit »systeminadäquat« eine qualitative Bedeutung: ein Teil des jeweiligen Gesamtbildes ist ausgeschlossen, ohne die dynamische Relevanz eingebüßt zu haben, er »fehlt« im bewußten Zusammenhang. Daraus resultiert die Unvollständigkeit der »Gestalt«.

Es bedarf keiner langen Ausführungen, um aufzeigen zu können, daß die Charakterisierung der »unbewußten Segmente« mit unserem Konzept der Klischees übereinstimmt. Die Klischees sind ja jene Teile der szenischen Gesamtgestalt, die im Verhalten wirksam sind, sich in Daten anzeigen, aber solange nicht dem Bewußtsein verfügbar werden, bis die betreffende Situation als Ganzes, als geschlossene Gestalt ins Bewußtsein aufgenommen werden kann. Die Aufnahme ins BW fällt mit einer qualitativen Änderung der Klischees zusammen. »Unvollständig« bezieht sich in dieser Hinsicht darauf, daß

der Zusammenhang der Symbole unterbrochen ist – wie wir dies bei der Desymbolisierung annehmen.
2) »Unvollständig« hat zum anderen einen historischen Aspekt dann, wenn Devereux von den »emotional unvollständigen Segmenten der Vergangenheit« spricht. Halten wir fest, daß damit unzweideutig »infantile Situationen« gemeint sind.
Damit sind wir bei einem weiteren wichtigen Punkt der Übereinstimmung angelangt: Der Bedeutung des Szenischen, der Situation auch im Devereuxschen Konzept. Wenn auch nicht so benannt, lassen sich die Sinnzusammenhänge, die »Gestalten«, um deren Komplettierung es geht, doch in ganz eindeutiger Weise als »Situationen« identifizieren. So bemerkt Devereux z. B.: »Die Gestalt, die im Material verborgen ist, muß eine unrealistische und unreife sein mit all den Kriterien einer Phantasie«. Phantasien aber sind formal »Situationen«, die konkret im Feld der Objektbeziehungen »inszeniert« sind. Für die psychoanalytische Aufgabe heißt das: Bei den Gestalten, die zur Vervollständigung drängen, handelt es sich um infantile Situationen. Sie zu erfassen, darauf zielt das Verstehen des Analytikers ab.
Fundamental für die psychoanalytische Methode, wie sie Devereux im Auge hat, ist jene Eigenart psychoanalytischen Verstehens, die wir als Leitmerkmal fanden: das »Verstehen in kleinen Schritten«. Das Fortschreiten des analytischen Verständnisses geschieht nach Devereux ja als eine sich immer wieder vollendende Gestaltbildung, als Restitution einer dem Bewußtsein des Patienten nicht mehr zugänglichen Szene. Der Analytiker kennt die verborgene unvollständige »Gestalt« im Material des Patienten, ahnt die hintergründige Bedeutung des Materials, die Zeichen für eine unbewußte infantile Situation. Er kann gar nicht anders, als die »bewußtseinsnächste«, d. h. »zum Teil« bereits sichtbare Gestalt aufzugreifen. Sie komplettiert er – bzw. sie komplettiert sich in ihm aufgrund seines Verstehensvorsprungs vor dem Patienten. Es ist immer nur ein Schritt mehr, als der Patient zu leisten vermag. Ebenso wie der zweite Betrachter in dem von Kuiper (59) entliehenen Beispiel

der »neidischen Schwester« mit seinem »psychologischen Verstehen« der ersten Betrachterin – der jungen Frau – und ihrer Schwester in seiner psychologischen Einsicht um jenes Stück voraus war, das ihn instand setzte, den psychischen Vorgang vollständig zu deuten, so ist der Analytiker dem Analysanden um einen Schritt voraus, um dessen Situation besser verstehen und mit seiner Deutung komplettieren zu können. Der Analytiker in unserem Fall B zum Beispiel war in der Lage zu sehen, daß die Szene Patient/Betriebsingenieur/Firmeninhaber eine emotional unvollständige Situation war. Sie konnte komplettiert werden, indem der Analytiker der aktuellen Bedeutung der Rollenverteilung zwei weitere szenische Bedeutungen hinzufügte, nämlich die Patient/Analytiker und Patient/Vater. Das aktuelle Geschehen hatte einen unbewußten Situationsanteil. Erst indem die beiden anderen Situationen hinzugefügt wurden, konnte die volle Bedeutung im Erleben bewußt (und d. h. ichgerecht verfügbar) werden. Daß dieses Komplettieren kein einseitiger Akt ist, sondern »durchgearbeitet« werden muß, kann leicht eingesehen werden, wenn man sich klarmacht, daß die Abrundung der vollen Situation in allen für dieses Individuum jeweils lebensspezifischen und lebensgeschichtlich bedingten Nuancen zu leisten ist. Da ja »Situation« Struktur, Symbolgefüge ist, das sich nur in konkreten Szenen zeigen kann und das sich dort realisieren muß, versteht es sich, daß das Durcharbeiten an einer Facette von szenischen Nuancen zu geschehen hat, wobei sich die Nuancen aufgrund der historischen Besonderung einstellen: es geht um geschichtliche Szenen, die rekonstruiert werden müssen. Darauf wird später noch ausführlicher eingegangen werden.

Bemerkenswert ist auch, daß aus den Ergebnissen von Devereux und Kris (108) hervorgeht, wie sehr das, was wir hier als notwendigen Prozeß der Sicherung des Verstehens beschrieben haben, nämlich das Schritt für Schritt Sich-Vorantasten von Gestaltbildung zu Gestaltbildung, zugleich der Gang des therapeutischen Fortschreitens ist. Nach Devereux vollzieht sich die therapeutische Entwicklung in der Herausarbeitung der

Gestalt (zur Prägnanz) und der Komplettierung der Gestalt. Der Analytiker ist ein Stück voraus, er gibt diesen Vorsprung Stück für Stück an den Patienten weiter, und indem er den Vorsprung weitergibt, geht die Therapie voran. Auch das soll später noch weiter ausgeführt werden.

Auch Devereux sieht die Gestaltvollendung sich markieren im Erlebnis der *Evidenz.* »Wenn der Abschluß durchgeführt ist durch eine solche zeitgerechte Interpretation, wird der Patient auf die Wahrnehmung der offensichtlich neurotisch determinierten Gestalten mit Überraschung reagieren, mit intensivem Affekt und weiteren Enthüllungen und schließlich mit einer kritischen Attitüde gegen die neurotische Gestalt, die ihm offenbar wurde«. Der Analytiker hat, so ist hinzuzufügen, notwendigerweise dasselbe Evidenzerlebnis – vorher. Die Evidenz ist das Siegel des analytischen Fortschrittes.

Eine folgenreiche Feststellung von Devereux ist, daß die abgeschlossene Gestalt zu »weiteren Enthüllungen« führt, weil das Wesentlichste der Gestalten im analytischen Prozeß darin liegt, daß sie in je übergreifende Zusammenhänge eingefügt sind: Jeder Sinnzusammenhang ist Teil eines anderen, deshalb führt jede Erlebnissituation notwendig zu einer anderen Erlebnissituation weiter.

Wie sehr das bisher Erörterte und das zuletzt von Devereux Gefundene bereits altem psychoanalytischen Gedankengut entspricht, mag ein Zitat zeigen: Schon in den »Studien« macht Freud (109) eine Bemerkung, die den Gesichtspunkt des Sinnzusammenhangs, auf den hin das psychoanalytische Verstehen angelegt ist, hervorhebt: »Wenn man die Darstellung, die man vom Kranken ohne viel Mühe und Widerstand erhalten hat, mit kritischen Augen mustert, wird man ganz unfehlbar Lücken und Schäden in ihr entdecken. Hier ist der Zusammenhang sichtlich unterbrochen und wird vom Kranken durch eine Redensart, eine ungenügende Auskunft notdürftig ergänzt ...«

Die These von der »Komplettierung« und vom Hervorholen der abgewehrten und d. h. desymbolisierten, dynamisch noch gültigen und wirksamen Situationsanteile, die als Interaktionsspiel von Ich- und Objekt-Repräsentanzen vorliegen, wird präzis getroffen von der wichtigen Bemerkung von Kris (109), die dieser selbst in verschiedenem Zusammenhang erneuert: »Die Deutung wirkt als Hilfe in der Vervollständigung der Wiedererinnerung. Die Interpretation dient dazu, eine Lücke zu schließen und die Erinnerung zu vervollständigen.«

In diesen Sätzen zeigt sich das von Devereux abgehandelte Thema deutlich, es deutet sich darin aber auch der von Kris ausführlich erwogene Prozeß des Heraufholens von dynamisch bedeutsamen Erinnerungen und die Aufgabe an, die dem Deuten dabei zukommt. Dieses »Heraufholen« ist für die psychoanalytische Therapie überhaupt bezeichnend: »Ein Aspekt der psychoanalytischen Therapie ist am besten beschrieben im Blick auf die Fähigkeit des Patienten, die Vergangenheit wieder ins Gedächtnis zurückzurufen: wenn die Interpretation die Widerstände, die dem entgegenstehen, beseitigt hat, so kann die vergessene Erinnerung ihren Platz im Bewußtsein einnehmen. Es ist natürlich nicht anzunehmen, daß in solchen Fällen die Interpretation die Wiedererinnerung produziert; eher kann die Situation, die der Interpretation vorausgeht und die die Interpretation nahelegt, beschrieben werden als ein ›unvollständiges Ins-Gedächtnis-Rufen‹...« (109), und weiter: »Die Interpretation wirkt als Hilfe in der Vervollständigung der Wiedererinnerung. Die Interpretation dient dazu, eine Lücke zu schließen und die Erinnerung zu vervollständigen ... die Interpretation rekonstruiert den originalen Vorfall, von dem das Verhaltensmuster abstammt...« Loewenstein (110) bestätigt diese Darstellung: »Interpretationen stellen Bedingungen her... Bedingungen, die ziemlich ähnlich sind wie diejenigen, die vorlagen, als die wiedererweckten Szenen und Vorgänge vorfielen.«

Diese Bemerkungen verdienen in unserem Diskussionsgang besondere Beachtung, weil sie mehrere Punkte, die für uns wichtig sind, zugleich aufnehmen. Zum einen wird wieder einmal die zu erweckende Erinnerung in ihrem szenischen Charakter unterstrichen. Zum anderen wird hier ausdrücklich die psychoanalytische Therapie in ihrem historischen Ziel benannt. Der Hinweis auf die therapeutische Aufgabe der Psychoanalyse, »Vergangenheit wieder ins Gedächtnis zurückrufen«, mag auf den ersten Blick wie die entbehrliche Zitierung eines psychoanalytischen Gemeinplatzes anmuten, ist bei näherem Zusehen aber für unsere Fragestellung doch höchst aufschlußreich, weil dadurch die Annahme, psychoanalytische Deutung diene der Aufgabe, dem Verhalten »Motive« als Erklärung und Benennung zu unterlegen, vollends entkräftet wird. Das eben macht den Gegensatz zur Motivpsychologie aus, daß die Psychoanalyse das motivierende Element im Unbewußten nicht ahistorisch sehen kann. Die ins Bewußtsein zu hebenden verhaltensmotivierenden unbewußten Inhalte sind historische Gebilde. Das ist gegen Ezriel (111) und Rickmann (112) zu betonen. Die Kris-Loewensteinschen Zitate sagen ganz deutlich: das von der Deutung ins Bewußtsein zu holende Gebilde ist eine »Situation« in einer historischen Szene. Natürlich läßt sich bei einer zusätzlichen Abstraktion daraus ein Konstrukt, nämlich ein Motiv destillieren. Deutung wirkt aber nicht durch das Beiziehen einer Erklärung, sondern durch das Ins-Bewußtsein-Bringen einer Situation im Gewand einer *historischen Szene.*

Natürlich enthält diese Feststellung keinerlei neue, überraschende Hypothese, sie bringt nur alte psychoanalytische Auffassungen zu Wort, wie die folgenden Zitate zeigen: »Der Analytiker ... was ist also seine Aufgabe? Er hat das Vergessene aus den Anzeichen, die es hinterlassen hat, zu erraten oder, richtiger ausgedrückt, zu *konstruieren«* (Freud, 113). »Wie unsere Konstruktion nur dadurch wirkt, daß sie ein Stück verlorengegangener Lebensgeschichte wiederbringt ...« (114). Oder wie Kris (108) das bündig sagt: »Die Interpretation konstruiert den originalen Vorfall.«

Diese »Aufgabe« der Deutung, historische Szenen und Situationen aufzudecken, diese historische Zugrichtung der Deutungsarbeit auf Szenen hin, wird bekräftigt durch eine Besonderheit der psychoanalytischen Operationen, die diese Zielrichtung deutlich macht. Das ist die »Voraussage der Vergangenheit«. Das aus Wiederherstellung einer »Ursprungssituation« abzielende Vorwärtsarbeiten, das voranschreitende Wiedererleben aufgrund von Spuren in Träumen und Phantasien ist so zielgerichtet, daß dieses Phänomen, das Hartmann und Kris (115) beschrieben haben, möglich ist. Hartmann sagt unter Hinweis auf eine konkrete Erfahrung bei Bonaparte (116): »es handelt sich um Rekonstruktionen vergangener Ereignisse, die oft in erstaunlichen Details bestätigt werden können« (117).

Wenn wir uns klarmachen, daß Situation immer heißt: »Das Ich in der Wirklichkeit seiner Objektbeziehungen, inszeniert (in der Realität oder Imagination) in einer Szene«, dann läßt sich noch eine Reihe weiterer bekräftigender Bemerkungen heranziehen, so die Feststellung von Niederland (118): »Das Wiedererinnern ist therapeutisch wirksam nicht nur wegen der Affektentladung, sondern auch wegen des Wiederauftauchens des spezifischen Ich-Status, der verdrängt wurde zur Zeit der traumatischen Erfahrung.« Gerade die letzte Bemerkung bringt uns in Erinnerung, daß Szene lebendig wird als Spiel der Akteure.

Es ist nach diesen verschiedenen Ausführungen nur ein Selbstverständlichkeit, wenn Bernfeld (119) die Rekonstruktion als das zentrale Forschungsverfahren der Psychoanalyse bezeichnet. Die Ausrichtung der Deutung auf Rekonstruktion von Szenen, die der Abwehr verfielen, wird aber noch klarer, wenn wir uns das letzte Ziel eines jeden Deutungsvorganges, den Punkt, an dem die Deutung mutativ werden kann, vor Augen führen. Dieses Ziel ist das originale Geschehen, die *Rekonstruktion des »Originalvorfalls«.**

* Original – diese Bezeichnung darf hier nicht verstanden werden, als ob damit nur der Fall eines realen, z. B. traumatischen Einbruches von draußen gemeint wäre. Seit der Niederlegung des grundsätzlichen Unterschieds von realen und phantasierten Erlebnissen kann daran ja kein Zweifel sein, daß originaler Vorfall nur heißen kann: die im Erlebnis des Kindes sich konstellierende Situation, die, gleichgültig inwieweit real bedingt und inwieweit phantasiert, von der Abwehr aus dem Bewußtsein ausgeschlossen wurde.

In der historischen Szene ist die verdrängte, dynamisch virulente Situation voll inszeniert. Sie muß, und das sagen die erwähnten Hinweise mit aller Deutlichkeit, wieder ins Bewußtsein gehoben werden. Selbst Reich (120), der gewiß die »Inhaltsdeutung« nicht überschätzt hat, sagt unmißverständlich: »Ohne Analyse der frühesten Erlebnisse gibt es keine wirkliche Heilung. Es kommt nur darauf an, daß mit den dazugehörigen Affekten erinnert wird.«

Seine Bemerkung gibt uns übrigens auch einen wichtigen Hinweis darauf, was unter einer vollständigen Erlebnisgestalt zu verstehen ist: Einmal die komplette Szene (auf dieses Problem weisen, wie gesagt, Kris und Devereux hin), und zum anderen das originale Gefüge von kognitiven und affektiven Reaktionen. Bekanntlich kann die originale Erlebnisgestalt, der originale Vorfall von der Abwehr auch so zerstört werden, daß eine Isolierung diese beiden Anteile trennt. Es gibt abgewehrte Situationen und dabei ein je unterschiedliches Betroffensein von Situationsanteilen – so kann bei der Verschiebung von oben nach unten die Situation aufgelöst werden durch Ersetzen des zur Situation dazugehörigen Teiles der eigenen Person; es kann aber auch, wie z. B. bei der Tierphobie, die Verschiebung von einem Akteur der Szene (z. B. dem Vater) weg auf eine harmlosere Ersatzfigur stattfinden. Es gibt daneben die verschiedenen anderen Abwehrkonstellationen, so z. B. eben auch die Isolierung, die denselben Affekt der Beseitigung der verpönten Situation durch Aufspaltung erreicht. Das Gemeinsame aller Abwehrmanöver ist, formal betrachtet, die *Zerschlagung der verpönten Situation.* Dementsprechend ist das Ziel der Therapie die Wiederherstellung der originalen Gestalt im bewußten Erleben.

Vielleicht ist es an der Zeit, eine Unterscheidung, die wir bisher stillschweigend gebraucht haben, kurz zu besprechen: den Unterschied von »Szene« und »Situation«. Es mag aus dem Vorstehenden schon genügend klar geworden sein, daß »Szene«, – aktuelle Szene in der »Realität« des Patienten, Szene in der Analyse oder wiedererinnerte Szenen aus der Kindheit – immer ein »konkret-inszeniertes Geschehen« in Wirklichkeit oder Phantasie meint, während »Situation« das der Inszenierung zugrundeliegende »Interaktionsmuster«, das »Modell der Beziehungslage« bezeichnet. Szene meint eine dramatische Realität, die als sinnvolle Realität begriffen werden will und auch als solche begriffen werden kann, sobald ihr »Sinn« bewußt gemacht wird. Szenisches Verstehen meint dementsprechend ein Verstehen, das über das Erfassen der konkreten Szene die darin enthaltene situative Struktur begreift – mittels sich entsprechender »gemeinsamer« Interaktionsmuster in Analytiker und Analysand.

Wenn wir diesen Unterschied genau bedenken, dann gewinnt auch der Vorgang der »Komplettierung der Szene« seine volle Klarheit. Komplettierung heißt von daher gesehen: Aufdecken der (mit abgewehrten Strukturen der Situation zusammenhängenden) Anteile der Szene, die bisher verborgen waren.

Diese eben erwähnte Definition der Komplettierung läßt sich noch weiter auseinanderfalten in zwei Aspekte, die wir schon kennengelernt haben, hier aber nochmals ausdrücklich aufführen wollen:

1) Es ist die Komplettierung, die auf die Herstellung des vollen psychischen Spektrums der kognitiven und affektiven Anteile hinzielt. Diese Komplettierung ließe sich wohl als *»aktuelle Komplettierung«* bezeichnen.

2) Ihr steht eine andere Vervollständigung mit anderer Blickrichtung zur Seite. Sie könnte *»historische Komplettierung«* genannt werden, weil es hierbei darum geht, die im Laufe der Lebensgeschichte verstümmelten Bedeutungsanteile entlang der Kette der Szenen wiederherzustellen.

Natürlich gehen beide Arten Hand in Hand – der volle affektive Bedeutungsgehalt einer Szene kann nicht erfaßt werden ohne das Aufdecken und Erarbeiten der historischen Dimension, und die historische Dimension kann nicht ausgelotet werden ohne die Herstellung des uneingeschränkten affektiven Gehaltes. Dieses Zusammenwirken zu unterstreichen ist auch die Absicht der vorliegenden Abhandlung. Immerhin kann man während der therapeutischen Arbeit gewisse Akzentverschiebungen sehen, die grob skizziert folgenden Verlauf nehmen:

1) Die Szene, die der Patient mitteilt, wird vom Analytiker verstanden. Die erste Deutungsarbeit zielt mit Hilfe von Klarifikationen darauf hin, die Situationsgestalt herauszuarbeiten, wie wir bei Devereux gehört haben. Die Tendenz dieser Operation geht auf aktuelle Komplettierung.

2) Die vollständige aktuelle Komplettierung scheitert notwendigerweise, da diese ohne die Auflösung der – nur historisch zu beseitigenden – Verdrängungen nicht gelingen kann. Die strukturierende Deutung zieht aber neues szenisches Material ans Licht.

3) Damit setzt die historische Komplettierung ein, denn mit zunehmender Aufklärung werden nicht nur allerlei Themen aus der Gegenwart heraufkommen, sondern auch die Szenen der Infantilperiode, weil erst mit diesen Szenen der situative Bedeutungsgehalt vollständig hervortritt.

Man erinnere sich bei der Betrachtung dieses Verlaufs des Freud-Zitates, in dem er die historische Komplettierung in folgender Weise beschreibt:

»Dies erreichen wir, indem wir aufgrund der Andeutungen ... den unbewußten Komplex mit unseren Worten vor sein Bewußtsein bringen. Das Stück Ähnlichkeit zwischen dem, was er gehört hat, und dem, was er sucht, das sich trotz aller Widerstände zum Bewußtsein durchdrängen will, setzt ihn in Stand, das Unbewußte zu finden.« (121)

Wie der erste Schritt in diesem Vorgehen, die aktuelle Komplettierung verläuft, mag uns ein Beispiel zeigen, das wiederum den Falldiskussionen am Sigmund-Freud-Institut entnommen ist.

Fall D: 26 Jahre alte, verheiratete Frau, 3 Jungen im Alter von 6 und 4 Jahren, ein Neugeborenes.

Suchte die Analyse auf wegen Zwangsgedanken, ihre Söhne umbringen zu müssen, und wegen Kreislaufstörungen. Nebensymptom: Frigidität.

Material aus der 447. Stunde, welches der Deutung vorausging. Bericht des Analytikers:

In der Stunde vorher sprachen wir darüber, daß die Patientin immer nur über Leid und Jammer, Krankheit und Neurose klagen müsse, um so magisch ihre Freuden zu beschützen. Heute kommt die Patientin so auffallend lächelnd herein, so daß ich mir der Besonderheit dieses Verhaltens bewußt werde und erwarte, daß sie darüber auch etwas erzählt.
Nachdem sie sich hingelegt hat, erzählt sie, daß sie heute über alles lachen müsse, alles fände sie zum Lachen und wäre froh. Ob das nicht komisch sei ((womit sie versucht – ohne überzeugen zu können – sich von diesem Verhalten zu distanzieren)).
(»Merkwürdig, daß Sie sich doch vor mir für Ihre gute Laune, Ihr freudiges Verhalten entschuldigen müssen.«)
Nun lacht die Patientin etwas befreit und bestätigt dieses Gefühl. Sie erzählt, daß der Sohn einer befreundeten Familie bei ihren Eltern war ((sie hat kurz vorher erzählt, dieser wolle die Adresse von ihr, um ihre Eltern zu besuchen, und sie hätte davor eine richtige Angst gekriegt und wollte die Eltern gewissermaßen vor diesem Besuch warnen; ihre Eltern hätten doch vor Gästen Angst. Aber wenn sie so mit Panik reagiert hätte, wäre es wahrscheinlich auch ihre eigene Angst)). Aus einem eben erhaltenen Brief erfuhr die Patientin, daß jener Bekannte dort war, in den Laden kam, sich dann vorstellte und, wie die Mutter schreibt, mit ihnen ein nettes Kaffeestündchen verbrachte. Die Patientin meditiert dann weiter darüber, daß sie so viel Angst gehabt hatte, und findet es merkwürdig, daß sie den Gedanken überwinden mußte, ihre Eltern vor der Ankunft J's zu warnen. Sie habe den Gedanken gehabt, der Friseurladen ihrer Eltern wäre gar nicht schön, wäre unmodern; sie fügt hinzu: nun, die amerikanischen Friseurläden wären ja auch nicht immer die schönsten.
(»Es wäre doch jetzt so deutlich, daß sie mit ihren Gefühlen wie mit Dingen umginge. Ihr hätte doch der Laden gefallen, aber sie dürfe das ebensowenig wie ihre Freude zeigen.«)
Die Patientin bestätigt sehr entschieden, daß ihr der Laden wirklich gefallen hätte und daß sie durch ihr Verhalten nun verunsichert wäre. Auch hätte sie gestern wieder einmal ihre Kaufwut bändigen müssen; sie fragt, ob das normal wäre, wenn man so gerne einkaufen ginge und sich neue Dinge besorgen würde. Sie hätte diese Dinge, wie z. B. kurz vorher, in einer Kindertüte verbergen müssen. Auch die Schwangerschaft hätte sie so verbergen müssen. In der Vergangenheit hätten ihre Schwägerinnen ihre Krankheiten, die sie doch jetzt als neurotisch bedingt sehe, ihr vorgeworfen; sie hätten wahrscheinlich gemerkt, daß diese Krankheiten nur etwas Vorgeschobenes waren.

(»Es ist doch merkwürdig, daß Sie mich fragen müssen, unsicher sind, ob Sie ihre Gefühle zeigen, aussprechen können, in der Angst, daß ich ihre mit Freude eingekauften Dinge abweisen könnte.«) ((Wobei ich auch an ihren Vater denke, der sie bei ihren Einkäufen entweder verlacht oder verurteilt hat, so daß sie ihre Einkäufe verbergen mußte.))

M. und K. ((ihre beiden Buben)) waren draußen spielen. Als sie nach Hause kamen, waren sie von Kopf bis Fuß mit Schlamm und Dreck bedeckt; Frau S., ihre Reinemachfrau, stand neben ihr. Die Patientin erzählt mit einem deutlich verborgenen Wohlgefallen, wie dreckig ihre Kinder waren, und sie erzählt, wie sie die Kinder beschimpfen mußte. Frau S. hätte bemerkt, es wäre doch schrecklich, wie die Kinder aussähen; es wäre doch deutlich, daß nun ihr Vater hier sein müßte, damit er sie mit dem Stock verprügele.

(»Es ist so deutlich, wie Sie hinter diesem Schimpfen doch ein Wohlgefallen an den Buben hatten, aber sich doch nicht trauen, mir das einzugestehen, als ob ich selbst dieser Vater wäre.«)

Die Patientin lacht erleichtert auf und sagt: Ja, sie hätte dort eigentlich »für Frau S.« geschimpft. Die Kinder wären ja wirklich so niedlich gewesen, aber das hätte sie keineswegs sagen können. Auch mir hätte sie das nicht sagen können, denn ich hätte ihr dann gesagt: »Tse, tse! – mit erhobenem Zeigefinger«.

(»Was Sie mir ja einmal schon beschrieben haben.«)

Ja, das wollte sie ja auch sagen; ihr Vater hätte das auch genauso getan. Sie hätte ja ihre Lust nie zeigen können, man könne ja nicht seine natürlichen Freuden zeigen, über sie sprechen. Man könne über sie nur als ein Leid, eine Krankheit, eine Neurose sprechen. Sie erzählt so, daß es deutlich wird, wie aus Lust ein Leid, aus Neigung eine Pflicht etc. wird. Darum kann sie über ihre Freuden mit den Kindern nicht sprechen. Sie kann ihre Freude über die Kinder nicht zeigen. Sie hat entsetzliche Angst, Frau K. oder Frau Mz. könnten beim Anblick ihrer Kinder ihre Freude, ihre Lust durch eine unschöne Bemerkung verderben, könnten ihr alle Freude zunichtemachen. Deshalb hätte sie so Angst, diese Frauen ins Haus zu lassen. Sie würde zwar über Spaziergänge mit ihren drei Söhnen träumen, doch verwirklichen könne sie das nicht. Stattdessen wird aus dem Zusammensein mit ihren drei Söhnen ein unbewältigtes Chaos. Sie müssen also selbst klagen, um sich die Freude nicht vermasseln zu lassen. Jammer kann man ja nicht zunichtemachen. Wenn sie auf diese Weise so für jemanden etwas tut, dann bekommt man dessen Anerkennung, sein Lob. ((Ende des Berichtes))

An diesem Krankenbericht sollen uns die Deutungsoperationen interessieren. Deutungen wie Reaktionen sind leicht überschau-

bar; es wird schon bei flüchtigem Lesen klar, daß hier im großen und ganzen ein Thema vorwaltet.
Die Deutungen haben offensichtlich ein begrenztes Operationsziel. Dieses wird konsequent durchgehalten. Insgesamt sind es drei verschiedene Szenen, die der Analytiker als unterschiedliche Ausformung derselben Situation versteht und dementsprechend interpretiert. Der Analytiker versucht, der Patientin in all den verschiedenen Szenen einen ihr verborgenen Situationsanteil zu zeigen.
Dieser verborgene Situationsanteil ist hier ein »affektive« Regung. Der Patientin fehlt die Freiheit, den Gefühlen entsprechend sich zu äußern. Dies ist der Situationsanteil, den der Analytiker zur genaueren Klärung herauslöst. Die Deutung arbeitet daran, dort aufzuhellen, wo die Situationsgestalt noch undeutlich ist. Ganz wie Devereux es beschrieben hat, ist diese Deutungsoperation auf die Herausarbeitung der Prägnanz abgestellt. Tatsächlich wird die Situation im Verlaufe der Stunde zunehmend schärfer, wobei auch inhaltliche Merkmale dieser Situation – mit analer wie auch ödipaler Problematik – erkennbar werden.
Bemerkenswert ist auch, wie im Laufe der analytischen Operation die konkreten Variationen der Situation, die Szenen, hervorkommen – bis zu einer infantilen Szene. Der Nachtrag, den der Analytiker seinem Bericht beifügen konnte und der die Vorgänge in der nachfolgenden Stunde enthielt, bestätigt die Devereux'sche Vorstellung, daß auf das Prägnantwerden der Gestalt das Hervorkommen des weiteren historischen Materials folgt. Die nächste Stunde schon bringt reichlich Erinnerungen an die ödipale Situation, an Szenen, die sich im Laden der Eltern abspielten, wobei dieser Laden in seiner Bedeutung als bevorzugte »Bühne« des ödipalen Dramas der Patientin deutlich wird. Zum erstenmal kommen dabei liebevolle Gefühle dem Vater gegenüber zusammen mit feindseligen Regungen gegen die Mutter zu Wort.
Das vorstehende Beispiel hat gezeigt, wie die aktuelle Komplettierung sich abspielt, und der Nachtrag belegt, wie der Ver-

vollständigung der situativen Bedeutung die Ergänzung durch infantiles Material nachfolgte.

Sollen wir nach diesem Bericht nun aber annehmen, daß die historische Komplettierung nur eine Zufallsfrucht der Herausarbeitung der prägnanten aktuellen Bedeutung ist? Einem flüchtigen Betrachter könnte sich bei der Lektüre unseres Beispiels dieser Eindruck aufdrängen, aber auch das nur deshalb, weil wir ausschließlich jenen Abschnitt vorgestellt haben, in dem die Deutungsarbeit weitgehend auf Klarifikationen konzentriert war.

Nun wissen wir ja, daß es neben Klarifikationen noch »Deutungen im engeren Sinne« gibt. Loch hat sie als »erklärende Hypothesen« bezeichnet, eine Bestimmung, der wir entgegentraten. Die Argumente, die für die Beurteilung der Verständnisbildung gelten und die wir dort schon alle vorgestellt haben, sind auch für die Beurteilung der Deutung maßgebend. Wir brauchen sie nicht zu wiederholen, sondern stellen fest:

Die Deutung im engeren Sinne ist keine Erklärung. Die Funktion der Deutung ist nicht die Vorgabe einer Hypothese für eine Selbsterkenntnis des Patienten, ihre Funktion liegt vielmehr in der »Komplettierung der situativen Bedeutung der Szene«. Die Klarifikation z. B. liefert eine aktuelle Komplettierung. Was leistet demgegenüber die Deutung im engeren Sinne?

Ziehen wir zur Klärung dieser Frage die konkrete Darstellung einen Stundenverlauf heran. Wir wählen dafür eine publizierte Krankengeschichte, die in besonders klarer Weise ein Abbild der Vorgänge in einer analytischen Stunde ist; der Autor hat gerade das Zusammenspiel von Deutung und Mitteilung sorgfältig herausgestellt, da er selbst ein »Problem des Deutungsprozesses« bearbeitete. Es handelt sich um eine Falldarstellung von Andrew Peto (122):

Zunächst will ich einiges Material aus einer Behandlungsstunde eines 34jährigen unverheirateten Patienten bringen.

Er kam zur Behandlung wegen seiner Unfähigkeit, bei irgendeinem Beruf oder einer Beschäftigung endgültig zu bleiben. Der Patient verbrachte in seiner Kindheit viele Monate bei seinen Großeltern und anderen Verwandten, weil sein Vater damals nicht genug verdiente, um die ganze Familie zusammenzuhalten. Immerhin lebte sein 6 Jahre jüngerer Bruder die ganze Zeit bei den Eltern. Im zweiten Weltkrieg war der Patient Soldat auf dem Pazifischen Kriegsschauplatz, besuchte nach dem Krieg das College, verließ es aber einige Wochen später. Einige Jahre verdiente er dann gut und brachte seine Ersparnisse in den folgenden drei Jahren in Europa durch. Nach seiner Rückkehr trieb es ihn von einem Arbeitsplatz zum anderen. Er verbrachte in den letzten zehn Jahren viele Stunden in öffentlichen Bibliotheken. Er las gierig und erwarb sich eine Menge unsystematischen Wissens, besonders in Kunst und Psychologie. Viele Liebesverhältnisse von kürzerer und längerer Dauer kennzeichneten sein Sexualleben.

Es zeigten sich weder in den anamnestischen Daten noch während des ersten Jahres seiner Analyse irgendwelche Anzeichen für eine Psychose.

Die Behandlungsstunde wurde ausgewählt, weil sie die schnell wechselnde Dynamik besonders gut illustriert. Sie ist die Frucht vieler vorhergehender Stunden, in denen einige Widerstände des Kranken und sein Agieren bis ins einzelne erörtert und gedeutet wurden. Daher ist die Haltung des Analytikers nicht nur für diesen Typ von Behandlungsstunde allein charakteristisch. Ähnliche Sitzungen finden wir in der Analyse jedes anderen Patienten. Sie stammt aus dem sechsten Behandlungsmonat (vier Behandlungsstunden wöchentlich).

Der Patient leitete die Stunde mit einem seiner üblichen Angriffe gegen mich ein. Seine bisherigen Attacken waren gegen meine Unkenntnis der amerikanischen Kultur, meine Dummheit, meine Unzulänglichkeit als Analytiker, die Starrheit der orthodoxen Gruppe und gegen meine Unfähigkeit gerichtet, ihn auf irgend etwas hinzuweisen, was er nicht schon seit zehn Jahren kenne.

Provoziert wurde der Angriff in dieser Stunde durch meine Krawatte, die er geschmacklos und gewöhnlich fand. Mit seinen eigenen Worten »bekümmerte ihn dies unendlich«. Er steigerte sich in bittere Wut über meinen schlechten Geschmack. Ich bezog mich auf bereits früher besprochenes Material und interpretierte ihm, daß »andere ärgern« seit seiner Kindheit die einzige Gefühlsregung sei, die er sich erlaube, insofern es die einzige Waffe gegen die Erwachsenen war. Er fühle sich im alten Fahrwasser, das zwar unangenehm, aber wohlbekannt sei. Andere Gefühle, wie Kummer, Zärtlichkeit oder Wut könnten seiner Meinung nach seiner Kontrolle entgleiten. Hier wurde eine Haltung des Kranken, die an sich hätte ganz realitätsgerecht sein können, nämlich seine Kritik an meinem schlechten Geschmack, aus ihrem aktuellen Zusammenhang herausgelöst. Sie gehörte in den Rah-

men seiner Objektbeziehungen überhaupt. Aber dieser Teil der Widerstandsdeutung enthielt auch die Aussage, daß er sich in der Regel ständig am Rande bewußter Angst befand.
Ganz aktuell gesehen besagte die Deutung: »Sie haben Angst vor Ihren Gefühlen mir gegenüber«; und dies beinhaltete unausweichlich die weitere Feststellung: »Sie haben Angst vor mir«. Die Deutung stürzte ihn aus der Sicherheit seines »guten Geschmacks« in emotionale Unsicherheit.
Er bot eine Rationalisierung seiner Haltung an, wobei er eine gut organisierte, integrierende Ichfunktion zur Schau trug. Er habe herausgefunden, so sagte er, daß das Kratzen an den wunden Stellen der Leute der erfolgreichste und sicherste Weg sei, um etwas über sie in Erfahrung zu bringen. Darum sei für ihn wie für alle »Geschundenen« Aggression die nützlichste und fruchtbarste Haltung, weil sie ihnen Gelegenheit biete, ihre besten Fähigkeiten auszunützen.
Diese integrative Funktion, die er als »Lebensphilosophie« anbot, hielt nicht lange an. Er konnte sich der Position, in die ihn die Deutung hineingestoßen hatte, nicht entziehen. Er schickte sich in die infantile Position, die durch die Deutung aufgebaut war, und erinnerte eine sehr böse und wichtige Lebenserfahrung.
»Ich wurde in die Welt hineingestoßen. Als ich sechs Jahre alt war, lebte ich wieder einmal bei meinen alten und ungebildeten Großeltern. An meinem sechsten Geburtstag erwartete ich den Besuch meines Vaters, wie er es mir versprochen hatte. Obgleich meine Großmutter mir versicherte, daß Vater nicht kommen würde, glaubte ich es ihr nicht und saß, auf meinen Vater wartend, auf einer Bank vor dem Hause. Die Zeit verstrich und jeder ging zum Essen. Ich verließ die Bank nicht, weil ich ihn sehen wollte, wie er um die Ecke kommen würde. Es wurde Nacht, jeder ging zu Bett, ich saß und wartete, bis es tagte und die Großmutter mich zwang, zu Bett zu gehen. Nie wieder habe ich seitdem irgend jemandem vertraut . . .«
Diese letzte Äußerung machte es offenbar, daß der Analytiker auf dem Wege über die Introjektions-Projektionsmechanismen identisch mit dem endgültigen »bösen« Aspekt des Vaters wurde. Die folgende Deutung machte diesen Vorgang bewußt und schuf hierfür eine breite Basis durch Verbalisierung einiger dynamischer Verästelungen dieses Prozesses.
Ich sagte ihm: »Sie sind böse auf mich und mißtrauen mir wegen meines schlechten Geschmacks, wie Sie auf Ihren Vater böse sind und ihm mißtrauen. Aber Ihr Mißtrauen und Übelnehmen geht über die Angelegenheit mit dem Geschmack hinaus. Sie denken, bzw. ein Teil von Ihnen denkt, daß ich Sie genauso vernachlässige und genauso unfähig bin, Sie zu verstehen und Ihnen zu helfen, wie es Ihr Vater war. Darum fühlen Sie hier die gleiche Hilflosigkeit und Verzweif-

lung wie damals, als Sie auf der Bank saßen und vergeblich auf Ihren Vater warteten.«

Diese Interpretation machte nicht nur deutlich, daß die Vater-Sohn-Beziehung identisch war mit der Beziehung zwischen Analytiker und Patienten, sie ließ auch klar erkennen, daß seine gegenwärtige Angst die gleiche war wie die des sechsjährigen Jungen.

Dieser Umschwung von einer gegebenen Funktionseinheit des Ichs dieses Kranken zur anderen beruhte auf der traumatisierenden Wirkung der Deutung. Ihm folgte ein Versuch, den traumatisch angesprochenen Komplex erneut abzuspalten.

Der Patient zog sich auf die soziale Ebene der Arzt-Patient-Beziehung zurück und sagte, er wisse, daß wir um einer erfolgreichen Analyse willen eine »gefühlshafte Beziehung eingehen« müßten. Ein weiteres Zeichen seines Widerstandes war die Verleugnung der damaligen kindlichen Angstsituation. Er sagte: »Ich kann Sie nicht hassen, ich kann Sie nicht lieben; selbst verachten kann ich Sie nicht.« Die nächste Deutung hatte die Brechung dieses Widerstandes zum Ziel. Es sollte die Verbindung zwischen dem früher aufgetauchten ödipalen Material und der Übertragungsbeziehung wiederhergestellt werden.

Ich sagte ihm, daß meiner Meinung nach gerade das Gegenteil der Fall sei. Er sei entsetzt bei dem Gedanken, in einer so tiefen Gefühlsbeziehung mit mir zu stehen. Dies erschrecke und verwirre ihn genau in der gleichen Weise, wie ihn die Beziehung zu seinem Vater von Kindheit an verwirrt und gequält habe.

Nichtsdestoweniger habe er eine Situation geschaffen, die ihn von uns beiden, dem Vater und dem Analytiker, abhängig machte. Jener bezahle seine Analyse in der Hoffnung, die Behandlung werde dem Patienten helfen, und ich behandelte ihn mit dem Wissen, daß sein Vater seine Analyse bezahle. So wie er sich als Kind gezwungenermaßen in einem Abhängigkeitsverhältnis zwischen seinem Vater und dem einen oder anderen Verwandten befand, erzwinge er jetzt eine ähnliche Situation der geteilten Verantwortung für sich zwischen mir und seinem Vater.

Im Folgenden wird gezeigt, wie die Kette dieser wenigen Deutungen einen besonderen, abgespaltenen Komplex seiner Vaterbeziehung ans Licht brachte.

Er brach in ein höhnisches Gelächter aus, das sich nach und nach veränderte: erst klang seine Stimme halb weinend, halb flehend wie die eines Kindes, dann wurde sie heftiger und schließlich leidenschaftlich.

Das erste, was er sagte, war ein sichtbarer Ausdruck seines Widerstandes: er wollte aus der aktuellen Übertragungssituation ausbrechen: »Sie tun nichts für mich und bedeuten mir auch nichts!«

Dann glitt er in eine passiv-homosexuelle, masochistische Rolle hinein: »Sie sollten mich zu Hackfleisch machen, tief in mein Fleisch schneiden und mich verletzen, mich leiden lassen, und dann einen neuen Menschen aus mir machen, damit ich das tun kann, was ich will.«

Ein abgespaltener Komplex tauchte hier auf, die Deckerinnerung, an deren Stelle die Deckerinnerung vom kleinen, sechs Jahre alten Jungen, der verzweifelt auf seinen Vater wartete, gestanden haben kann. Der gefährliche, zerstörende und Liebe fordernde Aspekt seines Vaters, ein archaischer Vorläufer seines Über-Ich, erschien und forderte physische Zerstörung.

Die Primärprozesse kamen für eine kurze Weile zur manifesten Auswirkung. Regression, Verdichtung, Verschiebung und Symbolismus forderten ihren vollen Anteil an der Situation. Abgespaltene Phantasiefragmente tauchten wieder auf und ergriffen in einem Zustand vorübergehender Desintegration Besitz von dem funktionierenden Ich. Aber es geschah noch mehr als eine bloße Desintegration. Gleichzeitig waren verschiedene Entwicklungsstufen und Objektbeziehungen da und traten zu ein und derselben Zeit auf den Plan. Die Ich-Teile griffen ineinander; es stellte sich ein Konglomerat aus miteinander verbundenen Teilkomplexen und aus der aktuellen Arzt-Patient-Beziehung dar. Er erholte sich bereits unverzüglich von seiner Desintegration und erneuerte seine Angriffe mit höhnischem Spott. Er behauptete, meine Passivität und Geduld seien nur ein Schutz für meine eigene Ignoranz und Unfähigkeit, der Sache auf den Grund zu kommen.

Als nächstes deutete ich ihm, daß er seinen Vater in seinem bisherigen Leben oft als grausam, unwissend und vernachlässigend angesehen habe. Er fühle dasselbe in vieler Hinsicht auch mir gegenüber, da ich mich seiner Ansicht nach nicht beeile, ihm zu helfen und ihn von seinem Spannungsdruck zu befreien, gerade wie sein Vater an jenem verhängnisvollen Geburtstag nicht zu ihm geeilt sei.

Da wandte er seinen Angriff plötzlich gegen die Mutter. Er begann über die Nachlässigkeit seiner Mutter zu berichten, über ihren zänkischen Charakter, und wie ihr absolut jedes Verständnis fehle. Eine Bemerkung von mir, die sich auf bereits besprochenes Material bezog und auf seine Furcht vor Zärtlichkeit hinzielte, löste eine Kette von Assoziationen und Schilderungen aus, die sich auf Frauen im allgemeinen und auf seine Mutter im besonderen bezogen.

Er erzählte zuerst im Tonfall der Überraschung: »Wissen Sie, ich kann es nicht leiden, wenn mich Frauen mit ihren Fingern während einer Unterhaltung berühren. Was ich noch jetzt bei meiner Mutter hasse, ist daß sie bei jedem meiner Besuche mit Liebkosungen und Küssen hinter mir her ist.«

An diesem kritischen Zeitpunkt äußerte ich ein »Ja«, das ihn in einen Angstanfall versetzte. Er schrie mich an: »Sie! Hören Sie auf mit Ihren heuchlerischen ›Jas‹. Sie sind allein an meinem Geld interessiert, ich habe es satt mit Ihrem angeblichen Interesse an mir! Ich hasse diesen heuchlerischen, unaufrichtigen, sanften Ton!«
Verschiedene Aspekte der Mutter erschienen zu diesem Zeitpunkt in der Übertragung; der zärtliche wie der zerstörerische, Wünsche und Furcht wurden zu ein und derselben Zeit in schnellem Wechsel erlebt. Die diesem Ausbruch folgende Deutung wies darauf hin, daß er sich nach den freundlichen und begütigenden Worten des Analytikers genauso sehnte wie nach den streichelnden Händen seiner Mutter und nach der Zärtlichkeit der Frauen seines jetzigen Liebeslebens. Er sei voller Ressentiment, weil seine Mutter ihn in der Kindheit so viele Male im Stich gelassen hätte, und ich ließe ihn am Ende jeder Behandlungsstunde um eines anderen wartenden Patienten willen auch im Stich (dies bezog sich auf bekanntes Material). Und was ihn in der aktuellen Situation noch mehr verletze sei, daß er das Gefühl habe, ich hätte es nur auf sein Geld abgesehen, wolle ihn nicht ohne Bezahlung behandeln, andere Patienten dagegen sogar viel billiger. Seine Mutter habe ihn wegen Geldmangels fortgeschickt, aber seinen Bruder immer zuhause behalten.
»Ja, er war der kleine Liebling, er enttäuschte die Eltern nie, er ist der große Erfolg, er hat zwei Kinder.«
Wieder verbalisierte die Deutung verschiedene Teilkonflikte des Patienten. Sie zwang sein Ich dadurch, daß sie Gegenwart und Vergangenheit miteinander verknüpfte, diesen Konflikten ins Auge zu sehen. Hierdurch wurde die archaische Mutter-Sohn-Beziehung hergestellt und die Offenheit der Ichschranken gewährleistet, wobei es zu einem Konglomerat der verschiedenen Teilkomplexe kam.«

Überblickt man den Stundenbericht, dann zerlegt sich die Stunde in eine Folge von Abschnitten, die jeweils von der Mitteilung des Patienten und den dazugehörigen Deutungen des Analytikers bestimmt sind.
Der erste Abschnitt beginnt mit dem Angriff auf den Analytiker, den dieser mit einer Deutung beantwortet, zu der er vorweg anmerkt: »Ich bezog mich auf bereits früher besprochenes Material.« Damit stellt er klar, daß seine Deutung keineswegs als eine frisch gewagte Motivunterstellung zu verstehen ist. Das ist methodisch aufschlußreich, und ich möchte darauf hinweisen, obgleich es für jeden in der Psychoanalyse etwas Erfahrenen selbstverständlich ist, so vorzugehen, statt eine psycholo-

gische Erklärung zu unterlegen. Zwar wird das Bezugsmaterial von Peto nicht mitgeteilt, aber aus dem Dargestellten kann zuverlässig entnommen werden, daß für das Verstehen und für die Interpretation der Vergleich mit anderen Szenen, die eine gleiche Situation enthalten, herangezogen wurde. Diese Szenen gehören sowohl der aktuellen als auch der infantilen Lebensgeschichte an. Die Deutung jedenfalls läßt einen solchen Situationsvergleich in ihrem ersten Teil erkennen (seit seiner Kindheit ... gegen die Erwachsenen ... altes Fahrwasser).

Im zweiten Teil allerdings wird eine psychologische Erklärung gegeben, die entsprechend der von uns kritisierten Loch'schen These »dem Kranken für bisher unverbunden nebeneinander stehende seelische Akte und Zustände ... eine psychologische Erklärung als Hypothese zur Verfügung« (123) zu stellen scheint. Peto selbst entkräftet für seine Analyse eine solche Annahme aber sofort, indem er seine Interpretation selbst so einstuft: »Die Deutung soll zu einer bestimmten Affektposition hinführen«, und: »Ganz aktuell gesehen, besagte die Deutung: »Sie haben Angst ...«; was unausweichlich die weitere Feststellung beinhaltet: »Sie haben Angst vor mir«. Die Deutung soll also nicht als Erklärung eines psychischen Vorganges (des Abwehrmanövers) verstanden werden, sie soll nicht dem Patienten eine Selbsteinsicht in dieses Abwehrmanöver anbieten, sondern sie soll ihn vielmehr auf eine bestimmte *Affektlage* im Rahmen einer bestimmten szenischen Gruppierung, hinweisen.

Weshalb der Analytiker hier sich eines indirekten Hinweises bedient, statt die Affektlage direkt zu verbalisieren, wird nicht mitgeteilt. Das Studium des Verlaufs läßt uns aber die Berechtigung vermuten. Tatsache jedenfalls – und das allein interessiert uns bei unserer methodenkritischen Untersuchung – ist, daß die Deutung hier keineswegs einen erklärenden Charakter hat. Richtiger gesagt: die psychologische Erklärung ist hier lediglich ersatzweise für eine Beschreibung des aktuellen Affektgehaltes eingesetzt. Aus der Wirkung wird diese »nichterklärende« Funktionsweise noch eindeutiger: es kam zu einer Ver-

mehrung der Unsicherheit, bzw. zu einer Aufdeckung der Angst, die der Analytiker auf solche Weise ansprach; es kam keineswegs zu einer Angst-Verminderung.
Was wie eine Erklärung und Hypothesenvorgabe aussah, ist in Wirklichkeit also eine Konfrontation (Devereux), die der weiteren Herausarbeitung der Gestalt zu besserer Prägnanz dienen sollte und diente. Die vermeintliche Erklärung ist ein Ersatz für eine vorbereitende Deutung, die als Klarifikation dem Patienten helfen soll, Gefühle erkennen zu können.
Peto wird anschließend in seiner Beurteilung dieses methodischen Vorgehens noch bestimmter, und zwar in eben der Richtung, in der unsere Annahme geht. Er schreibt zum nachfolgenden Verhalten des Patienten: »Er konnte sich der Position, in die ihn die Deutung hineingestoßen hatte, nicht entziehen.«
Damit stellt Peto klar, daß er selbst seine Deutung als eine vorbereitende Interpretation ansieht, angelegt mit dem Ziel, auf die aktuelle Situation des Patienten zuzugehen. »Position« spielt auf »Situation« an. Position kennzeichnet ja, wie wir gesehen haben, ein Ich gegenüber einem oder mehreren Objekten in einem bestimmten Beziehungsverhältnis innerhalb einer Situation. Die angepeilte Situation wird unmittelbar danach eindeutig: es taucht eine infantile Szene auf (der 6. Geburtstag). Diese Szene wird von dem Analytiker als Situation verstanden und in der Deutung zusammengefaßt. Danach kommt der entscheidende Deutungsschritt, der den bisherigen Stundenabschnitt abschließt: Der Analytiker verknüpft die infantile Szene mit den Vorgängen hier und jetzt in der Analyse. Er komplettiert damit die Bedeutung der gegenwärtigen Szene, indem er den infantilen Bezug der Situation aufdeckt. Aber er fügt diesen infantilen Anteil nicht so hinzu, daß er dem Patienten einfach die infantile Bedeutung seines Verhaltens interpretiert. Der Verlauf der Stunde mit dem Auftauchen der infantilen Szene (aufgrund der vorbereitenden Deutung des Analytikers!) setzt ihn vielmehr instand, die relevante Situation im Gewand der infantilen Szene zu erkennen. Genauer formuliert: der Analytiker kann sich und dem Patienten die situative Bedeu-

tung der Szenen von damals wie heute nur klarmachen, weil er die Situation in der historischen Szene erkennt. Indem er in infantilen, jüngsten und jüngeren Szenen gleichermaßen »eine« Situation sieht und sie im Kontext der Sinnzusammenhänge des Patienten als die »je eigene« Situation des Patienten (die je eigen ist in dem Maße, wie sie vom allgemeinen Situationsmuster abweicht) wahrnimmt, vervollständigt sich die damalige Wirklichkeit, fügt sich ihr jener Bedeutungsanteil hinzu, gegen den sich die Abwehr richtet. Der Analytiker deutet die Szene (unter Einschluß der aktuellen Szene in der Analyse) und deckt die Szene in ihrer vollen Bedeutung auf als das »Stück Lebensgeschichte, das der Patient suchte« (Freud).

Kein Zweifel, damit ist noch kein letztes Ziel für die Analyse erreicht, die Arbeit geht weiter, eine Psychoanalyse muß aus einer langen Reihe von solchen Korrekturen bestehen. Zunächst aber ist ein Haltepunkt erreicht. Es ist wichtig für uns, dieses kleine Stück analytischer Arbeit, wie es vorliegt, detailliert als das zu sehen, was es offensichtlich ist: ein Unternehmen, die Bedeutungen aufzudecken, indem die »Situation« erkannt wird und die gegenwärtige Szene mit den dazugehörigen alten Szenen verknüpft wird. Die Deutung stellt diese Verknüpfung her, indem sie feststellt, daß die gegenwärtige Szene »wie« eine frühere Szene ist, weil die »Situation« identisch ist. Peto benutzt hier sogar ausdrücklich dieses »wie«, und er braucht es auf eine Weise, durch die sich dieses »wie« noch besonders auszeichnet, nämlich als ein *»wie damals«*.

Der Text der Deutung mit dem wiederholten »Wie« und dem »Wie damals« lautet: »Sie sind böse auf mich und mißtrauen mir wegen meines schlechten Geschmacks, wie Sie auf Ihren Vater böse sind ... Sie denken, bzw. ein Teil von Ihnen denkt, daß ich Sie genauso vernachlässige und genauso unfähig bin, Sie zu verstehen und Ihnen zu helfen, wie es Ihr Vater war. Darum fühlen Sie hier die gleiche Hilflosigkeit und Verzweiflung wie damals, als Sie auf der Bank saßen und vergeblich auf Ihren Vater warteten.«

Die Interpretation zeigt sehr klar die Funktion einer »Wie-

Deutung«. Es geht um die Herausarbeitung des Sinn- und Bedeutungszusammenhanges der Situationen, in denen der Patient damals und heute sich befand. Verstanden werden kann er nur aus der Szene heraus; der Sinn- und Bedeutungszusammenhang wird vom Analytiker aus dem Verstehen der Szene heraus erschlossen, und er wird dem Patienten eröffnet durch die Situations-Deutung, die beide Szenen miteinander verknüpft. Auf diesem Wege wird die Selbstverborgenheit (Mitscherlich) des Patienten aufgelöst.

Selbstverständlich kann auch dieser Vorgang nachträglich vielen »Erklärungen« unterworfen werden. Der therapeutische Gang aber ist historisch rekonstruierend über das vom szenischen Verstehen zu leistende Erkennen der historischen Konkretisierungen in der Szene »hier wie damals«.

Das »Wie-damals«, das wir in Petos Darstellung fanden, macht uns aufmerksam auf eine Unterscheidung, die wir einführen können. Loewenstein (92) hat die Tatsache des »Wie« in der Deutung insoweit schon beschrieben, als er eine bestimmte Art von Wie-Deutungen nennt. »Unter den Interventionen sind viele, die man als Vorbereitung für eine Deutung bezeichnen kann. Es geschieht häufig im Beginn einer Analyse, daß ein Patient eine Reihe von Ereignissen beschreibt, die dem Analytiker eine bestimmte Ähnlichkeit verraten. Die Aufgabe des Analytikers ist dann, dem Patienten zu zeigen, daß alle diese Ereignisse in seinem Leben einige Elemente gemeinsam haben. Der nächste Schritt ist, darauf hinzuweisen, daß der Patient sich in vergleichbarer Weise in all diesen Situationen verhält.«

Diese »Wie-Deutungen« gehören zu den vorbereitenden Interventionen. Anders aber steht es mit dem »Wie-damals«. Dies sucht Vergleiche, die zu den Deutungen im engeren Sinne und, wie ich meine, im vorzüglichen Sinne gehören.

Loewensteins Ausführungen sind für uns auch deshalb interessant, weil die skizzenhafte Darstellung, die er an dieser Stelle gibt, in ihrer Hinführung auf die infantile Situation einmal mehr die hier vorgelegte Auffassung bekräftigt. Er schreibt:

»Der dritte Schritt mag darin bestehen, dem Patienten zu zeigen, daß dieses Verhalten sich unter Umständen einstellte ... Ein weiterer Schritt in einem späteren Stadium der Analyse wäre z. B. der, aufzuzeigen, daß ... (ein Verhalten) ... ersetzt wurde durch eine andere Art des Verhaltens, so z. B. durch das Vermeiden ... Noch später sollte dem Patienten gezeigt werden, wie dieses Verhalten in bestimmten kritischen Lebenssituationen ... seinen Ursprung hat.« Diese Bekräftigung unserer Auffassung ist um so bemerkenswerter, als Loewenstein die These von der Deutung als »erklärendem Konzept« vertritt. Wie man sieht, steht er in der Sache selbst den hier vertretenen Anschauungen näher, als die begriffliche Differenz es vermuten ließe.

Doch zurück zum Peto'schen Bericht. Eine Weiterführung der methodischen Untersuchung kann dem Leser überlassen werden. Wir finden auch beim nächsten Deutungsschritt die Verknüpfung der Szene, wobei wir in den verschiedenen Deutungen einen unterschiedlichen Grad an Situationsprägnanz vorfinden. Bald werden mehrere infantile Szenen zusammengerafft, bald wird die Interpretation konkreter auf eine bestimmte Szene bezogen, bald kann die historische Realität nur entfernt erfaßt werden. Bemerkenswert die Stelle: »Frauen mit ihren Fingern – berühren«, und die Verknüpfung von schon deutlicher herausgearbeiteten Situationen am Ende des Berichtes.

Wendet man nochmals den Blick zurück auf den ganzen Ablauf der Stunde, wie ihn Peto beschrieben hat, so darf notiert werden, daß der Bericht unsere Auffassung bestätigt hat:

Der Gang der psychoanalytischen Arbeit, des Verstehens und Deutens, läuft über ein unablässiges Komplettieren von Szenen und Situationen, die bald langsamer, bald schneller sich herausschälen. Die Aufhellung vollzieht sich ganz so, wie Devereux es beschrieben hat, über eine Stufenfolge der Prägnanz. Diese wird vorangebracht durch Interpretationen, durch Klarifikationen bzw. Konfrontationen. Das Verstehen, das hier am Werk ist, beginnt immer mit logischem Verstehen. Es rich-

tet sich als psychologisches Verstehen auf die Realität in den psychischen Vorgängen des Patienten, geht aber über zu einem szenischen Verstehen, das auf das Erfassen der Situation des Patienten im Feld seiner Objekt-Beziehungen aus ist. Mit der Verknüpfung der Szenen in der Deutung erschließt der Analytiker dem Patienten den Sinnzusammenhang. Die Wie-Deutung gibt dem Patienten in der Verknüpfung der Szenen den vollen bzw. vollständigeren Bedeutungsgehalt der Situation. Der verdrängte Bedeutungsanteil wird verfügbar, zugleich öffnet sich der Weg zu neuen Szenen, um über Deck-Erlebnisse zu den Original-Vorfällen vorzudringen.
Die therapeutische Operation zielt auf die Rekonstruktion der Ursprungsszene in ihrer vollständigen, durch kein Abwehrverhalten mehr verstümmelten situativen Bedeutung, und das heißt, umgekehrt gesehen, sie zielt auf die »Situation« in ihrer vollen, konkreten Entfaltung. Die vollständigste »Wie-damals-Deutung« ist die »Konstruktion«. Während alle anderen Deutungen sich mit Teilaspekten der Situation – entweder der Ich-Position oder den Objektbeziehungen – begnügen müssen, wird in der Konstruktion die ganze konkrete historische Szene als unverhüllte »Situation« durchsichtig.
Die Konstruktion ist der Idealfall des szenischen Verstehens. Sie wird möglich, wenn die verschiedenen Fälle, die auf dem Wege der Komplettierung der Situation gewonnen wurden, zum Punkt der Ursprungssituation zurückverfolgt wurden.
Über die Konstruktion schreibt Freud: »Wenn man in den Darstellungen der analytischen Technik so wenig von ›Konstruktionen‹ hört, so hat dies seinen Grund darin, daß man anstatt dessen von ›Deutungen‹ und deren Wirkung spricht. Aber ich meine, Konstruktion ist die weitaus angemessenere Bezeichnung. Deutung bezieht sich auf das, was man mit einem einzelnen Element des Materials, einem Einfall, einer Fehlleistung und dergleichen vornimmt. Eine Konstruktion ist es aber, wenn man dem Analysierten ein Stück seiner vergessenen Vorgeschichte ... vorführt ...« (124).
In der Konstruktion verbalisiert der Analytiker die vollstän-

dige Situation als eine volle, unverstellte und unverstümmelte »sinnvolle Realität«. Dort kommt das szenische Verstehen an ein Ziel. Daß jede Ursprungssituation wieder zu neuen, noch unvollständigen Szenen mit noch unzulänglichen Bedeutungsanteilen hindrängt, versteht sich. Jedenfalls markiert die sogenannte Ursprungssituation den Umschlagpunkt, an dem die bis dahin virulente, unvollständige Situationsgestalt durch historische Rekonstruktion vervollständigt wird.

In der Ursprungssituation kommt die Deutung vorläufig ans Ende ihrer Aufgabe, weil damit das Unvollständige komplettiert wurde. Das szenische Verstehen hat hier das gefunden, was es durch alle unvollständig verstandenen Szenen hindurch gesucht hat: die Situation, in der die Ich-Position und die Objekt-Beziehung so begriffen werden können, wie sie der Lebensgeschichte dieses Individuum entsprechen. Die Szene ist hier in ihrem vollen Sinn verständlich geworden.

Die Unterscheidung, die Freud zwischen Deutung und Konstruktion macht, indem er die Deutung »einem einzelnen Element« zuweist, während er die Konstruktion als Leistung ansieht, »ein Stück der Vergangenheit« als Situation zu erfassen, bestätigt unsere Annahme, daß Deutungen auf Situationen hin angelegt sind. Mehr noch, das Freud-Zitat legt die Rangordnung und die zeitliche Reihenfolge fest: Interpretationen, die einzelne Elemente herausheben, sind Vorstufen, Vorläufer für jene Interpretationen oder Konstruktionen, in denen die ganze szenische Gestalt in ihrer vollen historischen (originellen) Bedeutung begriffen werden kann. Die Konstruktion ist eine Deutung, die auf die konkrete historische Szene abgestellt ist. Aus diesen Tatsachen und aus dem Rang, den Freud der Konstruktion zubilligt, wird noch einmal unmißverständlich klar, daß der Deutungsgang und überhaupt die analytische Technik zentral auf Situation bezogen ist.

Ist die »Rekonstruktion des Originalvorfalles« in der Weise gelungen, daß im Verständnis der infantilen Szene die Situation als voller, ungeschmälerter Sinn bewußt gemacht und im Sprachsymbol gefaßt werden kann, dann wird zugleich die aktuelle Szene in der Übertragung durchsichtig. Die vollständige Deutung als eine »wie-damals-Deutung« verklammert beide Szenen, verknüpft Vergangenheit und Gegenwart. Mit dieser Verklammerung fallen »historische Komplettierung« und »aktuelle Komplettierung« zusammen. Die Identität von Übertragungssituation und historischer Situation wird faßbar. »Historisches Verstehen« und »Übertragungsverstehen« kommen zur Deckung. Aufgelöst wird der scheinbare Widerspruch der beiden Arbeitsziele:

1) Die Notwendigkeit, den unbewußten Komplex an seinen Entstehungspunkt aufzufinden,

2) und das andere Arbeitsziel, das in knapper Fassung in der Feststellung von Paula Heimann (102) formuliert ist: »Die ungelösten Probleme des Patienten können nur durch das Verstehen der Übertragung erkannt und zugänglich gemacht werden.«

Beide Sätze gelten zugleich und uneingeschränkt. Die mutative Wirkung der Analyse ist nur möglich, wenn im Zusammenfallen der erkannten infantilen Szenerie und der Übertragungssituation die Lage des Patienten zugleich an den beiden Verankerungsstellen, an dem lebensgeschichtlich relevanten Ort damals und in der Aktualität des »jetzt und heute«, gelöst wird.

Während die Arbeit in der Klarifikation z. B. von der aktuellen Übertragungsszene ausgeht, um zur Konstruktion der infantilen Szene zu gelangen, wendet die »wie-damals-Deutung« sich zur aktuellen Übertragungssituation zurück. Deutungen arbeiten an einem allmählichen Bewußtwerden der Szenen, am Aufwecken der verborgenen infantilen Szenen. Mit Klarifikationen, Konfrontationen, mit Hilfe von Interpretationen der psychologischen Vorgänge, d. h. dem deutenden Herausarbeiten der einzelnen Elemente der Situationen, dem Klarstellen der hier und jetzt gültigen infantilen Ich-Position wird die Prägnanz der heraufkommenden Situationsgestalt verschärft. Ein wichtiges Instrument sind die Wie-Deutungen, in denen zwei aktuelle Szenen (etwa in der Realität und in der Analyse) verknüpft werden.

Ziel des Verstehens wie des Deutens ist in jedem Fall: die Konstruktion einer »Szene«, in der der ungeschmälerte Sinn der Szenen im Lebenszusammenhang dieses Menschen in voller Konkretheit und individueller Wirklichkeit zu Worte kommt. Weder eine Erklärung noch eine Sinnauslegung können diese »Verankerung« des Verstehens des Patienten im Erkennen seiner wirklichen Szenen ersetzen. Die Wirklichkeit dieses Menschen, seine Ich-Position in Interaktion mit seinen Objekten, muß in voller geschichtlicher Konkretheit verstanden werden. »Wenn die Interpretation die Widerstände, die dem Zurückrufen der Vergangenheit ins Gedächtnis entgegenstehen, beseitigt hat, so kann die vergessene Erinnerung ihren Platz im Bewußtsein einnehmen« (108).

Verstehen wie Deuten sind im psychoanalytischen Prozeß auf die Situation abgestellt. Wie ausschließlich das gilt, das mag noch ein letzter Beleg zeigen, der die Gewichtigkeit der Situation einer historisch realisierten Szene ausweist: Die Notwendigkeit, dort eine Situation sogar künstlich zu inszenieren, wo eine Lücke im Erinnern des Patienten klafft. Auch da kann nicht mit purem psychologischen Erklären und Motivunterlegen ahistorisch operiert werden. Erinnern wir uns, was Freud von der Konstruktion sagt: »Eine Konstruktion ist es aber, wenn man dem Analysierten ein Stück seiner vergessenen Vorgeschichte ... vorführt ...« (125). Und ziehen wir noch heran, was er weiter ausführt: »Der Weg, der von der Konstruktion des Analytikers ausgeht, sollte in der Erinnerung des Analysierten enden; er führt nicht immer so weit. Oft genug gelingt es nicht, den Patienten zur Erinnerung des Verdrängten zu bringen. Anstatt dessen erreicht man bei ihm durch korrekte Ausführung der Analyse eine sichere Überzeugung von der Wahrheit der Konstruktion, die therapeutisch dasselbe leistet wie eine wiedergewonnene Erinnerung«. (126)

Rekonstruktion heißt: Rekonstruktion der Szene als die Szene, in der die zugrundeliegende »Situation« ihrer unverstümmelten Struktur entsprechend zu Tage tritt. In dem konstruierten Ursprungserlebnis werden Szene und Situation identisch.

Verbindet man die psychoanalytischen und sprachanalytischen Gesichtspunkte, dann wird diese Sachlage noch durchsichtiger. Mit der Konstruktion der Ursprungsszene wird die Szene wiederhergestellt, in der das Spielgeschehen des Subjektes in seiner Umwelt mit jenem vollen, unverfäschten situativen Sinn erfüllt war, der durch die Abwehrvorgänge verlorenging. Wenn dies bereinigt ist, kann endlich die szenische Wirklichkeit, die Interaktion des Subjektes mit seinen Beziehungspersonen als Situation in ein ungeschmälertes Symbol gefaßt werden. An dieser Stelle entspricht die Situation der Szene, decken sich Symbol und erlebte Realität. Das gebildete situative Symbol deckt sich mit der für Wahrnehmung und Handlung geltenden Szene. Für das Subjekt resultiert damit eine entscheidende Übereinstimmung von Symbolen und Realität, die man in zwei Aspekten sehen kann:

1) Als Übereinstimmung von erfahrener Wirklichkeit (die man nur im szenischen Arrangement mit dem Subjekt erfahren kann) und Symbolen.

2) Als Übereinstimmung der eigenen Symbole mit den Symbolen der Mitwelt, weil die Privatisierung der Symbolbildung, die sich aus der Verstümmelung der individuellen Symbolbildung durch die Abwehrvorgänge ergibt, aufgehoben ist. Die Sprache der Einzelnen ist nun nicht länger eine Privatsprache. Es sind die Symbole nicht mehr aus dem allgemeinen Symbolgefüge (wie es im Bewußtsein des Einzelnen gegeben ist) ausgegliedert, indem ein Aspekt des Symbols als Klischee abgespalten wurde – es kommunizieren nun die Symbole des Einzelnen ungeschmälert mit den allgemeinen Symbolen.

Das Auseinanderfallen von Privatsprache und allgemeiner Sprache im Konflikt der Originalszene wird an der historischen Stelle, d. h. an jener Stelle der Lebensgeschichte, an der es eintrat, wieder bereinigt.

Überblickt man die psychoanalytische Operation von der ersten Wahrnehmung des Analytikers über die Deutung bis zu dem Moment, da ein Unbewußtes dem Patienten bewußt wird, so findet man die Ausrichtung auf die Situation an vier Stellen:

1) im szenischen Verstehen des Analytikers;
2) in der Aufgabenstellung für die Deutung, die dazu dienen soll, die Situation zu komplettieren, um den vollen situativen Sinn der Szene aufzudecken;
3) im Ziel des Verstehens und Deutens hin zu den historischen Szenen, der infantilen und der Übertragungszene, in denen die Szene erfüllt ist vom nun vollen, unabgewehrten, unverstümmelten Situationssinn;
4) im Verstehen des Patienten, für den in den komplettierten Szenen die situative Bedeutung der Szene erkennbar wird.

Mit dieser Charakterisierung des szenischen Verstehens haben wir aus der methodischen Sachlage unvermerkt eine Aussage über jenen neurosenpsychologischen Sachverhalt gewonnen, auf den sich die psychoanalytische Methode bezieht. Wendet man nämlich den Blick um, so enthält die Feststellung, daß szenisches Verstehen in den »Originalvorfall« einmündet, Aussagen auf zwei Fragen, die wir gestellt haben.

Die beiden Punkte waren: Kann das szenische Verstehen zu einer Präzisierung der »wirklichen« Bedeutungen führen – über die Schwelle der von der Abwehr verursachten Bedeutungsverstümmelungen und der resultierenden Bedeutungsverfälschungen hinweg? Und: wie kann das szenische Verstehen die Verbindung zur »realen Interaktion« finden, das für szenisches Verstehen unerläßlich ist?

Die Antwort, die wir nun geben können, lautet: In der »Konstruktion des Originalvorfalles« gewinnt das Verstehen eben den Punkt, an dem sowohl die Bedeutungsverstümmelungen, die wir bei der Neurose finden, wie auch die Abtrennung von »Sinn« und »Realität« restituiert sind. Im Originalvorfall wird an historisch korrekter Stelle die Entfremdung der Bedeutungen aufgehoben; hier wird das Individuum wieder in den Zusammenhang eines »objektiven« Bildungsprozesses eingeholt. Weil im Originalvorfall Objektives der Subjektivität dieses Individuums noch offen vermittelt ist (bevor die Abwehr die Lage verschleiert), wird an dieser Stelle auch die besondere Bedeutung fixierbar. Der Originalvorfall eröffnet die Perspek-

tive nach zwei Seiten: wir können von hier aus den Blick auf die allgemein verbindlichen Setzungen richten und so die Bedeutung im Zusammenhang ihrer kommunizierten »Objektivität« sehen. Wir können aber auch den Originalvorfall im – erschlossenen – Kontext der Lebensgeschichte dieses Individuums erkennen, um die Bedeutungen nun in ihrer Eigentümlichkeit (in allgemeinen Begriffen) bestimmen zu können. Wir unternehmen stets zugleich beides – das macht die Gewichtigkeit des Originalvorfalles als Vermittlungspunkt aus. Aber noch ein Drittes sichert der Originalvorfall: die Verknüpfung von »Symbol« und »Praxis«. Im Originalvorfall fallen Interaktionsmuster und Interaktion zusammen. An dieser (und um es nochmals zu betonen:) historisch korrekten Stelle wird der Sinn der Interaktion mit realer Interaktion verknüpft erfahren, wobei das Zusammenstimmen von Szene und Situation evident erlebt wird.
Allerdings, vorderhand ist noch ungeklärt, worauf die Sicherheit des Voranschreitens dorthin gründet. Erinnern wir uns, daß wir von der Annahme ausgehen, daß Verstehen auf der Erfüllung von Antizipationen aufgrund der Übereinstimmung von Analytiker und Analysand als Angehörige einer Sprachgemeinschaft beruht. Diese Annahme reicht aus, das Evidenzerlebnis im Originalvorfall begreiflich zu machen, nicht aber um zu klären, auf welche Sicherheit hin szenisches Verstehen sich seinen Weg bahnt bis zum Originalvorfall. Sollten wir annehmen, daß bis zum Ziel – dem Einholen des sprachlich Exkommunizierten im Originalvorfall – Verstehen als ungesicherter Vorentwurf seinen Bogen ins Unbekannte hinaus baut (lediglich von theoretischen Modellen angeleitet)? Das wäre eine allzu verwegene Vermutung.
Eine weitere Überprüfung von Erfahrungen und Konzepten ist in dieser Lage unerläßlich. Gehen wir deshalb nochmals auf unsere theoretische Grundannahme ein: das Konzept der »Sprachgemeinschaft«, die wir uns vor allem von Wittgenstein erläutern ließen. – Nun müssen wir allerdings einräumen, daß wir uns auf Wittgenstein stützten in einer Position, die Witt-

genstein später selbst geräumt hat. Ohne die Unzulänglichkeiten des älteren Konzeptes und die Gründe für seine Revision ausführlich zu erörtern, wollen wir in aller Kürze die Veränderung nachtragen – in der Erwartung, von einem revidierten Konzept den Fingerzeig für die Lösung der noch ungeklärten Fragen zu gewinnen.

VI. Aufspaltung des Sprachspiels, Teilhabe an der Szene, topische Progression und Symbolbildung

VI, 1. Die Ausgangslage Wittgensteins, wie der sogenannten analytischen Philosophie überhaupt, war bestimmt vom Eindruck der Reformierung der Logik in ihrer Entfaltung zur Logistik. Dementsprechend wurde das Selbstverständnis getragen von dem Glauben, »alle a priori wahren Sätze auf analytische Sätze im Sinne der formalen Logik und somit das Problem der apriorischen Voraussetzungen aller Erkenntnis auf das einer Analyse der ›logischen Form der Sprache‹ zurückgeführt zu haben« (Apel, 127). Dieser Glaube wurde in der Folgezeit von der Einsicht erschüttert, daß »die Sprache ihre Bedeutungsform (das, was Humboldt ihre ›innere Form‹ nannte) nicht allein der ›logischen Syntax‹ und auch nicht allein einer auf der Abbildung intersubjektiv gegebener reiner Erfahrungstatsachen beruhenden ›Semantik‹, sondern darüberhinaus und primär der ›Pragmatik‹ des Gebrauchs durch Menschen in der Lebenssituation« (Apel, 127) verdankt. Bei Wittgenstein mündet diese Entwicklung schließlich in ein Sprachkonzept, das von vornherein unser lebhaftes Interesse beanspruchen muß wegen der Verknüpfung von Tatbeständen und Sachverhalten, die auf dem Feld unserer Problemstellungen eine große Rolle spielen: Sprache – Verstehen – Lebenspraxis – Lebenssituation. Den Mittelpunkt dieses Konzeptes aber bildet ein Begriff, dessen konkrete Erscheinungsformen »als von einer Regel des Verhaltens konstituierte Einheiten von Sprachgebrauch, Lebensform und Welt-(Situations-)Erschließung« zu charakterisieren sind. Wittgenstein nennt diese Einheiten »Sprachspiele«:

»Ich will diese Spiele ›Sprachspiele‹ nennen ... Ich werde auch das Ganze: der Sprache und der Tätigkeiten, mit denen sie verwoben ist, das ›Sprachspiel‹ nennen.« (128)

War der Tractatus nach Stenius (129) eine »Kritik der reinen Sprache«, so geht es nun um eine »Kritik der konkreten Sprachspiele als Lebensformen«, der Sprachspiele als Einheiten von »Sprachgebrauch, Lebenspraxis und Weltverständnis« (127).

Das ist in der Tat eine kühne und folgenreiche Konzeption, deren Radikalität in der Interpretation von Winch geschärft hervortritt. Winch hat in seiner Wittgenstein-Interpretation die Verbindung von Sprache und Lebenspraxis entschlossen herausgearbeitet, indem er den Zusammenhang von Verstehen und Regel, von Regel und Handeln, Regel und sozialer Lebensform aufdeckte. Folgerungen, die sich aus einem derart scharf durchdachten Sprachspiel-Konzept ergeben, nennt Habermas, wenn er schreibt: »Die grammatischen Regeln sind immer auch Regeln eingespielter Kommunikation, und diese wiederum vollziehen sich nur im Kontext von Lebensformen« (128). Habermas zieht weitere Konsequenzen:

»Jede Sprache trägt nun ihre transparent zu machende Ordnung als natürliche Grammatik in sich. Diese Grammatiken können nur ›von innen‹ geklärt werden, d. h. unter Anwendung dieser Grammatiken selbst. Eben dieser Zirkel verweist logisch zwingend auf den Zusammenhang der Sprache mit Praxis. Denn wie können unter diesen Umständen grammatische Regeln und semantische Bedeutungen überhaupt expliziert werden? Dadurch, daß wir mögliche Situationen der Verwendung von Symbolen vorstellen:
›Denk Dir, Du kämst als Forscher in ein unbekanntes Land mit einer Dir gänzlich fremden Sprache. Unter welchen Umständen würdest Du sagen, daß die Leute dort (z. B.) Befehle geben, Befehle verstehen, befolgen, sich gegen Befehle auflehnen usw.? Die gemeinsame menschliche Handlungsweise ist das Bezugssystem, mittels welches wir unsere fremde Sprache deuten.‹ (Phil. U. 206)
Freilich genügt es nicht, Verhaltensweisen zu beobachten. Der Anthropologe, der in ein Land unbekannter Sprache kommt, unterstellt beobachteten Interaktionen eine Regel aufgrund seines eigenen sprachlichen Vorverständnisses, er kann diese Vermutung nur prüfen, indem er, wenigstens virtuell, an der beobachteten Kommunikation teilnimmt, um zu sehen, ob es funktioniert, wenn er nach dieser Regel handelt. Das Kriterium für die Triftigkeit der Annahme ist allein die gelingende Teilnahme an einer vorgängig eingespielten Kommunikation: wenn ich mich so verhalten kann, daß die Interaktionen nicht

gestört werden, habe ich die Regel verstanden. Dessen kann ich mich nur in der Kommunikation selbst vergewissern:
›Richtig und falsch ist, was die Menschen sagen; und in der Sprache stimmen die Menschen überein. Dies ist keine Übereinstimmung der Meinungen, sondern der Lebensform.‹ (Phil. U. 241)«

Für unsere Untersuchung ist die Bedeutsamkeit des Wittgensteinschen »Sprachspiel«-Konzeptes bei aller Kürze und Flüchtigkeit der Wiedergabe augenfällig. Der wichtigste Punkt dürfte der methodologische Hinweis sein, der unmittelbar auf die am Ende des letzten Kapitels gestellten Fragen bezogen werden kann, besonders auf die entscheidende Frage: Auf welche Sicherheiten stützt sich szenisches Verstehen bei dem Unternehmen, sich zum Originalvorfall voranzuarbeiten – quer durch alle Bedeutungsverfälschungen hindurch? Das ist ein verwickeltes Problem, denn was wir von den verschiedenen Spielarten des Verstehens bisher in Erfahrung bringen konnten, führt zu der Aporie, daß einerseits alles Verstehen über den gemeinsamen Besitz von kommunizierten Antizipationen läuft, andererseits aber die unbewußten Gehalte (die zu verstehen zentrale Aufgabe der Psychoanalyse ist) von der Kommunikation ausgeschlossen sind. Mit anderen Worten: auf der Suche nach dem Sinn läßt sich der »exkommunizierte« Sinn eben nicht finden – einerseits, weil er exkommuniziert ist, und andererseits, weil kein anderer Weg zu ihm zu führen scheint als über kommunizierte Symbole.
In dieser Problematik eröffnet die Sprachspieltheorie tatsächlich nun eine überraschende Wendung. Dem Konzept zufolge erschließt sich der Zugang zum fremden – oder zugespitzt auf unser Problem – zum entfremdeten Sinn grundsätzlich auf anderem Pfad: über die *Teilnahme an der Lebenspraxis.*
Freilich, wenn wir das Sprachspielkonzept so weit übernehmen, stellen sich der Psychoanalyse einige Probleme, die gelöst sein müssen, bevor wir dieses Konzept als gültige Antwort auf unsere Hauptfrage ansehen können.
Gibt es in der Psychoanalyse einen Zugang zu einem gemeinsamen Handeln, der Sinn auch dort erschließt, wo die Kom-

munikation auf der Ebene der Zeichen unterbrochen, bzw. fehlgeleitet ist? Kann es sein, daß das Sprachspiel (mit allen Abstufungen der Individualität oder Gemeinsamkeit) auch dort erfahrbar ist, wo der sprachliche Sinn durch Desymbolisierung korrumpiert wurde? Wenn das so ist, wenn sich in der Psychoanalyse ein Sinn auf solche Weise unmittelbar aus der Lebensform abnehmen ließe, dann könnten wir unsere Aussage über den Ausschluß aus der Sprachlichkeit differenzieren: Desymbolisierung wäre dann als Zerfall der *»Einheit des Sprachspiels«* anzusehen. Sprachgemeinschaft bekäme dann einen zweischichtigen Beziehungsrahmen als

a) Teilnahme an einem gemeinsamen Sprachspiel mit übereinstimmenden Symbolen,

b) Teilnahme an einem gemeinsamen Sprachspiel mit Regeln, die ihren Symbolcharakter verloren haben.

Es ist zu sehen, wohin unser Entwurf führt: Teilnahme am Sprachspiel im letztgenannten Sinne kann ein festes Fundament abgeben für ein »Verstehen«, das Fuß fassen muß außerhalb der Sprachlichkeit des Patienten, und dem die Aufgabe gestellt ist, den zerrissenen und verfälschten Zusammenhang der Sprache wiederherzustellen. Die Herstellung der gemeinsamen Sprache – im erstgenannten Sinne – wäre danach die zu leistende Aufgabe; die unausgelöschte Zugehörigkeit zur Sprachgemeinschaft im zweiten Sinne ihre Basis. Die Widersprüchlichkeit wäre beseitigt. Wir werden überprüfen, ob sich ein solches Konzept empirisch stützen läßt.

Der Radius eines derartigen Entwurfes geht aber noch weiter, wenn wir die Entwicklung der Sprachspiele berücksichtigen, Habermas weist darauf hin (129):

»In Sprachspielen ist die symbolische Geltung logisch nicht zu trennen von der Genesis des Sinnes. Die grammatischen Regeln, nach denen sich die ›vollkommene Ordnung‹ einer tradierten Sprachform bestimmt, haben nämlich einen eigentümlichen Status: sie sind nicht metasprachliche Regeln für den Sprachunterricht. Genaugenommen enthält die Grammatik von Sprachspielen die Regeln, nach denen Kinder in eine bestehende Kultur eingeübt werden. Weil die Umgangssprache letzte Metasprache ist, enthält sie selber die Dimension, in der sie gelernt werden kann; darum ist sie aber auch nicht ›nur‹ Sprache, sondern zugleich Praxis. Dieser Zusammenhang ist logisch notwendig, sonst wären Umgangssprachen hermetisch verriegelt; sie könnten nicht tradiert werden. Logisch nachweisbar ist dieser Zusammenhang an Implikationen des Sprachverstehens. Wenn aber die grammatischen Regeln nicht nur den Zusammenhang von Symbolen, sondern zugleich die Interaktionen festlegen, durch die dieser Zusammenhang gelernt werden kann, dann muß sich eine solche Syntax auf das ›Ganze der Sprache und der Tätigkeiten, mit denen sie verwoben sind‹, beziehen: – eine Sprache vorstellen heißt, eine Lebensform vorstellen. (Phil. U. 19)«

Das hat für unser Thema folgende Konsequenz: Wenn es gelingt, durch die »Teilnahme am Sprachspiel« die Schranke des Verstehens, die von der Verdrängung gesetzt wird, zu unterlaufen, dann läßt sich ein Zugang zu verborgenem Sinn finden, der zugleich Zugang zu der lebensgeschichtlichen Individualität des jeweiligen Individuums ist. Die Wiederherstellung der gestörten Sprache, der gestörten Symbolik kann am historisch exakten Einsatzpunkt ansetzen.
Der erste Punkt, an dem sich entscheidet, ob wir mit dem eben entwickelten Konzept die Schwierigkeiten des Verstehens von unbewußten Inhalten beseitigen können, ist die Prüfung, ob sich in der Psychoanalyse Anhaltspunkte für die Annahme einer Aufspaltung des Sprachspiels finden. Erlauben die Erfahrungen, die an Verhalten aus unbewußter Determination gesammelt wurden, ein solches Konzept?

VI, 2. Stellen wir uns an dieser entscheidenden Stelle in aller Kürze den Sachverhalt unbewußter Inhalte vor Augen. Wir haben unbewußte Inhalte als Klischees, d. h. als desymbolisierte Gebilde bezeichnet. Ihre Merkmale sind:
1) sie sind dem Bewußtsein unzugänglich – nicht erkennbar;
2) sie sind dynamisch virulent. Repräsentanzen, die den Charakter eines Klischees haben, üben ihre Funktion aus, sie sind nach wie vor Ziel von »Besetzungsvorgängen«.
Diesen Sachverhalt bestätigt uns ein Vorgang, der in der Psy-

choanalyse als Wiederholungszwang bezeichnet wird. Wiederholungszwang meint:
Die Wiederkehr des Verdrängten zwingt den Patienten, *in immer gleicher Weise szenisch zu agieren.* Der Patient agiert in Szenen mit dem gleichen dramatischen Muster, demselben dramatischen Entwurf in tausenderlei Verkleidungen. Die Bedeutung der sich immer wiederholenden, in ihrer Art und Struktur gleichbleibenden Szenen zu erfassen, ist, wie wir sahen, Aufgabe des szenischen Verstehens.

Die Chance der Psychoanalyse besteht, wie erörtert, in folgendem: So sehr der Patient in seinen kognitiven wie affektiven Äußerungen, seinem Selbstverständnis sich und die anderen irreführt (mit Hilfe sekundärer Überformungen, die seine Mitteilungen logischem wie psychologischem Verstehen entziehen), so »zwanghaft« ehrlich ist er in der »Inszenierung« zwischenmenschlicher Beziehungen. Wiederholungszwang meint ja nichts anderes als: Zwang zur unablässigen Reproduktion der neurotischen Beziehungen realiter. Der unsichtbare Trieb wird greifbar, wenn er »in Szene gesetzt« verstanden wird; dementsprechend kann das Triebgeschehen als Situationsarrangement in den konkreten Szenen erfaßt werden. Genau das muß szenisches Verstehen leisten.

Die vom Wiederholungszwang bewirkte Reproduktion der infantilen Beziehungsmuster in den Szenen der Gegenwart führt, wenn der Analytiker sie deutend mit den entsprechenden vergangenen Szenen verknüpft, zu den Originalvorfällen, d. h. zu den Szenen, in denen die »Rekonstruktion der vollen Beziehungsmöglichkeit, die Wiederherstellung des ungeschmälerten Bedeutungsgehaltes« gelingt, weil da die Szene jene Ergänzung zur vollständigen Situationsgestalt erlangt, die von der Abwehr zerschlagen wurde. Die »Originalszene« bietet das volle Bild, während alle späteren Szenen bereits von den Verschleierungen der sekundären Überarbeitung betroffen sind und eine Mauer zwischen Realität und Phantasie aufgerichtet ist. In den infantilen Szenen ist die Situation, d. h. die zwischenmenschliche Bedeutung der Szene erfahrbar. Der Wiederholungszwang überträgt die unbewußten, aber dynamisch wirksamen Situationen in die konkreten Szenen der Gegenwart, das situative Verstehen vermag den situativen Gehalt aufzuspüren und mit Hilfe der Deutungen, einem roten Faden entlang, zu der Stelle vorzudringen, an der (wie Strachey, 130, es für die mutative Deutung formuliert hat) Realität und Phantasie, Gegenwart und Vergangenheit zusammenfallen.

Mit diesem Überblick haben wir im Groben schon die Frage beantwortet, die wir uns stellten. Der Wiederholungszwang belegt genau die Art von »Aufspaltung des Sprachspiels«, nach der wir suchen. Der Wiederholungszwang ist die Voraussetzung für die Sicherheit des szenischen Verstehens und für die therapeutische Wirksamkeit der darauf gegründeten Deutungsarbeit. Den Wiederholungszwang kennzeichnet, daß

a) die sprachliche Verständigung und d. h. das schlichte Verstehen der Handlung und ihrer Motive erloschen ist, Regeln der Interaktion auch nicht bewußt werden können, dennoch aber

b) diese Regeln, das ganze Gefüge der Beziehungsstrukturen weiterhin die Szene beherrschen, nur ohne Zutun und Kenntnis des Individuums und mit jenem Zwang, der ursachenbestimmtes Verhalten charakterisiert.

Für die Richtigkeit dieser Interpretation kann ein Zeuge beigebracht werden, der auf diese Distinktion innerhalb des Sprachspiels seine Beurteilung psychoanalytischer Prozesse aufgebaut hat: MacIntyre unterscheidet scharfsinnig zwischen Motiven und Ursachen und nimmt von dort her den Begriff des unbewußten Motivs aufs Korn. Er stellt zu Recht fest:

»Freuds gewöhnliche Konzeption des unbewußten Motivs umfaßt also sowohl die Ursache, die hinter dem neurotischen Zustand der Zwangshandlung oder der hysterischen Lähmung steht, als auch das Ziel, das in diesen Verhaltensweisen liegt.« (131)

Diesen Doppelcharakter hält MacIntyre für »eine Begriffsverwirrung« (132). Er will den Begriff »Ursache« aus dem Gespräch ausscheiden und unterstreicht doch mit seiner Argumentation nur, daß den verdrängten Impulsen eine merkwürdige

Doppelnatur zukommt: Sie setzen sich zwingend als Ursache des Verhaltens ohne Kenntnis der Betroffenen durch, sind aber dennoch als Motive zu identifizieren, sobald die Hindernisse der Reflexion beseitigt sind:

»Somit sind die Absicht oder das Ziel, die ein Patient mit seinem neurotischen Verhalten verfolgt, das, was sowohl durch sein Verhalten offenbar wird als auch von ihm selbst bestätigt würde, wenn ihn die Störung nicht daran hinderte.« (133)
»Der Unterschied zwischen neurotischen und nichtneurotischen Motiven und Zielen ist ein Unterschied in den Voraussetzungen, die gegeben sein müssen, damit der Handelnde fähig ist, seine Motive und Ziele einzugestehen.« (134)

Habermas hält MacIntyre entgegen:

»Daneben gibt es aber interpretierte Bedürfnisse, deren Befriedigung nicht institutionell gesichert ist. Wir sagen: die Interpretationen dieser Bedürfnisse werden unterdrückt. Sie unterliegen einer Zensur. Das Bild, das Freud für diesen Vorgang der Repression bereit hält, ist die ›Verdrängung‹ der verbotenen Interpretationen ins Unbewußte. Dadurch werden nun die Bedürfnisse ihrer motivierenden Kraft nicht beraubt: sie motivieren Handlungen, nur dürfen diese sich nicht unter den zugehörigen Interpretationen zeigen. Sie werden maskiert. Die unterdrückten Interpretationen und die partialisierten Bedürfnisse erscheinen nicht länger auf der Ebene der anerkannten kulturellen Überlieferung und der geltenden Normen, sondern setzen sich gleichsam hinter dem Rücken der handelnden Subjekte fest – als unbewußte Motive. Sie sind immer noch Motive, und das heißt handlungsorientierender Sinn, aber nun in der Art externer Ursachen wirksam.« (135)

Diese Darstellung trifft nicht nur genau die Verhältnisse der Psychoanalyse, sie erfaßt die Lage auch in einer Weise, die unsere Annahme bekräftigt: Mit der Desymbolisierung im Verdrängungsmanöver wird die Geschlossenheit des Sprachspiels aufgebrochen – *Sprache wird korrumpiert, der Zugang zu den Motiven wird verschüttet, die Regeln verlieren ihre Symbolqualität, als Struktur bleiben sie aber unberührt und daher virulent.* Mit der Verdrängung wird das Individuum in den betroffenen Zusammenhängen aus der sprachlichen Kommunikation ausgeschlossen, ohne daß die damit verknüpften Regeln des Handelns aufgelöst würden. Im Verhalten setzt sich die

Grammatik des Sprachspieles durch, aus ihm ist sie abzunehmen. Mit dieser Feststellung sind wir nun in der Lage, eine weitere – fünfte – These zu formulieren:

> Im Originalvorfall kommt es zur Verknüpfung von Symbolgefüge und Lebensform an der »historischen Stelle« der Verstümmelung des Symbolgefüges. Dort war es zur »Aufspaltung des Sprachspiels« gekommen. Die im Bildungsprozeß des Individuums sich entwickelnden Strukturen sind zugleich Strukturen des Handelns und der Sprache – so daß beim Verdrängungsprozeß* die Strukturen zwar aus der Kommunikation ausgeschlossen werden, ihre Dynamik als Klischees aber bewahren. Das neurotische Verhalten bleibt an die Bildungsprozesse gebunden, die Motive verlieren aber ihren Symbolcharakter, sie werden unzugänglich. Szenisches Verstehen kann sich seinen Weg zum Originalvorfall bahnen, weil sich in den Szenen die vom Symbolgefüge ausgeschlossenen Interaktionen durchsetzen.
> Als Inszenierung kommt die sprachlich exkommunizierte Interaktion so zu Wort, daß szenisches Verstehen die Lebenspraxis abnehmen kann, um schrittweise das verstümmelte Sprachspiel wiederherzustellen.

Doch auch hier ist sofort eine Einschränkung zu notieren. Der Zugang zur Lebenspraxis ist »mittelbar«, er ist immer noch mittelbare Erfassung der Lebenspraxis aus den mitgeteilten Szenen. Um gleich die schärfste Konsequenz solcher Sachlage zu bedenken: Eine derartig »mittelbare« Abnahme der Symbole der Interaktion (u. d. h. der Regeln der Interaktion) reicht aus, um heuristische Entwürfe zu formulieren, bietet aber keinesfalls ein genügend sicheres Fundament, auf dem sich Be-

* Aus räumlichen Gründen, wie auch um der Konzentration auf das Wesentliche willen, wurde aus dem Repertoire der Abwehrvorgänge exklusiv die Verdrängung herausgegriffen – es wird Aufgabe einer Detaillierung sein aufzuzeigen, daß die Lage bei den anderen Abwehrvorgängen damit grundsätzlich übereinstimmt.

obachtungen so weit organisieren ließen, daß die fremdpsychischen Gegebenheiten bewahrheitet würden.
Tatsächlich gibt es aber einen Weg »unmittelbarer« Abnahme der Regeln von Praxis und Sprache über »unmittelbare« Teilnahme an der Lebensform des Patienten. Dieser wichtige – und wie sich zeigen wird – dieser »Hauptweg«, über den die Psychoanalyse den Zugang zu der verschütteten Sprachwelt und Lebensform der Patienten gewinnt, liegt von dem bisher diskutierten Zugang nicht weit entfernt. Der Mechanismus, auf den sich der Psychoanalytiker bei diesem unmittelbaren Teilnehmen stützt, ist nämlich, genau besehen, nur ein Spezialfall des Wiederholungszwanges: die Übertragung.
Faßt man Übertragung in dem ursprünglichen Freudschen Sinne auf, den jüngst Lampl-de Groot nochmals gegen die verallgemeinernde Fassung, wie sie Kohut und Seitz* benutzen, betont hat, so wird die Interpretation der Übertragung als Wiederholungszwang, als Reaktualisierung der infantilen Beziehungssituation im Verhältnis Analytiker – Analysand unmittelbar augenfällig. In unserem Diskussionszusammenhang gesehen meint Übertragung den Tatbestand, daß in der aktuellen Szene zwischen Analytiker und Analysand unablässig die alte infantile Situation verwirklicht wird. In der Analyse wird dank der Übertragung die infantile Situation in einer Schärfe und Durchschlagkraft in Szene gesetzt, die für das situative Verstehen besondere Bedingungen herstellt:
1) Das Geschehen zwischen Analytiker und Analysand ist pointiert eine *Beziehungssituation.* Die Äußerungen des Patienten sind z. B. im Unterschied von wissenschaftlichen Gesprächen nicht vorrangig sachbestimmt, einbezogen in den Zusammenhang irrealer, relativ unpersönlicher Sinngebilde, sondern sie sind in erster Linie Aussagen über die sinnvolle Realität dieses Menschen, und zwar über sein Beziehungsverhalten. In seinen Aussagen werden die Regeln seiner Interaktion durchsichtig.

* Kohut und Seitz gebrauchen eine Definition der Übertragung als »Hereinwirken von Primärprozeßhaftem«.

2) Die Beziehungssituation, die sich so dem Verstehen anbietet, ist eine Reaktivierung der infantilen Situation. Die Szenen zwischen Analytiker und Analysand sind vom Gerüst der infantilen Situation her aufgebaut. Die abgewehrte bewußtseinsunfähige infantile Situation ist in diesen Szenen durchsichtig enthalten.

3) Weil das Geschehen zwischen Analytiker und Analysand eine Verwirklichung der infantilen Situation ist und in dieser szenischen Anordnung die abgewehrten infantilen Affekte anwesend sind, kann das szenische Verstehen den Riß in der emotionalen und kognitiven Wirklichkeit des Patienten schließen. Die Wiedererinnerung der infantilen Szene trifft mit der Reaktualisierung der affektiven Lage des Patienten zusammen. Die aktuelle Szene in der Analyse wird im Moment der mutativen Deutung identisch mit der infantilen Szene, und in beiden wird der volle Situationsgehalt begreifbar. Das Erleben des Patienten wird in seinem vollen – affektiven wie kognitiven – »Sinn« gefaßt mit der Möglichkeit, den Sinn »sprachlich« zu formulieren. Damit wird zugleich jener andere Riß zwischen »Lebensform« und »Sprache« geschlossen. Das Sprachspiel ist wieder vollständig und zugänglich. Das Individuum vermag – wenn dies geleistet ist – sich selbst wieder zu verstehen, es kann auch die Absichten seines Handelns wieder identifizieren.

Das Problem der unmittelbaren »Teilnahme« am Sprachspiel via Übertragung hat noch eine andere, nicht weniger bedeutsame Seite: die Voraussetzungen des Analytikers für seine Beteiligung am Übertragungsgeschehen.*

Diese methodischen Voraussetzungen zu benennen, ist nicht einfach. Wir befinden uns dabei einem Problemkreis gegenüber, der in letzter Zeit zwar mehrfach erörtert wurde, über den aber noch keineswegs eine einigermaßen übereinstimmende Klarheit gewonnen wurde: die Gegenübertragung.

* Es versteht sich, daß wir hier nur die methodischen Voraussetzungen erörtern werden. Die besonderen persönlichen Bedingungen, die die methodischen Voraussetzungen erst zum Tragen bringen je nach der Befähigung des einzelnen Analytikers, lassen wir hier beiseite.

Erinnern wir uns kurz an die Geschichte dieses Begriffes: Zum ersten Male tauchen Begriff und Problemstellung in einem Freud-Brief an Ferenczi auf. Die Sachlage erschien damals einfach, insofern die Gegenübertragung eindeutig als Störungsfaktor angesehen wurde, ein Störungselement, das, unerwünscht aber unvermeidlich, darauf zurückgeführt wurde, daß kein Analytiker frei von infantilen Resten ist, mithin sich der analytischen Arbeit stets emotionale Störungselemente aus dem Erleben des Analytikers beimengen. Gegenübertragung meinte danach »alle die Reaktionen des Analytikers ..., die geeignet sind, sein Verständnis für das Unbewußte seines Patienten zu beeinträchtigen« (136).

Im Laufe der Zeit mehrten sich allerdings die Stimmen, die diese klare Frontstellung auflösten. 1924 vertrat z. B. Adolph Stern (137) die Auffassung, daß die Gegenübertragung eine notwendige Vorbedingung der Analyse sei, und in der Folgezeit (vor allem seit den vierziger Jahren) setzte sich mehr und mehr die Ansicht durch, daß die Gegenübertragung ein Instrument des verstehenden Zugangs zum Patienten ist. Nie allerdings ging dabei die Einsicht verloren, daß in dem Komplex »Gegenübertragung« ein Teil neurotischen, Verständnis blokkierenden Ballastes enthalten ist. Dementsprechend wurde versucht, die beiden Anteile zu differenzieren. So versteht Paula Heimann (138) unter Gegenübertragung »alle Gefühle«, die der Analytiker dem Analysanden gegenüber entwickelt«, wobei Heimann innerhalb des Komplexes Gegenübertragung die störenden (neurotischen) von den der Analyse förderlichen Anteilen sondert. Winnicott (139) faßte diese Unterscheidung innerhalb der Gegenübertragung begrifflich als Unterschied von neurotischer Reaktion zu »Gegenübertragung«. Haak (140) dagegen zieht die Scheidelinie zwischen neurotischen und förderlichen, dem Patienten angemessenen emotionalen Reaktionen, indem er »Gegenübertragung« die universelle Reaktion des Analytikers auf den Analysanden nennt, während die neurotischen Anteile ihm zufolge als »Übertragung« (des Analytikers auf den Analysanden) bezeichnet werden sollten. Das ist eine Einteilung, die sich bei Gitelson (141) allerdings insofern umkehrt, als dieser die Gesamteinstellung des Analytikers auf den Patienten als »Übertragung« bezeichnet und Gegenübertragung jene Notfall-Abwehrreaktion nennt, die der Tatsache zuzuschreiben ist, daß kein Analytiker genügend analysiert ist.

Mit dieser Einteilung hat sich die Diskussion der in der Ausgangsposition niedergelegten begrifflichen Fassung wieder genähert, nur ist der Problemkreis erweitert um das Gebiet von »unerläßlichen emotionalen Reaktionen des Analytikers auf den Analysanden«. Neben den störenden Reaktionen der Gegenübertragung werden emotionale Aktionen und Reaktionen als affektive Antworten des Analytikers auf die »realen Bedürfnisse« des Patienten verstanden. Lampl-de Groot (142) betont aber gerade die Anlehnung an die ursprüngliche Bedeutung von »Gegenübertragung«, indem sie den Begriff ausdrücklich auf das Mitsprechen von »eigenen, unbewußten, ungelösten Konflikten und Affekten« begrenzt wissen will.

Wie immer man die Grenzen ziehen und die Begriffe handhaben will, darin stimmen jedenfalls alle, die sich mit dem Problem beschäftigen, überein, daß es zwei emotionale Antworten des Analytikers auf seinen Analysanden gibt. Es gibt das Attachement des Analytikers an den Analysanden, indem der Analytiker sich emotional auf die Bedürfnisse des Patienten einstellt gemäß der (infantilen) Anforderung des Patienten. Das ist eine Reaktionsweise, die frei von verfälschenden Behinderungen aus eigenen unbewußten Strebungen dem Analytiker erlaubt – der Feststellung Freuds entsprechend –, mit seinem Unbewußten auf das Unbewußte des Patienten zu antworten. Diese Einstellung vertieft das Verständnis für den Patienten, während ihr Gegenteil, die störenden infantilen Impulse des Analytikers selbst, das Verständnis blockieren, weil sie den Patienten zum Projektionsschirm der innerpsychischen Vorgänge des Analytikers machen – derart die Anordnung der Analyse umkehrend.

Daß die Grenzlinie zwischen störenden und förderlichen Elementen nicht einfach zu ziehen ist, wurde oft betont. So auch von Parin (143), der eine Reihe von Beispielen vorlegt, an denen klar wird, wie gerade die infantil bestimmten »Abwehrreaktionen« des Analytikers als Instrument der Einsicht in Prozesse des Patienten, die sich einem anderen Zugriff noch entziehen, nutzbar gemacht werden kann. In dieselbe Richtung gehen auch die verschiedenen Äußerungen von Paula Heimann, die mit dem Hinweis auf die »Zeitverschiebung zwischen dem unbewußten und dem bewußten Verstehen« (114) den wichtigen Prozeß der Verständnisbildung im Analytiker während der analytischen Arbeit ansprach.

Sicher ist zweierlei:

1) Es gibt neben einer neurotischen Gegenübertragung ein unerläßliches emotionales Engagement, das eine »notwendige Voraussetzung der psychoanalytischen Therapie« (Reich, 145) ist; ein Engagement, das ein »Zuviel« oder »Zuwenig« an Identifizierung des Analytikers mit dem Analysanden zeigen kann entsprechend den beiden Entgleisungspolen, auf die Helene Deutsch 1926 (146) schon hingewiesen hat: der Weigerung des Analytikers, eine unbewußte Rolle zu übernehmen einerseits, und einer Klebrigkeit, an ihr haften zu bleiben andererseits.

2) Sicher ist gleichfalls, daß dieses emotionale Engagement eine Funktion des Analytikers mit einer ganz umschriebenen Aufgabenstellung meint. »Nicht die Gegenübertragung als solche ist nützlich, sondern die Bereitschaft, Gegenübertragung zu erkennen und zu überwinden.« (Anni Reich, 147). Die Gegenübertragung ist eine Durchgangsposition, die unerläßlich ist, in der man aber »nicht stecken bleiben darf« (H. Deutsch, 146), sondern die durch Objektivierung zu überwinden ist (Racker, 148; Loch, 3; u. a.).

Mit diesem Streifzug durch die Gegenübertragungsdiskussion haben wir eine methodische Erfahrung der Psychoanalyse kennengelernt, die man ungefähr so zusammenfassen kann: In dem Zugang des Analytikers zum Analysanden liegt als methodisches Spezifikum der analytischen Zuwendung ein emotionales

Engagement, ein Sich-Einlassen des Analytikers auf den Patienten als Basis und Voraussetzung für den Prozeß des »szenischen Verstehens«, und dieser Prozeß des szenischen Verstehens ist identisch mit dem Fortschritt der analytischen Arbeit. Das mag an folgenden Eigentümlichkeiten klar werden.

Schnell darzustellen ist, daß es sich beim Begreifen der Gegenübertragung ebenso wie beim intuitiven Erfassen des Patienten um ein Verstehen handelt. Das macht schon allein der Umstand deutlich, daß in den beiden Fällen, die beide aus dem emotionalen Engagement resultieren, die Erkenntnis, die der Analytiker gewinnt, aus seiner Identifizierung mit dem Patienten stammt. Robert Flies (149), Spitz (150) und vorher schon Reik (151) und H. Deutsch (146) haben das für den nichtneurotischen Anteil der analytischen Gegenübertragung bekräftigt, und Greenson (152) hat unter Hinweis auf Fenichel und Ekstein denselben Begriff der »probeweisen Identifizierung« der Empathie und dem empathischen Verständnis zugeordnet.

Zieht man heran, was Fenichel und Reik über den Zusammenhang von Identifizieren, Objektintrojektion und Verstehen bemerkt haben, dann erhärtet sich, was auch Th. von Uexküll (153) in einer methodenkritischen Untersuchung festgestellt hat: daß »Identifizieren« und »Verstehen« einander zugeordnet sind.

Für unseren Diskussionszusammenhang ist folgendes wichtig: die fraglichen Beziehungsprozesse, diese Vorgänge des Sich-Einlassens, sind Identifikationsprozesse, sind Prozesse der Art, wie sie optimal dem Verstehen zugeordnet sind. Nun hatten wir als kennzeichnend für das Verstehen (und für die Sicherung des Verstehens durch das Evidenzerlebnis) erkannt, daß der Vorgang der Bestätigung des Wahrgenommenen im Analytiker liegt, Verstehen sich eben dadurch von der Sicherung beim Erklären unterscheidet, daß die Gewißheit sich aufgrund eines im Analytiker zu vollziehenden Gestaltschlusses einstellt. Hören wir dazu, was Anni Reich (147) zu der Wahrnehmung sagt, die sich mit Hilfe von Intuition und Gegenübertragung

bzw. Übertragungsbeziehung im emotionalen Engagement des Analytikers ergibt: »So gewinnt der Analytiker sein Wissen über das Wesen des Patienten dadurch, daß er etwas wahrnimmt, das in ihm selbst vorgeht.« In die gleiche Richtung geht auch das, was Racker (148) schreibt: »von seinen eigenen Gegenübertragungs-›Gedanken‹ und Gefühlen her mag der Analytiker vermuten, was verdrängt oder abgewehrt wird«.
Dieses letztere Zitat weist nicht nur auf die Identifizierung (und damit auf das Verstehen) hin, sondern deckt auch die Besonderheit dieses Verstehens als *szenisches Verstehen* auf. Der von Racker festgehaltene Tatbestand ist ja eben: Was der Analytiker in sich, an Stelle des Patienten oder als sein Gegenpart, erfährt, eröffnet sich ihm in beiden Fällen durch Beobachtung seiner eigenen Rolle als Teilhaber an der Situation des Patienten.
So kommt es zur Einsicht in die fremdpsychischen Vorgänge. Auf diesen Tatbestand wies auch schon Helene Deutsch in jenem Aufsatz hin, in dem sie den Begriff der komplementären Identifikation vorstellte und von der Verständnisbildung des Analytikers aufgrund einer introspektiven Wahrnehmung, von seiner Wahrnehmung der unbewußten Prozesse als »analytischer Intuition« sprach. Die Ausführungen, die Helene Deutsch über diese analytische Intuition machte, diese »unbewußte Beziehung des Analytikers zum Patienten«, die »wir mit Recht Gegenübertragung nennen«, bestätigen noch einmal den hier vorgetragenen Mechanismus der Evidenz aufgrund von Gleichstimmigkeit, sie unterstellen allerdings einen unbewußten Induktionsvorgang. Halten wir aber zunächst die Übereinstimmung fest, wie sie in den Bezeichnungen »gleichsinnige Inhalte«, »in sich selbst zu erleben« und »Produkt analoger Erlebniswege« aufscheint in folgenden beiden Zitaten:

»Diese aus dem Unbewußten auftauchenden affektiv besetzten Vorstellungsinhalte müssen im Unbewußten des anderen gleichsinnige Inhalte mobilisieren, die sich dann als innere Wahrnehmung ins Bewußtsein durchsetzen. Nachträglich wird die Identifikation der Inhalte agnosziert, und dadurch bekommt die innere Wahrnehmung den Charakter einer äußeren.«

»Das intuitive Einfühlen ist ja die Gabe, das Objekt auf dem Wege der Identifizierung in sich selbst zu erleben, und zwar in jenen Anteilen des eigenen Ichs, an denen der Identifizierungsvorgang zustandegekommen ist. Diese intuitive Einstellung, d. h. der Identifizierungsvorgang in der Analyse, ist durch die Tatsache ermöglicht, daß die Seelenstruktur des Analytikers ein Produkt analoger Entwicklungswege ist wie die des Patienten.«

Schließen wir noch das folgende Zitat über die Nähe zu den »okkulten Phänomenen« an: »daß die ›okkulten Phänomene‹ den Ausdruck einer besonders verstärkten Intuition darstellen, die ihrerseits auf einem unbewußten affektiven Identifizierungsvorgang beruhen«, dann bietet sich die Gelegenheit, die Vorgänge der Intuition bei den okkult anmutenden Einfühlungsvorgängen (siehe dazu Helene Deutschs Falldarstellungen) über das von Deutsch bereits Erreichte hinaus weiter zu klären. Wir gehen von vier Punkten, die wir übereinstimmend mit der Autorin festhalten, aus:

1) Die Wahrnehmung des fremdpsychischen Erlebens wird von einer Introspektion, einer Registrierung der eigenen Erlebnisse geleistet.

2) Die Übereinstimmung wird ermöglicht durch Identifizieren und

3) beruht auf einer gleichlaufenden Entwicklung und (so möchte ich hinzufügen) auf einer sprachlichen Übereinstimmung.

4) Die Identität der Inhalte verwandelt die innere Wahrnehmung in eine äußere.

Soweit gehen wir mit H. Deutsch einig, im weiteren allerdings trennen wir uns von ihr, weil wir jenes noch dunkle »Okkulte«, »das Zustandekommen eines Kontaktes zwischen meinem Bewußtseinsinhalt und dem Unbewußten des Patienten mit Umgehung der Sinnesorgane« (Deutsch) auflösen, indem wir die Erscheinungen in das Situationsmodell einfügen. Die Gleichsinnigkeit, Identität der Inhalte, die als überraschende Übereinstimmung die Identifizierung anzeigt und die es ermöglicht, daß das fremde Erleben im Blick auf das eigene erkannt werden kann, ist nicht das Resultat eines »Kontaktes mit Umgehung der Sinnesorgane«, sondern beruht auf der verstehenden Teilhabe des Analytikers an der »Situation« des Patienten. Das Verständnis der »Szenen« des Patienten als so oder so strukturierte Situationen, das szenische Verstehen also, erlaubt es, den dramatischen Verlauf dort, wo er beim Anderen unzugänglich wurde, in sich selbst als dem dazugehörenden Mitspieler wahrzunehmen. Szenisches Verstehen heißt eben: Interpretation des Verhaltens des anderen auf Grund der Entschlüsselung der szenischen Muster. Voraussetzung des szenischen Verstehens umgekehrt ist notwendig die Fähigkeit, sich als Teilhaber an der Situation mit dem Patienten oder einer anderen Beziehungsperson zu identifizieren. Gelingt die identifizierende Teilhabe an der Beziehungssituation des Patienten, dann richtet sich im situativen Verstehen ein Zusammenspiel erfahrbar ein, das folgende Abläufe enthält, wie sie nach Spitz für eine verarbeitete Gegenübertragung zutreffen:

1) In Reaktion auf das Unbewußte des Patienten steigen im Analytiker Derivate seines eigenen Unbewußten auf und er wird ihrer gewahr.

2) Das Gewahrwerden dieser Derivate gestattet ihm, auf in ihm selbst stattfindende unbewußte Vorgänge zu schließen.

3) Die Einsicht in seine eigenen unbewußten Prozesse erlaubt dem Analytiker nun, eine vorübergehende Identifizierung mit jenen unbewußten Prozessen im Patienten zu leisten, die seine eigene unbewußte Reaktion hervorgerufen haben.

Dem entspricht auch die Einteilung des Vorgangs beim Verstehen nach A. Reich:

1) Der Analytiker wird Objekt der Triebansprüche,

2) der Analytiker identifiziert sich vorübergehend mit dem Patienten »und nimmt auf diese Weise an dessen Gefühlen teil« und

3) der Analytiker erkennt diese Gefühle und die ihnen zugrundeliegenden triebhaften Bestrebungen als zugehörig zum Patienten, er löst sich wiederum von dem Patienten los; er gewinnt sein Wissen über das Wesen des Patienten dadurch, daß er etwas wahrnimmt, das in ihm selbst vorgeht.

Wir sehen dreierlei:

1) die psychoanalytische Zuwendung zum Patienten besteht in einer Identifizierung, d. h. einem Sich-Einlassen mit dem Patienten entsprechend dem szenischen Muster, dem Situationsangebot, das der Patient macht.

2) Dieses Sich-Einlassen ist auf szenisches Verstehen hin angelegt.

3) Das szenische Verstehen wurzelt in der Identifizierung, es gründet darin, daß der Analytiker an der Szene des Patienten verstehend teilhat, und das heißt: sich ihr entsprechend der Interaktionsstruktur des Patienten einfügt, um in Überwindung der Übertragungspositionen den Prozeß der Aufklärung voranzutreiben, indem er sein Verhalten zur Sprache bringt.

Dieses Angelegtsein auf szenisches Verstehen im Sich-Einlassen mit dem Patienten wird besonders deutlich in dem, was Greenson zum Prozeß der Empathie, diesem »eigentümlichen Wahrnehmungsmodus« (152) ausführt. Greenson spricht von einer »Modellvorstellung«, die der Analytiker in seinem empathischen Vorgehen vom Patienten gewinnt. Er meint damit allerdings nur ein Modell der Gefühle, Verhaltensweisen das Patienten, eine Repräsentanz, die der Analytiker vom Patienten aufbaut. Diese Vorstellungen von einem Modell gehen aber – mindestens in Greensons Falldarstellungen – über ein begrenztes Verhaltensmodell hinaus und tragen so viele Züge eines dramatischen Modells, daß ich nicht zögern möchte, diese Gedankengänge als Bestätigung der vorliegenden Überlegungen einzufügen, zumal wenn man berücksichtigt, was Greenson über das Modell sagt: »Die Vorstellung des Arbeitsmodells vom Patienten setzt eine besondere Art innerer Objektrepräsentanz voraus. Es ist eine innere Repräsentanz, die nicht im Selbst aufgeht und doch dem Selbst nicht fremd ist.«

Das Objekt wird hier in seiner Beziehung zum Selbst des Analytikers gesehen: In die konkordante Identifikation (Racker) mischen sich Züge einer komplementären (Deutsch, Racker). Patient wie Analytiker werden in einer Szene erlebt, was in Greensons Beispiel (»nun schaltete ich vom Zuhörer ›außen‹ in einen beteiligten Zuhörer um. Ich ging auf die Party, als wenn ich die Patientin wäre. Jetzt ging mir ein Licht auf ...«) schön illustriert ist. Allerdings ist die konkordante Identifizierung im Beispiel so sehr nach vorne geschoben, daß man den komplementären Zug übersehen kann.

Augenfälliger wird der situative Charakter der Probeidentifikation des Analytikers dort, wo die komplementäre Identifizierung im Blickpunkt erscheint. Loch nennt die Probeidentifizierung in diesem Zusammenhang ein »Verkosten der Gegenübertragung der Beziehungspersonen« (154). Die Einrichtung der Identifizierungsprozesse als ein szenisch-situatives Arrangement wurde aber schon von Helene Deutsch (146) gesehen, als sie schrieb, daß »der Analysierte seine unbefriedigten, infantil-libidinösen Wünsche dem Analytiker zuwendet«.

Als Objekt dieser Wünsche wird er mit jenen Objekten identifiziert, auf die sich einst dieselben Wünsche bezogen. Die Aufgabe des Analytikers beruht nun auch darin, »... gleichsinnig zu den Übertragungsphantasien des Patienten seine Identifizierung mit den Imagines derselben vorzunehmen. Ich nenne diesen Vorgang ›Komplementäreinstellung‹ zum Unterschied von der Identifizierung mit dem infantilen Ich des Patienten. Beide zusammen bilden erst das Wesen der unbewußten ›Gegenübertragung‹.«

Auch Racker sieht die Verflechtung der konkordanten und komplementären Anteile der Identifikation zu einer zwischen beiden Möglichkeiten oszillierenden Teilhabe des Analytikers an der Situation des Patienten: »... wir haben den Analytiker als Subjekt und den Patienten als Objekt seiner Kenntnisse, die in einem gewissen Sinne die ›Objektbeziehung‹ annullieren ..., stattdessen entsteht die annähernde Einheit oder Identität zwischen den Subjekt- und Objektteilen«. (148)

Besonders treffend kommt die Situationsbezogenheit der Identifikationen in diesen analytischen Verstehensprozessen zu Wort in einer Beschreibung von Karl Müller-Braunschweig, wobei die Hervorhebung, die Scheunert hinzufügte, das Zitat noch schlagkräftiger macht.

»Ein Wort über die Bedeutung der ›psychoanalytischen Situation‹. Dieses eigentümliche Wesen, der Mensch zwischen Vergangenheit, Gegenwart und Zukunft eingespannt, in einem Prozeß libidinöser und mannigfach emotioneller Bewegung begriffen, und zugleich vor der Forderung stehend, in der Distanz des Erkennens eine seelische und geistige Aufgabe ganz besonderer Art zu lösen, ist in zwei Exemplaren – dem Analytiker und dem Analysanden – zu einer beide umfassenden Situation zusammengeschlossen. Hier darf man die Frage aufwerfen, wer oder was das eigentliche Objekt der psychoanalytischen Arbeit sei. Es ergibt sich: Der Patient ist nicht das einzige und eigentliche analytische Objekt. *Das eigentliche Objekt ist jene Gesamtsituation zu zweit!*« (155)

Nicht vergessen werden sollte in diesem Diskussionszusammenhang, was verschiedene Autoren über die analytische »Grundanordnung« sagten. Vorgängig jeder Einzelszene bedingt schon die analytische Grundanordnung ein komplementäres Verhältnis in der einfühlenden Teilnahme des Analytikers am Beziehungsfeld des Analysanden in der »diatrophischen Haltung«, wie sie Spitz beschrieben hat: »Die Gegenübertragung weist dem Analytiker eine Rolle zu, die derjenigen des Patienten entgegengesetzt ist. Der Patient ist hilflos ...« (Spitz, 156).

Fassen wir die Aussagen über die Identifikationsprozesse, wie sie den verschiedenen Vorgängen – Intuition, Empathie, Gegenübertragung – zugeschrieben werden, zusammen: Der »bewegliche emotionelle Spürsinn« (Heimann, 102) des Analytikers beruht auf der Verflechtung in die Situation des Patienten. Der Analytiker nimmt an den Szenen des Patienten teil. Er kann verstehen, weil er konkordant wie komplementär als Mitspieler in die dramatische Konzeption des Patienten einbezogen wird. Er verkostet die Gegenübertragung der Objekte seines Patienten und er versteht so die Situation des Patienten, die sich, den Akteuren unbewußt, in der Szene verwirklicht. Die Teilhabe am Beziehungsfeld seines Patienten begründet das Verstehen des Analytikers. Die besondere methodische Situation des Analytikers als teilnehmender Beobachter ermöglicht und bestimmt sein besonderes Verstehen. Es ist dieser Lage angemessen und zielt auf das Erfassen der Beziehungsstruktur in der Vielfalt der Szenen. Die Realität des Patienten enthüllt sich ihm über die Kenntnis der Beziehungsstruktur des Patienten, wie sie sich szenisch entfaltet hat, und diese erschließt sich ihm aus dem Verstehen der Situation. Voraussetzung des szenischen Verstehens, das ihm die Situation in diesen Szenen auslegt, sind die komplementären wie konkordanten Identifikationsvorgänge, die der Analytiker am Erleben des Patienten nimmt.

Der Schwerpunkt dieser Identifizierungsvorgänge liegt auf der Teilhabe des Analytikers an der Situation des Patienten; der Situation entspricht die Struktur der Verhaltenspraxis, der »Lebensform« des Patienten. In ihr werden die verborgenen Regeln des, partiell dem Bewußtsein entzogenen, Sprachspiels erfahrbar. An dieser Realität kann das Bild der Wirklichkeit des Patienten trotz aller Verwirrung der Symbolschicht abgenommen werden. Hier kann also die löcherig gewordene Sprache restituiert werden, können die »privatsprachlich« abgesonderten Bedeutungen in die Kommunikation zurückgeholt werden; die Dinge können im Rahmen eines öffentlichen Sprachgebrauchs wieder einen »Namen« erhalten. Das aufgespaltene Sprachspiel wird wiederhergestellt. Die Teilhabe an der Szene (im Übertragungs-Gegenübertragungsspiel) begründet Sprache, stiftet jene Übereinstimmung der Bedeutungen, die für ein Verstehen des Fremdpsychischen unerläßlich ist.

Das Heraufholen der Bedeutungen im Begreifen der Szene als »verstandene« Situation ist freilich ein Prozeß, der nicht automatisch abläuft. Das »Teilhaben an der Situation des Patienten« und »Verstehen der Situation« bahnt sich in der Psychoanalyse seinen Weg vielmehr Schritt für Schritt mit den Mitteln der Identifikation und der Verwandlung von Teilhabe, bloßem Einbezogen-Werden, in eine formulierte Teilnahme mit Bestimmung der Position von Analytiker und Analysand.

Wie diese Verwandlung vor sich geht, muß nun noch ausgiebig diskutiert werden, denn hier bestehen einige Auffassungen, die sich mit unserem Konzept schlecht vereinbaren lassen. Um den Streitpunkt knapp zu umreißen: Wenn wir annehmen, daß der therapeutische Prozeß durchgehend von »Verstehen« beherrscht wird, ohne Einschiebung eines erklärenden Schrittes, dann muß angesichts der Zusammengehörigkeit von Verstehen und Identifizierung auch erwartet werden, daß das Verhältnis des Analytikers zum Patienten durchgehend in der Identifizierung abläuft und nur innerhalb der Identifizierung sich verändert.

Dieser Annahme stehen aber mannigfache analytische Aussagen entgegen. Es ist nicht nur die schon erwähnte analytische Erfahrung, daß es ein Zuviel oder Zuwenig an Identifizierung geben kann. Das wäre kein durchschlagendes Argument gegen unsere Annahme, denn die Frage einer zu starken oder zu geringen Intensität, einer zu schwachen Teilhabe oder eines Hineingezogenwerdens in eine folie à deux berührt gewiß eine andere Seite.

Schwierigkeiten entstehen aber vielmehr daraus, daß die Auseinandersetzung zwischen Analytiker und Analysand nach der Meinung der verschiedenen Autoren sich ausdrücklich als ein Wechselspiel derart abwickelt, »daß der Analytiker zwischen den beiden Stellungen als *Beobachter* und *Teilhaber* rasch hin und her wechselt« (157, Hervorhebung von mir).

Das ist eine Vorstellung, der schon Ferenci, Sharpe, Reik und Robert Flies folgten und die von Greenson erneut unterstrichen wurde. Auch Parin spricht von der »Identifikation mit einem Teil des Ich des Patienten, die wir wieder zurücknehmen, um sie zu betrachten« (143), und Kemper meint, »daß der Analytiker immer wieder die Identifizierung mit seinen Patienten zurücknehmen muß, um das identifikatorisch Wahrgenommene nun bewußt registrieren, verarbeiten, ggf. deuten zu können« (158).

Ziel dieses fortlaufenden »Wechselspiels«, dieser »Reihe rasch vorübergehender Introjektionen und Reproduktionen« (159) ist die »Distanzierung zwecks rationaler Erfassung und Verarbeitung« (158).

Machen wir uns klar: Die Annahme einer Phase »distanzierter Beobachtung und Betrachtung des Patienten« wäre – wenn man die benutzten Begriffe so nimmt, wie sie sich vorstellen – identisch mit der Annahme eines »erklärenden Schrittes« als integraler Teil der Verständnisbildung des Analytikers.

Nun gibt es zu der Meinung, wie sie sich in den angezogenen Zitaten ausdrückt, eine alternative Auffassung. Sie wollen wir genauer betrachten, um zu sehen, ob sie unserer Hypothese eine berechtigte Chance gibt oder ob wir unsere Ansicht von einem geschlossenen Verstehensprozeß an dieser Stelle fallen lassen müssen.

Es handelt sich um die Gedankengänge, wie sie Spitz (156) und Lampl-de Groot (142) vertreten. Sie sind zwar nicht alternativ zu den oben genannten Meinungen formuliert, aber doch so pointiert zur Sache geäußert worden, daß wir keine Mühe haben, in den verschiedenen Äußerungen den tragenden Gegensatz zu den oben erwähnten Meinungen zu erkennen.

Zunächst seien nochmals die Aussagen von Spitz über den Gang der Zuwendung des Analytikers zum Patienten vorgelegt.

1) In Reaktion auf das Unbewußte des Patienten steigen im Analytiker Derivate seines eigenen Unbewußten auf und er wird ihrer gewahr.

2) Das Gewahrwerden dieser Derivate erlaubt ihm, auf die in ihm selbst stattfindenden bewußten Vorgänge zu schließen.

3) Die Einsicht in seine eigenen unbewußten Prozesse erlaubt dem Analytiker nun, eine vorübergehende Identifizierung mit jenen unbewußten Prozessen im Patienten zu vollziehen, die seine eigenen bewußten Reaktionen hervorgerufen haben.

Wie diese Identifizierung bewerkstelligt wird, nämlich als eine »gesteuerte Regression«, wird in folgendem Zitat deutlich: »Wir haben betont, daß ein großer Teil der Einsicht des Analytikers auf kurzen, vorübergehenden Identifizierungen mit dem Patienten beruht, d. h. auf einer Ich-gesteuerten Regression des Analytikers« (Spitz). Es bedarf wohl keiner weiteren Begründung, daß diese »gesteuerte Regression« ganz als »Regression im Dienste des Ich« verstanden werden muß. Spitz und Lampl-de Groot betonen das ausdrücklich an verschiedenen Stellen.

Diese Regression wird von Spitz nun noch weiter spezifiziert.

Es ist eine Regression zu der »koinästhetischen Funktionsweise«, d. h. einer Funktionsweise, die eine Phase der Mutter-Kind-Beziehung aufgreift. Mit dieser Auffassung treffen sich die Spitz'schen Gedankengänge mit denen von Greenson (152), Katan (160), Kemper (158), Olden (161) und anderen über die angenommene Verwurzelung der Empathievorgänge im Mutter-Kind-Komplex. Auch diese Autoren nehmen, in mehr allgemeiner Fassung, einen solchen Rückgriff an. Lampl stellt die Geltung dieser regressiv ergriffenen Funktionsweisen für das gesamte emotionale Zuwendungsspektrum ausdrücklich fest, wenn sie schreibt: »Ich meine, daß die Fähigkeit zur Empathie, zur Intuition oder zum ›Fingerspitzengefühl‹ ... in der koinästhetischen Funktionsweise einen ihrer Ursprünge hat.«
Bemerkenswert ist nun folgender Prozeßschritt. Nahm der Analytiker in dieser koinästhetischen Zuwendung eine »regressive« (schöpferische) Position ein, so löst er sich aus dieser Position wieder, indem er »ordnend und verbalisierend« (Lampl) zu der diakritischen Funktionsweise aufsteigt. »Die koinästhetische Organisationsweise wirkt wie der Primärvorgang, die diakritische wie der Sekundärvorgang« (Lampl).
Betrachten wir die Vorgänge im Zusammenhang mit unseren eigenen Ausführungen:
Den eben dargestellten Auffassungen folgend, gliedert sich der Verstehensgang in zwei Schritte. Zum ersten Schritt gehört ein »großer Teil Einsicht*«, der identifizierend in regressiver Position gewonnen wurde.

* Lassen wir offen, wie groß der andere Anteil ist, nämlich die in »nicht regressiver« Position gewonnenen Einsichten. Diese Einsichten haben in jedem Fall bestimmende Merkmale, die sie den in regressiver Identifizierung erworbenen Erkenntnissen näher rücken:
1) Die Wahrnehmung am Patienten wird auch hier introspektiv vom Analytiker bestätigt. Die Evidenz gründet in jedem Fall auf der Reproduktion eigener Symbole, ist ein im Analytiker ablaufender Vorgang.
2) Die Wahrnehmung, die sich am Patienten orientiert, stammt nicht minder als diejenige, die sich auf die Derivate eigener, unbewußter Reaktionen des Analytikers richtet, aus der Teilnahme an der »Situation« des Patienten. Beide Male ist das Interaktionsfeld im Blick, beide Male geht es um eine Teilhabe an den Beziehungen zum Patienten, und wie der nun schon oft zitierte Vorgang der komplementären Identifikation sinnfällig macht, geht

Alldem zufolge können wir unbedenklich die Spitz'schen Feststellungen in ihrer allgemeinsten Fassung anwenden: die entscheidenden Verstehensschritte beruhen auf einer kontrollierten Regression.

Wichtig für unser Problem – Verstehen und Identifikation – ist der zweite Schritt: Wenn der Analytiker sein Verstehen in der koinästhetischen Position verankert hat, geht er aus dieser »vorübergehenden Identifikation« der koinästhetischen Position zu der diakritischen Position weiter. »Er geht weiter« muß genauer heißen: Er steigt zur diakritischen Position auf, denn, wie das Zitat von Lampl-de Groot zeigt, der Übergang bedeutet einen Schritt von der Primär- zur Sekundärorganisation. »Vorübergehende« Identifikation meint eine vom Analytiker in der Beziehung zu diesem Patienten (um dessen Bedürfnisse willen) eingenommene regressive Position, will aber nicht besagen, daß in der Verarbeitung dieser Beziehung die Identifikation distanzierend aufgelöst wird. Identifikation wird nicht in einem Wechselschrittverfahren aufgegeben, sondern sie wird festgehalten, wie Lampl-de Groot das ausdrücklich annimmt (162). Verändert wird allerdings die Art der Beziehung, indem ihr regressiver Charakter aufgelöst wird. Es kommt nicht zum Loslassen des Patienten, wohl aber dazu, daß die »Teilhabe am Patienten« verarbeitet und auf eine höhere Stufe gehoben wird. Im Übergang von der koinästhetischen zur diakritischen Funktion wird die identifikatorische Teilhabe an der Beziehungssituation des Patienten in folgender Weise verwandelt:

a) Auflösung der Regression,
b) Übergang vom Primär- zum Sekundärprozeß oder, wie ich

es um mehr als nur die konkordante Gleichsetzung in der Position des Analysanden; sie umfaßt in jedem Fall den anderen Teil mit, bzw. sie ist grundsätzlich auf die Interaktion zentriert.

3) Es liegen viele Hinweise gerade von Spitz vor, die dafür sprechen, die einfühlende Zuwendung als Ganzes in der regressiv koinästhetischen Funktion wurzeln zu lassen, die Einfühlung als Mitregression des Analytikers aufzufassen – wobei dies schon allein von der Annahme, daß der Analytiker die diatrophische Gegenposition zum Patienten einnimmt, nahegelegt wird.

unmißverständlich sagen möchte, von der Primär- zur Sekundärorganisation.

c) Übergang von der »unbewußten Teilhabe« an der nur agierbaren, aber vom Analytiker nicht agierten Szene zu »verstehender Teilnahme an der bewußt gewordenen Situation« und zum Verbalisieren der nun sprachlich faßbaren, dem Analytiker bewußt gewordenen Interaktion.

Die Lehre von der »Distanzierung vom Patienten« beruht tatsächlich auf einer Verwechslung zweier ganz unterschiedlicher Vorgänge. Nicht zum Patienten gewinnt der Analytiker eine distanzierende Beziehung – Distanz nimmt der Analytiker vielmehr ein zum *Beziehungssymbol*. Nicht der Patient wird mit Distanz betrachtet, sondern die *»Beziehung zum Patienten«*. Anders ausgedrückt:

Was tatsächlich ein »vertikaler« Vorgang im Analytiker ist, wird in jener Auffassung fälschlicherweise »horizontal« auf die Ebene zwischen Analytiker und Patient projiziert. Die »distanzierte Betrachtung« richtet sich aber nicht auf den Patienten, vielmehr wird im Analytiker das neugewonnene Symbol wahrnehmbar – d. h. der Reflexion zugänglich. Es geht dabei um drei Arten von Symbolen:

1) Symbole, die dem Bereich der Selbstrepräsentanz (des Analytikers) zugehören,

2) Symbole, die dem Bereich der Objektrepräsentanz (der Repräsentanz des Patienten im Analytiker) zugehören, und

3) Symbole, in denen die Beziehungen zwischen Selbst- und Objektrepräsentanz als »Situation« gefaßt sind.

Die zuletzt genannte Symbolform ist die für unseren Zusammenhang wichtigste, weil es die jeweils »früheste« ist bei der Symbolbildung – der jeweiligen Rückverwandlung der Klischees in die Symbole, die sie sein sollen. Wie wir beim Studium der »Verdrängung als Desymbolisierung« fanden, geht die Verwandlung in ein Klischee auf der Linie zunehmender Auflösung der Distanz von Selbst- und Objektrepräsentanzen vor sich. Die Entwicklung führt in einen ungeschiedenen Zustand, den man als (regressive) Einschmelzung des Gegenständlichen in das Funktionell-Szenische zu begreifen hat. Die Formulierung »funktionell-szenisch« charakterisiert zugleich ganz gut den Durchgang der De- bzw. Resymbolisierung durch einen Zwischenbereich, in dem klischeebestimmtes und symbolvermitteltes Verhalten ineinander über- und auseinander hervorgehen. »Szenisch« ist die klischeebestimmte Beziehung insofern zu nennen, als sie aus der Formation der Symbole hervorgeht und die Abkunft aus den sozialen Bildungsprozessen nicht abstreifen kann. Aber klischeebestimmtes Verhalten »an sich« gehört formal in den Geltungsbereich einer funktionalistischen Psychologie.

Unsere Überlegungen haben sich an der Symbollehre entfaltet, dort haben wir die ersten Fingerzeige für den Ansatz einer Metatheorie erhalten. Wenden wir uns zum Abschluß wieder dorthin zurück, um das Thema abzurunden. Versuchen wir, die Entwicklung vom Klischee zum Symbol noch einmal genau zu verfolgen (auch wenn dabei einige Wiederholungen unvermeidlich sind).

In der koinästhetischen Zuwendung zum Patienten begibt sich der Analytiker in das Beziehungsfeld des Patienten. Er nimmt darin eine Position ein, die zunächst (der Zugehörigkeit der koinästhetischen Teilnahme an der Primärorganisation entsprechend) unbewußt ist. Das heißt, die Beziehungslage ist unbegriffen, die Beziehung ist noch ganz im nur agierbaren (aber vom Analytiker nicht ausagierten) Status. In dieser Beziehung, die (dem Wiederholungszwang gemäß) eine unbewußte Beziehungsstruktur des Patienten reaktualisiert, nimmt der Analytiker eine mögliche Position ein – in konkordanter oder komplementärer Identifizierung. Die Übernahme der Positionen geschieht (wie nun wohl ausreichend erörtert) dadurch, daß der Analytiker in seinem eigenen unbewußten Erleben die Beziehungssituationen konstelliert.

Das übertragene Beziehungsarrangement ist aber auf der Stufe, auf der Analysand wie Analytiker sich in einer Regression befinden (der Analytiker in einer Regression im Dienste des Ichs), noch eine unbewußte Struktur, ein »Klischee«. Erst mit dem

Übergang von der koinästhetischen zur diakritischen Ebene gewinnt das Klischee das Niveau eines Symbols. Dieser Übergang ist die Leistung der Symbolbildung des Analytikers, die den Sekundärprozessen zugehört. Natürlich setzt die Arbeit dieser Sekundärprozesse schon innerhalb der von der Regression bestimmten Phase ein, in der die Primärorganisation herrscht; sie wird aber abgeschlossen und zur vollen Leistungshöhe gebracht, wenn das diakritische Niveau erreicht wurde. Ihr Ergebnis ist die Verbalisierung der Situation (einschließlich der verschiedenen Positionen, die Analytiker und Analysand einnehmen). Verbalisierung der Situation heißt nichts anderes als: sprachliche Fassung des zum reifen Symbol entwickelten Beziehungsklischees. Auf dem Symbolniveau hat das Klischee seine unbewußten Charaktermerkmale – den Wiederholungszwang auf einen Geschehensreiz hin, die Bewußtseinsunfähigkeit usw. – verloren und ist nun ich-verfügbar und bewußtseinsgerecht geworden. Aus der konflikthaften (und deshalb verdrängten) Beziehung, die als unbewußtes Klischee dynamisch wirksam war, ist so das bewußtseinsfähige Symbol geworden. Während das unbewußte Beziehungsklischee auf passenden Geschehensreiz hin sich inszenierte mit dem Zwang zu agieren und mitzuagieren, aber ohne die Möglichkeit, bewußt zu werden, ist die Situation in den begriffenen, in ihrem Beziehungssinn verstandenen Szenen als Symbol dem Ich faßbar und verfügbar geworden. Für den Analytiker ist damit die bloße Verstrickung in die Beziehung zum Patienten (die in der koinästhetischen Phase als Gefahr der folie à deux gegeben ist) verwandelt in die »verstehende« Teilnahme. Die Identifikation ist aus ihrer unbewußten Befangenheit im Gange dieser Veränderungen umgewandelt in eine verstehende Teilnahme an der nun begriffenen Situation. Die Distanzierung, von der immer wieder die Rede ist, ist eine sprachliche Objektivierung, sie ist keine Vergrößerung der Distanz vom Analytiker zum Analysanden. Um es nochmals zu betonen, die Neigung, diesen Vorgang »Distanzierung zum Patienten« zu nennen, rührt aus der Verwechslung von Symboldistanz, nämlich der (für jedes Symbol

entscheidenden) Distanz des Ichs zu seinen Symbolen, mit der Distanzierung von Selbst- zu Objektrepräsentanzen her; sie spielt sich *im* Analytiker und nicht *zwischen Analytiker und Analysand* ab. Allerdings kommt es im Abschluß des ganzen Prozesses im Analytiker auch zu einer Distanzgewinnung zwischen Selbst- und Objektrepräsentanzen. Aber dieser Vorgang ist erst das Endresultat der Operation und keineswegs eine Operationsphase. Wir wollen ihn noch gesondert betrachten. Gehen wir dabei von der unbestreitbaren Tatsache aus, daß die Entwicklung zusammengehörender Symbole konform verläuft. So wie am Anfang der Gesamtentwicklung eine ungeschiedene Phase, in der Ich und Nicht-Ich noch nicht differenziert sind, existiert, Selbst- und Objektrepräsentanzen noch nicht bestehen, sondern erst allmählich sich voneinander abgrenzen, herausformen, so hängt die Ausbildung der einzelnen komplementären Symbole in Selbstrepräsentanz einerseits und Objektrepräsentanzen andererseits stets zusammen.
Man muß, um eine zutreffende Einschätzung der Verhältnisse zu gewinnen, bei der Entfaltung der korrespondierenden Symbole sich klar machen, daß Selbst- wie Objektrepräsentanzen keineswegs aus einem einzigen einheitlichen Symbol bestehen, sondern je eine Vielzahl von Symbolen enthalten. Das formal Gemeinsame dieser Symbole besteht darin, daß sie – für die Selbstrepräsentanz z. B. formuliert – das »Selbst in der und der Situation« darbieten. Das gleiche gilt für die Objektrepräsentanzen, bei denen ebenfalls die Einzelsymbole das Objekt »in der und der Situation, also Beziehung« repräsentieren. Verbunden werden die miteinander in Beziehung stehenden Symbole (der Selbst- und Objektrepräsentanzen) durch die »Situation«, die ebenfalls als Symbol gefaßt wird. »Situation« ist das Symbol der zu korrespondierenden von Selbst- und Objektrepräsentanzen gehörenden Beziehungslage. Kurz gesagt, die Symbole aus der Selbstrepräsentanz, aus den Objektrepräsentanzen und die als Symbol gefaßten strukturierten Beziehungen hängen nicht nur zusammen, sie können sich auch nur synchron entwickeln, heraus aus einem ungeschiedenen Zustand.

Sandler und Joffe (163) haben in jüngster Zeit das Augenmerk erneut auf die Ausdifferenzierungen vom Stand einer ungeschiedenen Beziehung zwischen Analytiker und Analysand gerichtet. Ohne auf ihre äußerst interessanten Ausführungen im einzelnen eingehen können, scheint uns zweierlei für unseren Themenzusammenhang von Interesse. Zum einen: Die Autoren nehmen an, daß es in der geistigen Tätigkeit immer wieder zu Reaktualisierung der primären Ungeschiedenheit, der »primary confusion«, wie Sandler und Joffe sie nennen, kommt; und zum anderen: die Grundlagen der Empathie sind damit gegeben.

Mit unseren Betrachtungen decken sich die Feststellungen von Sandler und Joffe insofern, als danach in ganz übereinstimmender Weise die therapeutische Operation, von der empathischen Teilnahme angefangen, als ein Differenzierungsvorgang verstanden wird. Jede erneute regressive Teilnahme an der Situation des Patienten knüpft, das ist den Ausführungen von Sandler und Joffe hinzuzufügen, an eine ungeschiedene Beziehungslage an. Sie wird in dem Maße überwunden, wie die unbewußte Beziehung als Situation begriffen, d. h. als Symbol gefaßt wird. Mit dem Begreifen der Situation als »Sinn einer konkreten Szene« wird in dreierlei Hinsicht differenziert: Die Position des Selbst (in so und so gearteter Verhaltensstruktur) wird als Symbol verselbständigt; parallel dazu tritt innerhalb der Objektrepräsentanzen (in Abhebung gegen das korrespondierende Symbol im Selbst) ein Symbol hervor. Gleichzeitig wird die Beziehung, die an Stelle der »primary confusion« sich strukturiert hat, als Symbol, als Situation greifbar. Selbst-Symbol, Objekt-Symbol und Situations-Symbol entwickeln sich gleichzeitig. In dem Maße, wie der Analytiker die Beziehung, in welche der Analysand im Übertragungs-Gegenübertragungsspiel ihn verstrickt hat, begreifen und als Symbol fassen kann, distanzieren sich ihm Selbst- und Objektrepräsentanzen. In der »primary confusion« waren Selbst und Objekt ungeschieden, die Situation war noch unentwickelt, unbewußt. Selbst, Objekt und Situation traten daraus zugleich hervor.

Die Gesamtentwicklung kann im universellen Überblick so formuliert werden: Aus der »primary confusion« differenzieren sich Selbst und Objekt, indem sich aus der primären Ungeschiedenheit die Beziehungssituation entwickelt und diese den Symbolstatus erlangt. Diese Differenzierung wiederholt sich im Laufe der Entwicklung tausendfach in der Weise, daß die korrespondierenden Symbole im Selbst und Objekt sich differenzieren in Entwicklung ihrer »Beziehung« als Symbol, als bewußt begriffene und ich-verfügbare »Situation«.

Daß sich dieser Prozeß der Entfaltung der »primary confusion« in der Therapie und den empathischen Vorgängen, ausgehend von einer kontrollierten Regression des Analytikers, unablässig in der Analyse wiederholt, kann im Anschluß an Sandler und Joffe klar ausgesprochen werden. Um eine solche Distanzierung in Form einer Differenzierung handelt es sich im therapeutischen Prozeß. Der Prozeß verläuft nicht über eine Abwendung von der Identifizierung und ein Ersetzen der verstehenden Teilnahme durch distanzierendes Beobachten dem Patienten gegenüber, sondern als Ausbildung der Symboldistanz im Rahmen der Symbolbildung. Die Identifizierung wird nicht durch Distanzierung abgelöst, sondern sie wird aufgehoben in die *reifere Form der Teilnahme, in das Verstehen.* Verstehen wird hier nicht durch Erklären ersetzt, sondern kommt ganz im Gegensatz dazu erst darin zu seiner vollen Leistungshöhe, wobei dieser Strukturübergang im Zusammenhang mit der Tatsache zu sehen ist, daß die Entwicklung »der Symbolfähigkeit ... parallel mit der Reifung des Sekundärprozesses ... und der Differenzierung der psychischen Instanzen« (Hacker, 164) vor sich geht.

Auch die letzten Schritte in der therapeutischen Operation, die Auflösung der einfühlend hergestellten Identifikation mit dem Patienten, die der Analytiker in einer kontrollierten Regression gewonnen hatte, verlaufen »verstehend«. Die Auflösung von Übertragung und Gegenübertragung geschieht im Übergang der koinästhetischen Teilnahme zur verstehenden Haltung der diakritischen Phase, in diesem Überstieg vom »bloß unbewußten« Teilhaben zum »bewußt verstehenden Teilnehmen«. Der entscheidende Vorgang der Auflösung der Identifikation und der Ablösung von Übertragung und Gegenübertragung ist der »Übergang von der Primärorganisation zur Sekundärorganisation«. Mit dieser Fassung haben wir eine Formulierung gefunden, die der Erfahrung am Gegenstand, nämlich den Vorstellungen im Patienten ganz parallel geht, wie dies die Bemerkung Freuds meint: »Eine Vorstellung (taucht) aus dem Unbewußten auf, theoretisch ausgedrückt, sobald sie aus dem ›Primärvorgang‹ in den ›Sekundärvorgang‹ übergeht« (165).

Wenn wir uns darauf besinnen, daß der Analytiker dem Patienten im Verständnis vorausgeht, dann wird es uns nicht verwundern zu erfahren, daß die Vorgänge im Patienten den Leistungen des Analytikers entsprechen. Für den Patienten läuft die Analyse ganz entsprechend dem Geschehen im Analytiker als eine allmähliche Herausarbeitung der »Situation« ab. Die Beziehung, in der der Patient gefangen ist und die er in immerwährender Wiederholung in Szenen ausagieren muß, kann er von Deutung zu Deutung, d. h. in zunehmender Aufhellung des situativen Sinnes der Szenen, immer besser verstehen. Es baut sich ihm immer mehr der »situative Sinn« als faßbares Symbol auf. Was agierend erlebt wurde, erlebt werden mußte, kann zunehmend als »Situation« begriffen werden.

Die Symbole der Selbst- und Objektrepräsentanzen sind nur in Bezogenheit aufeinander denkbar; sie sind dem Verstehen auch nur zugänglich über das Begreifen der Situation, der strukturierten Beziehung, die sich aus der »primary confusion« herausentwickelt hat. Der Patient versteht sich und seine Objekte, wenn er die Beziehung zu ihnen verstanden, wenn er die Situation reflektierend als Symbol begriffen hat. Die Situation als Symbol gibt dem Patienten die Freiheit der Reflexion und der Handlung zugleich, die er in der Befangenheit in einer unbewußten, nicht symbolisierungsfähigen Beziehung nicht besaß.

Greifen wir den Faden unserer Untersuchung – die Frage nach der Basis zuverlässigen Erkennens vom Fremdpsychischen im psychoanalytischen Verstehensprozeß – noch einmal ausdrücklich auf in Formulierung einer – sechsten und letzten – These:

> Sicherstes Fundament des psychoanalytischen Erkennens ist die Teilhabe an der Situation des Patienten. Diese Teilhabe – verbürgt durch Übertragung und Gegenübertragung – besteht in der realen Zuweisung einer »Rolle aus der Situation des Patienten« an den Analytiker. Sprachanalytisch läßt sich dieses Geschehen als Teilhabe des Analytikers am »aufgespaltenen Sprachspiel« des Patienten begreifen.
> Der Analytiker nimmt mittels einer funktionellen Regression an der Lebenspraxis des Patienten teil. Er nimmt aus der Praxis selbst die zur Praxis gehörende Sprache ab und holt das aus der Kommunikation Ausgeschlossene wieder in den Zusammenhang der Sprachgemeinschaft ein. Diese Leistung wird in einer »topischen Progression« erbracht. Die topische Progression verwandelt Teilhabe in bewußte Teilnahme an der Situation des Patienten, sie komplettiert das aufgespaltene Sprachspiel wieder. Die in Übertragung und Gegenübertragung gewonnene Teilhabe an der Lebenspraxis des Patienten legt gleichzeitig das Fundament für beide Voraussetzungen eines zuverlässigen Erkennens via »szenisches Verstehen«: Sie ermöglicht die Präzisierung der Bedeutungen und die Verankerung von Verstehen im Faktisch-Realen. Der Mechanismus von funktioneller Regression und Progression, der Übergang von Teilhabe zur Teilnahme beseitigt jene Aporie des Verstehens in der Psychoanalyse, daß nur so weit zuverlässig verstanden werden kann, wie die »Kommunikation« reicht, die unbewußten Gehalte, die verstanden werden müssen, aber aus der Kommunikation ausgeschlossen sind. In der topischen Progression bildet das szenische Verstehen die Grundlage der Deutung, und in der mutativen Deutung (mit konsekutivem Verstehen durch den Patien-

ten) wird der Kreis geschlossen; die Einheit von Erkennen und Handeln ist wiederhergestellt. Auf dem psychoanalytischen Weg des szenischen Verstehens, d. h. des Verstehens der Interaktion, wird die Interaktion verändert, nämlich in ihrer vollen Freiheit wiederhergestellt. Die Aufspaltung von Erkenntnis und Praxis ist punktuell wieder bereinigt.

VII. Grenzen und Besonderheiten der psychoanalytischen Hermeneutik

Einen Aspekt der Wittgenstein'schen Sprachspiel-Konzeption haben wir bisher außer Acht gelassen: die Annahme einer *Vielzahl von Sprachspielen* anstelle der »Einheitssprache« – die wir insofern stillschweigend unterstellt haben, als wir die Sprachermittlung weitgehend nur als Problem der Besonderung des Patienten »innerhalb« der Sprachgemeinschaft von Analytiker und Analysand diskutiert haben. Natürlich steht bei unserer Untersuchung das Problem der privatsprachlichen Besonderung im Mittelpunkt des Interesses – die Überwindung dieser sprachlichen Absonderung ist schließlich die spezielle Aufgabe der Psychoanalyse. Aber wir müssen in jedem Falle auch die Komplizierung berücksichtigen, daß Analytiker und Analysand nicht nur aufgrund der neurotischen Sprachverstümmelung distanziert sind, sondern auch aufgrund einer Zugehörigkeit zu je verschiedenen Sprachspielen. Neben der breit erörterten »vertikalen« Sprachvermittlung, die über Teilhabe, Teilnahme und topische Progression verläuft, gibt es eine Anzahl von horizontalen Sprachvermittlungen, die die Bezeichnung hermeneutische Prozesse im eigentlichen Sinn verdienen. Man kennt die dazugehörigen Erfahrungen: die Schwierigkeiten, die Analytiker bei Verpflanzung in fremde Kulturen haben, und die Verständigungsfallen, die sich auftun, wenn innerhalb eines umschriebenen Kulturraumes schichtenspezifische Unterschiede zu überwinden sind. Bekanntlich sind die Probleme zweischneidig: derjenige Analytiker z. B., der aus einem kleinbürgerlichen Hause stammt, wird gewiß einige Mühe haben, die Patienten aus einem großbürgerlichen Lebensraum zu verstehen – aber er wird aufgrund der Schichtendifferenz auch freier von jenen Vorurteilen sein, die ihn im Umgang mit einem Menschen gleichen Herkommens behindern könnten. Das Problem der Antizipation ist doppelgesichtig, und offenbar darf die

Problematik der hermeneutischen Leistung nicht nur unter dem Aspekt der Aufwandersparnis gesehen werden. Logisches Verstehen, Nacherleben und szenisches Verstehen gründen alle auf Operationen mit Antizipationen, mit einem genügend abgestuften Arsenal von Modellen (einem flexiblen Handlungsentwurf z. B.) und einem reichen Repertoire an Bedeutungen, die beide es dem Verstehenden erlauben, die entsprechenden – in unserer Untersuchung so ausführlich beschriebenen – Verständigungsschritte zu tun. Zugleich aber ginge die Rechnung nicht auf, wenn Verständigung nur auf dem Schon-Verständigt-sein beruhte. Wie Apel in seiner Kritik an Winch (127) schon ausführte, bedarf es in jedem Falle eines »Spielraumes«, der es möglich macht, daß es zu einer wechselseitigen Anpassung der Antizipationen, der »Modelle« kommt. Gerade die psychoanalytischen Erfahrungen bergen eine Fülle von Belegen für derartige Sprachvermittlungen – jeder Psychoanalytiker kennt die pointierten Evidenzerlebnisse, die dadurch zustandekommen, daß »beinahe« passende Antizipationen »einschnappen«; gerade dabei handelt es sich oft um soziokulturelle Differenzen, die auf dem Wege der »kleinen Unterschiede« erfaßt und verstanden werden können.

Gerade weil Psychoanalyse keine Anpassungstherapie ist, darf in den Verstehensschritten die Bedeutsamkeit der weitgespannten Verstehensdifferenzen bzw. ihrer Überwindung als hermeneutische Leistung nicht übersehen werden. Der Ertrag einer langen psychoanalytischen Arbeit besteht einerseits im Reichtum an allmählich erworbenen Antizipationen als Nuancierung des »ursprünglichen« Bestandes, mit dem der junge Analytiker seine Arbeit begann. Der Gewinn muß andererseits auch ebenso im Ausbilden, Schärfen – und Wachhalten – einer hermeneutischen Leistungskraft gesehen werden, die es dem Psychoanalytiker erlaubt, immer wieder »flexibel« seine Modelle sich verändern zu lassen. Wir werden auf das Problem genauer einzugehen haben, wenn wir in der schon genannten späteren Arbeit die Beziehungen von Theorie, Theoriebildung und therapeutischer Operation diskutieren. Dort steht ohnehin das

Problem der Auseinandersetzung mit fremden Sozialisationsmustern an.

Erst recht gehören in diesen Rahmen die Überlegungen zur Funktion des »Erklärens« innerhalb der Psychoanalyse. Das wichtige Feld der Theoriebildung als Bildung von psychologischen Gesetzen kann hier so wenig gestreift werden wie der bedeutsame Zusammenhang von Theorie und antizipatorischen Modellen, die »Bedeutung der Theorie für die Verstehensgrundlagen«; skizzenhaft erwähnt werden soll aber wenigstens die – damit verglichen bescheidene – Rolle des Erklärens im Zuge der geschlossenen Verstehensprozesse. An verschiedenen Stellen unserer Abhandlung habe ich schon auf die Funktion des Erklärens hingewiesen. Sammelt man diese verstreuten Anmerkungen, dann ergeben sich drei Einsatzstellen für das Erklären in der *Therapie:*

1) Hilfsweise dort, wo das Verstehen die Lücke im Verständnis nicht schließen kann. Ein bekannter Vorfall ist jene Lage, die Freud in Zusammenhang mit der Konstruktion beschrieben hat: da, wo die Originalvorfälle nicht zum Auftauchen gebracht werden können, muß die Szene rekonstruiert werden als ein Spezialfall der Konstruktion, bei dem (anders als im üblichen Falle) die Konstruktion sich an theoretischen Entwürfen orientiert. Die Grenze für das Verstehen liegt da entweder im Patienten, sie kann aber auch in der Fähigkeit des Analytikers liegen. Überhaupt muß bei allen Einsichten in die Geschlossenheit des Verstehensbogens natürlich immer bedacht werden, daß solch geschlossenes Verstehen eine Ideal-Operation wäre, die von der gewöhnlichen Praxis nie erreicht wird. Für gewöhnlich entstehen Lücken im Verstehen immer wieder aus den bekannten, unvermeidlichen Resten von Skotomisierungen des Analytikers, aus seinem Mangel an Einfühlung usw. Überall dort tritt das Erklären ersatzweise ein. Der Analytiker versucht, an Hand seiner theoretischen Überlegungen sich ein Bild zu machen, um aufgrund dieser Orientierung den Verständnisfaden wiederzufinden.

2) Ganz abgesehen von solcher Orientierungshilfe, die nur er-

satzweise einsetzt, läuft eine erklärende Operation als Routensicherung immer nebenher. Die Bedeutung dieser Orientierung ist begrenzt. So belegen die Erfahrungen mit den Balint'schen Ärztegruppen, daß man beachtliche Strecken des Verständnisses bewältigen kann, ausgerüstet nur mit einem Minimum an theoretischer Fundierung. Auch die nicht zu bestreitenden Erfolge von Psychotherapeuten mit sehr verschwommenen oder gar fehlenden neurosenpsychologischen Vorstellungen geben einen Beweis dafür ab, daß man ohne die Möglichkeit, Erklären heranzuziehen, auskommen kann.

Aber gerade das Beispiel der letzteren zeigt auch an, wie unerläßlich eine erklärende Begleitorientierung ist: Kann eine Psychotherapie ohne Neurosenpsychologie zwar auch beachtliche »praktische« Erfolge erzielen (weil grundsätzlich ein voller Verstehensbogen gewonnen werden kann, sofern nur bestimmte psychologische Grundeinsichten berücksichtigt werden), so kann solche Therapie aber doch den Gang ihrer Erfolge nicht darstellen. Die Routinesicherung und Fahrtdokumentation für das therapeutische Vorgehen muß ausfallen. Die Routinesicherung läuft gleichzeitig auf drei Geleisen:

a) Als Erkundung und Erfassung in Darstellung der Struktur des Patienten, seiner psychischen *Realität.* Natürlich ist das ein unerläßlicher Vorgang, da er es ermöglicht, den Patienten im Vergleich zu anderen zu sehen, die Mannigfaltigkeit des Einzelfalles den allgemeinen Erfahrungen zu unterstellen, um so die sinnvolle Realität des Patienten auf einem strukturierten Bild seines »psychischen Apparates« durchsichtig werden zu lassen.

b) Die psychische Lage muß *nosologisch* eingeordnet werden.

c) Die *Interaktion* von Analytiker und Analysand kann nur begriffen werden, wenn der therapeutische Prozeß metapsychologisch aufgearbeitet wird. Für diese Routinesicherung gilt auf kleinen Strecken, was für die theoretische Bearbeitung des Erfahrungsmaterials im großen gilt: »Während der Analyse eines Krankheitsfalles kann man einen anschaulichen Eindruck von der Struktur und Entwicklung der Neurose nicht gewinnen. Es ist die Sache einer synthetischen Arbeit, der man sich nachher unterziehen muß«. (Freud, 166)

So wie für die genaue Bestandsaufnahme der theoretische Überblick über die nosologischen persönlichkeitsspezifischen und interaktionellen Sachlagen des Falles erst nachträglich zu erfolgen hat, so muß die Routinesicherung dem Verstehen nachfolgen. Erst wenn der Verstehensakt abgeschlossen ist, kann die Aufarbeitung vor sich gehen. Daß sich dem Analytiker ein Vorgang noch während seines Verstehens theoretisch einordnet, ist unvermeidlich und gewiß so lange unschädlich, als sich daraus nicht Verhärtungen, Begrenzungen der Offenheit seines Verstehens und »Vorurteile« ergeben.

Grundsätzlich aber ist der Platz solchen Erklärens »nachträglich« (nach der Analyse als Ganzes und nach der geschlossenen Einheit der einzelnen Verstehensgänge in einer jeden Sitzung). Nachträglich allerdings kommt dem Erklären durchaus große Bedeutung zu. Wir werden sehen, wie bestimmte Aufgaben der Psychoanalyse als medizinische Disziplin überhaupt nur erfüllt werden dadurch, daß Verstehen mit einer metapsychologisch erklärenden Operation verbunden wird. Daß die Beziehungen von analytischem Operieren zur psychoanalytischen Theorie nicht in den eben genannten »Erklärungsoperationen« sich erschöpft, sei ausdrücklich angemerkt. Das große und wichtige Problem des Zusammenhanges von Theorie und psychoanalytischem Vorgehen muß an anderer Stelle bearbeitet werden. Es läßt sich nicht als Adnex den hier durchgeführten Untersuchungen beifügen.

VII, 2 Es dürfte nützlich sein, innerhalb der Verstehensprozesse zwei Eigenheiten in strafferem Zusammenhang kurz nochmals abzuhandeln. Diese beiden Punkte sind: Das Verhältnis des psychoanalytischen Verstehens zur *Realität* des Patienten und die Handhabung der *Übertragung*.

Das Verhältnis des psychoanalytischen Verstehens zur Realität des Patienten nimmt seine richtungsweisende Wendung schon in den äußeren Zurüstungen der Analyse – der Couchanordnung – und im wichtigsten Teil der Grundregel – der Konzentration auf die verbalen Assoziationen. Daraus allein resultiert schon eine, für ein psychologisches Vorgehen von vornherein merkwürdige Bevorzugung des logischen Verstehens vor dem Ausdrucksverstehen, dem Nacherleben. Daß dieses logische Verstehen unablässig seinen Weg in szenisches Verstehen nimmt, ändert nichts an der »idealistischen« Abwendung von aller Faktizität. Im Gegenteil, die Beziehung zur Faktizität wird an allen Punkten gelockert, sie ist als Disjunktion von Sinnfrage und Tatsachenfeststellung ein durchgängiges Merkmal aller psychoanalytischen Verstehensmodi, also auch des szenischen Verstehens. Psychoanalytisches Verstehen arbeitet ohne die Jaspers'sche Rückversicherung an objektive Daten, sie macht sich nachdrücklich frei von jedem Stück kontingenter Empirie, frei von dem damit unumgänglich verknüpften Zwang einer fortlaufenden Validierung, die die Entfaltung des Verstehens hindern würde, um es zur Magd einer erklärenden Operation zu machen. Die Wirklichkeit, die die Psychoanalyse damit gewinnt, ist die Wirklichkeit der Symbole des Patienten mit dem beharrlichen Ziel, sie als Wirklichkeit *dieses* Patienten festzustellen.

Der Psychoanalytiker steuert auf dieses Ziel zu mit der Entschlossenheit, wie sie z. B. den Kulturanthropologen bei seinen Forschungen oder den Historiker bei der Erfassung einer Epoche auszeichnet. Der Psychoanalytiker muß dieselbe abstinente Geduld üben bei seinem Bemühen, die Details der Wirklichkeit zu fixieren. So wie im Falle jener Forscher ein Einzelsymbol in seiner »wirklichen Bedeutung« sich erst feststellen läßt nach einer langwierigen Erkundung des Gesamtzusammenhanges, des Gesamt-Textes einer Kultur, einer Epoche oder eines geschlossenen Systems, so ist es auch in der Psychoanalyse. Die im allgemeinen Bedeutungshof eines Symbols auszumachende besondere Wirklichkeit *dieses* Patienten ergibt sich aus der Erfassung des Gesamtfeldes der Symbole. Die Besonderung der Rolle des Patienten, ihre je eigene Bedeutung, bestimmt sich aus der Kenntnis des »dramatischen Entwurfes«, den der Patient Szene für Szene mitteilt.

Beim Versuch, das Gewebe von Rolle, Szene und Gesamtdrame in seiner gegenseitigen Verknüpfung zu enträtseln, scheint sich der Psychoanalytiker immer weiter von der »Realität« des Patienten, der Erfassung seines faktischen Verhaltens zu entfernen – offenbar mit der Gefahr, sich zu versteigen in ein von allem faktischen Lebensvollzug abgetrenntes Symbolsystem. Diese Gefahr ist um so größer, als uns durch die Psychoanalyse selbst eine fatale Eigenart ihres Erkundungsfeldes bekannt wurde: die Entfremdung der Bedeutungen in einer pseudokommunikativen Privatsprache.

Doch nicht erst an diesem Punkt wird die Nötigung dringlich: Der methodisch unerläßlichen Abstinenz von der Faktizität des Patienten ist an anderer Stelle eine feste Beziehung zur Realität des Patienten beizugesellen. Unabhängig von aller Gefahr, sich in eine von der Lebenspraxis entfernte folie à deux zu verlieren, verlangt szenisches Verstehen grundsätzlich die Bezogenheit auf Interaktionsmuster wie auch auf reale Interaktion. In der Psychoanalyse bietet diesen Bezug die Richtung des Verstehens auf die »reaktualisierte« Interaktion des Patienten im Felde seiner Beziehungspersonen. Wie weitgespannt immer das Gewebe von Einzelsymbolen zu dem Gesamtdrame ist, und wie fragwürdig die hermeneutische Leistungskraft auf solchem Felde sein mag, der Wiederholungszwang garantiert einen festen Richtpunkt, weil es im Verdrängungs- bzw. Abwehrvorgang zwar zur Deformierung der Sprachkommunikation kam, nicht aber zur Zerstörung der soziokulturell erworbenen Verhaltensstrukturen. Im szenischen Agieren ist der Patient ehrlich, auch dort, wo der Abwehrprozeß sein Selbstverständnis verblendet und wo die Verständlichkeit für andere an der Entfremdung der Bedeutungen zu Fall kommt. Das Schicksal der »Aufspaltung des Sprachspiels« ist über den Wiederholungszwang zugleich die Chance des psychoanalytischen Verstehens: Aus der Mitteilung der agierten Szene läßt sich das verstümmelte Bild des Sprachspiels gewinnen.

Der Zentralvorgang der Verstehensoperation in der Psychoanalyse aber läuft über die Teilhabe des Analytikers an der in der Übertragung verwirklichten Lebenspraxis des Patienten, über die Teilhabe in funktionaler Regression, die Verwandlung der koinästhetischen Position in die diakritische, d. h. die Verwandlung von Teilhabe in begriffene Teilnahme an der Szene des Patienten.

Diese Verwandlung der Teilhabe in Teilnahme ist

1) Erfassen der Lebenspraxis des Patienten, d. h. Abnahme des begriffenen Sprachspiels. Sie ist

2) als Rückgabe an den Patienten in der Deutung Anhebung vom Niveau der Primärvorgang zur Sekundärorganisation.

Die Übertragung wird in diesem Vorgang aufgelöst und vertieft zugleich. Der Vorgang ist eine Etappe in dem vielfältigen Zusammenspiel von Verstehensschritten und Übertragung.

Verfolgen wir dieses Zusammenspiel in einem vereinfachten schematischen Aufriß: Die Übertragung erwächst zunächst aus der allerersten Verständigung. Wenn sich der Patient dem Analytiker zuwendet, so aktualisiert er in der Herstellung eines Kontaktes auch jene allgemeinen Übertragungsvalenzen, mit denen sein Verhalten immer durchsetzt ist. Der Patient versucht, quer zu allem bewußt motivierten Beziehungsverhalten, den Analytiker (wie jeden anderen auch) zum geheimen Mitspieler an der unbewußten Szenerie seiner infantilen, abgewehrten Bedürfnisse zu machen.

Übergehen wir, welche besonderen Bedingungen die Aktualisierung von Übertragungsanteilen in der analytischen Situation in statu nascendi von vornherein begünstigen. Mit dem deutenden Verstehen der unbewußten Szene jedenfalls wird der Übertragungsprozeß so intensiviert, daß der Analytiker gezielt in den Kreis der infantilen Beziehungspersonen gerät. Der Analytiker wird zum Teilhaber an der infantilen Szene und er wird, wenn ihm die Verwandlung der Teilhabe in bewußt begriffene Teilnahme gelingt, an dieser Stelle auch der Besonderheit der Symbole des Patienten gewahr, zugleich mit der Erfahrung seiner je eigentümlichen Lebenspraxis.

Vermag der Analytiker durch seine Deutungen den analogen Prozeß im Patienten in Gang zu setzen, so wird im Verhalten der relevante historische Konflikt reaktualisiert – es kommt zur Übertragungsneurose. Sie in ihren vielfältigen Nuancierungen, d. h. Szenen durchzuarbeiten, ist das weite Feld der analytischen Arbeit. Der Prozeß entwickelt sich als Verfahren, bei dem Übertragung und Verstehen ständig auseinander hervorgehen. Angetrieben wird der Prozeß vom virulenten, aber aus dem Bewußtsein ausgeschlossenen, d. h. desymbolisierten szenischen Potential. Das szenische Verstehen und die daraus erwachsende Deutung (die beiden besonderen »Werkzeuge« des Analytikers) setzen an den aktuellen Szenen an mit dem Ziel, zu der Vielfalt von Originalvorfällen vorzustoßen; zu Geschehnissen also, die als Geflecht von miteinander verknüpften Narben den fehlgeleiteten Bildungsprozeß des Individuums kennzeichnen. Stationen des Voranarbeitens sind die – schematisch gegeneinander abhebbaren – Vorgänge der aktuellen Komplettierung (der Wiederverbindung von Affekt und Vorstellung) und der historischen Komplettierung, die dann zugleich mit dem Wiederauftauchen der (noch gültigen) Vergangenheit das Einst und Jetzt, das »Damals« der Originalszene und das »hic et nunc« der Übertragungsszene verknüpft und so der »mutativen Deutung« den Boden bereitet. Am Punkt dieser Zentrierung (die die aktuelle Komplettierung selbstverständlich mit einschließt) wird der Bildungsprozeß an seiner historisch richtigen Stelle wieder eingesetzt. An diesem Punkt wird damit auch die Isolierung aufgehoben, die den Patienten aus der Kommunikation ausschloß; die pseudokommunikative Privatsprache wird in das Allgemeinverständnis hereingeholt. Indem anstelle des unbewußten szenischen Agierens das begriffene Zusammenspiel tritt, vermögen Analytiker und Patient ihre Positionen in der Szene in einer Weise zu begreifen, die dem handlungsbestimmenden Bild des »generalized other« entspricht. Das ist der Punkt, an dem für den Patienten Erkenntnis und Praxis wieder zusammengefügt werden.

Der Wichtigkeit der Feststellung wegen sei nochmals betont:

Es ist hier nicht von einem einmaligen Höhepunkt der Analyse die Rede, sondern vom Abschluß eines Verstehungsvorganges unter vielen. Jeder derartig abgeschlossene Verstehensgang bildet die Grundlage für den nächsten Schritt entsprechend der vielfältigen Verzweigtheit der abgelenkten infantilen Entwicklung. Das Erledigen der Übertragung (durch Aufhebung der Verdrängung bzw. anderer Abwehrmodalitäten) an konkreter Stelle vertieft die Übertragung in Verschiebung auf korrespondierende szenische Arrangements. Die Auflösung des jeweiligen Übertragungspunktes geschieht nicht als Distanzierung zwischen Analytiker und Analysand, sondern als »Aufhebung« der Identifizierung in ein höheres Niveau, auf dem Übertragung zerstört und bewahrt in einem wird: in der Bildung sozialer Beziehungen.

Wir finden so an dieser Stelle die Festigung der Beziehung von Analytiker und Analysand auf zwei Ebenen gleichzeitig: zum einen als Vertiefung der Übertragung im benachbarten szenischen Komplex – und damit als Bildung einer profunderen Basis für die nächste Aufgabe, aus der Lebenspraxis das Sprachspiel abzunehmen. Zum anderen aber als neu- (erneut- bzw. besser-) gewonnene soziale Beziehung, die das Fundament abgibt für den weiteren hermeneutischen Brückenschlag, für das Vermögen, über die Distanz der Privatisierung hinweg das Symbolgefüge des Patienten mit den Symbolen des Analytikers zu vermitteln. Auf der Ebene der Symbole wird so die Distanz an einer weiteren konkreten Stelle vermindert. Auch auf dieser Ebene geschieht ja die Überwindung der Entfremdung nicht in jähen Sprüngen, sondern »in kleinen Schritten«: Die noch-nicht-ganz-verstandene Besonderheit der je eigenen Bedeutungen des Patienten kann verstanden werden in jener »kleinen Korrektur« der Verstehensgestalt, mit jenem plötzlichen Einschnappen, das ein Evidenzerlebnis ausmacht. Nur dort kann ja Evidenz mit dem Merkmal der plötzlichen Erleichterung empfunden werden, wo eine merkliche »Unstimmigkeit« bereinigt wurde.

Wenn unsere Erörterungen bisher immer wieder auf den für

die Psychoanalyse zentralen Vorgang der Wiedervereinigung des aufgespaltenen Sprachspiels hinliefen, so darf nicht verkannt werden, daß einer derartigen »vertikalen« Aufhebung der Entfremdung – durch topische Progression – stets die Aufgabe beigesellt ist, die »horizontale« Distanz zum Patienten zu überwinden. Psychoanalyse hat stets in beiden Richtungen zu operieren; sie hat in jedem Fall eine doppelte hermeneutische Leistung zu erbringen: Neben die Einholung der »sprachlosen Besonderung« des Patienten hat immer jene Sprachvermittlung zu treten, durch die die sprachliche Besonderung des Patienten (die mit jener erstgenannten Besonderung in lebensgeschichtlichem Bezug steht) begriffen wird. Beide Unternehmungen sind miteinander verflochten; die »horizontale« Sprachvermittlung bildet die Voraussetzung für die Übertragung, die den »vertikalen« Prozeß ermöglicht. Die Übertragung erwächst bzw. entfaltet sich auf dem Terrain der Verständigung so weit, daß ein Zugang zum Patienten eröffnet wird. Die Einschätzung der Bedeutsamkeit des »Arbeitsbündnisses« belegt die Rolle, die der sprachlichen Verständigung (d. h. vor allem: dem Verstehen der Besonderheit) zuzumessen ist.

Umgekehrt wird in dem von der Reaktivierung neurotischer Verstümmelungen gekennzeichneten Aufgabenbereich der Psychoanalyse die hermeneutische Erschließung der Besonderheit des Symbolsystems des Patienten nur möglich, wenn die »vertikale« Leistung der topischen Progression zerstörte und pseudokommunikativ verschleierte Sprachanteile wieder herstellt. Aus der Übertragung erwächst begriffene Beziehung – begriffene Beziehung wird zur Operationsbasis des Verstehens – Verstehen aktiviert Übertragung und fundiert ihre Erschließung.

Aus dieser Arbeit in zwei Richtungen zugleich gewinnt die Funktion des Psychoanalytikers eine eigenartige und nicht leicht in einen einzigen Blick zu fassende Doppeldeutigkeit. Der Psychoanalytiker gleicht, insofern er auf der »horizontalen« Ebene der Verständigung arbeitet, dem Historiker, der einen Text aus einer vergangenen Epoche aufschließt. Aber doch läßt sich psychoanalytische Hermeneutik nicht einfach dem Rahmen klassischer hermeneutischer Wissenschaften einfügen: Im Unternehmen, das Unbegriffene – aus dem Zusammenhang von Sprache und Symbolik Geratene – in die allgemeine Kommunikation aufzunehmen, greift der Psychoanalytiker als »Therapeut« unmittelbar in den Bildungsprozeß des Individuums ein. Noch weniger läßt sich seine Tätigkeit aber in den Vergleich mit der Leistung eines Künstlers zwängen, der Unbegriffenes artikuliert, oder eines Forschers, der einen unverständlichen Naturvorgang verstehbar macht. Vom letzteren unterscheidet ihn die Eigenart seines Gegenstandes, in dem ihm Natur immer nur symbolisch vermittelt vor Augen kommt; und von beiden trennt ihn sein Ziel der Restitution eines zerstörten, zerrissenen Sprachspiels – eine Restitution, die in einem Zug Wiederherstellung von Erkenntnis und Lebenspraxis ist. Der Ausgangspunkt einer Psychoanalyse aber ist auch ihr Weg und ihr Ziel: Die Freiheit der Reflexion des Individuums, das zugleich seinen Platz im Felde seiner sozialen Interaktion einnehmen und begreifen will.

Literatur

Vorwort und Einleitung:

1 Habermas, Jürgen: Erkenntnis und Interesse, Frankfurt 1968.
2 Habermas, Jürgen: Zur Logik der Sozialwissenschaften, Philosophische Rundschau 1967, Beiheft 5.
3 Lorenzer, Alfred: Kritik des psychoanalytischen Symbolbegriffs, Frankfurt 1970, edition suhrkamp.
4 Toulmin, Stephen: The logical status of psychoanalysis, in: MacDonald, Margaret (Ed.): Philosophy and Analysis, 1954, p. 132.
5 MacIntyre, Alasdair C.: Das Unbewußte. Eine Begriffsanalyse (The Unconscious, A. Conceptual Analysis), Frankfurt 1968, S. 32.
6 MacIntyre, A. C.: (5) S. 44.
7 Habermas, J.: (1) S. 300.
8 Ricœur, Paul: Die Interpretation. Ein Versuch über Freud (De l'Interprétation. Essai sur Freud), Frankfurt 1969, S. 355.
9 MacIntyre, A. C.: (5) S. 123.
10 Thomae, Helmut: Psyche XII, 1958/59, S. 881.
11 Ricœur, P.: (8) S. 18.
12 Radnitzky, Gerard: (a) Contemporary Schools of Metascience, New York 1968.
(b) Scientia 104 (1969), 49.

Kapitel I–VI

1 Thorner, Hans A.: Psyche XVI, 1962/63, S. 670.
2 Kuiper, P.: (a) Psyche XVIII, 1964/65, S. 15.
(b) Psyche XIX, 1965, S. 241.
3 Loch, Wolfgang: Voraussetzungen, Mechanismen und Grenzen des psychoanalytischen Prozesses, Bern u. Stuttgart 1965, S. 37.
4 Löwenstein, Rudolph M.: (a) Psychoanalytic Quarterly 1951, XX, p. 1.
(b) The Psychoanalytic Study of the Child, XII, 1956, p. 127.
5 Hartmann, Heinz: Die Grundlagen der Psychoanalyse, Leipzig 1927.
6 Loch, W.: (3) S. 36.
7 Hartmann, H.: (5) S. 13.
8 van der Leeuw, J.: Psyche XXI, 1967, S. 125.

9 Habermas, Jürgen: Philosoph. Rundschau 1967, Beiheft 5, S. 187.
10 Hartmann, Heinz: Psyche XVIII, 1964/65, S. 445.
11 Brenner, Ch.: J. Amer. Psychoanal. Ass. III. 1955, p. 496.
12 Cohn, Jonas: Geist der Erziehung, Leipzig 1919, S. 131.
13 Dilthey, Wilhelm: Ideen über eine beschreibende u. zergliedernde Psychologie. Sitzungsbericht d. Kgl. Preuß. Akad. d. Wiss. XXIX. 1894, 2. Halbbd. S. 1342.
14 Binswanger, Ludwig: Einführung in die Probleme der Allgemeinen Psychologie, Heidelberg 1922, Nachdruck Amsterdam 1965, S. 58.
15 Bychowski, Gustav: Journ. Amer. Psychoanal. Ass. VI, 1958, p. 413.
16 Federn, Paul: Psychoanalyse und Medizin, München, S. 52.
17 Levy, Leon H.: Psychological Interpretation, N. Y. Chicago, San Francisko, Toronto, London 1963.
18 Loch, W.: (3) S. 27.
19 Loch, W.: (3) S. 36.
20 Loch, W.: (3) S. 37. Sperrung beseitigt.
21 Loch, W.: (3) S. 38. Sperrung beseitigt.
22 Hartmann, H.: (5) S. 39.
23 Geiger, M.: Über das Wesen und die Bedeutung der Einfühlung. Ber. über den IV. Kongreß f. experiment. Psychologie in Innsbruck vom 19. bis 22. April 1910. Leipzig 1911.
24 Hartmann, H.: (5) S. 54.
25 Mitscherlich, A. und Vogel, H.: Psychoanalytische Motivationstheorie in: Thomae (Hrsg.): Handbuch der Psychologie, Bd. 2 Göttingen 1965, S. 759.
26 Thomae, Hans: Die Bedeutungen des Motivationsbegriffes, in: Thomae (Hrsg.): Handbuch der Psychologie, 2. Bd., Göttingen 1965, S. 17.
27 Ach, Narziß: Über die Willenstätigkeit u. das Denken, Kap. 4, Göttingen 1935, S. 341.
28 Bühler, Karl: Die Krise der Psychologie, 1929, 3. unveränderte Auflage, Stuttgart 1965.
29 Freud, Sigmund: Gesammelte Werke, London, Bd. VIII, S. 377.
30 Seminarprotokolle des S.F.I., Frankfurt.
31 Isaacs, Susan: Int. Journ. of Psychoanalysis XX, 1939, p. 148.
32 Greenson, Ralph: Psyche XV, 1961/62, S. 142.
33 Reik, Theodor: Der überraschte Psychologe, Leiden 1935, S. 62.
34 Reik, T.: (33) S. 75.
35 Freud, S.: (29) Bd. VIII, S. 376.
36 Fenichel, Otto: Int. Zeitschr. f. Psychoanalyse, XXI. 1935, S. 81
37 Heimann, Paula: Vortrag im Sigmund-Freud-Institut, Ffm.
38 Loch, W.: (3) S. 38.

39 Loch, W.: (3) S. 38.
40 Loch, W.: (3) S. 48.
41 Dilthey, W.: (13) S. 1314.
42 Apel, Karl Otto: Archiv für Begriffsgeschichte, Bonn 1955, Bd. I, S. 142.
43 Roffenstein, Gaston: Das Problem des psychologischen Verstehens, Stuttgart 1926.
44 Jaspers, Karl: Allgemeine Psychopathologie, 5. Auflage, Berlin, Heidelberg 1948.
45 Rickert, Heinrich: (a) Die Grenzen der naturwissenschaftl. Begriffsbildung, Tübingen 1921.
(b) Kulturwissenschaft u. Naturwissenschaft, Tübingen 1921.
46 Rickert, H.: (45a) S. 560.
47 Binswanger, L.: (14) S. 247 ff.
48 Simmel, Georg: Die Probleme der Geschichtsphilosophie, 3. Auflage, Leipzig 1907.
49 Lipps, Theodor: Leitfaden der Psychologie, 3. Auflage, Leipzig 1909, S. 231.
50 Spranger, Eduard: Psychologie des Jugendalters, Leipzig 1924, S. 3.
51 Spranger, Eduard: Zur Theorie des Verstehens und zur geisteswissenschaftlichen Psychologie. München 1918.
52 Jaspers, K.: (44) S. 255.
53 Jaspers, K.: (44) S. 251.
54 Frijling-Schreuder, E. C. M.: Vortrag bei einer Tagung am Sigmund-Freud-Institut, Frankfurt.
55 Isaacs, Susan: Intern. Journal of Psychoanalysis 20, 1939, 148.
56 Kohut, Heinz: Vortrag am Sigmund-Freud-Institut, Frankfurt.
57 Ezriel, Henry: Psyche XIV, 1960/61, S. 496.
58 Hartmann, Heinz: Die Grundlagen der Psychoanalyse, Leipzig 1927.
59 Kuiper, P.: Psyche XVIII, 1964/65, S. 15.
60 Fenichel, O.: (36) S. 81.
61 Freud, S.: (29) Bd. VII. S. 354.
62 Stekel, Wilhelm: Die Sprache des Traumes, Wiesbaden 1911, 2. Auflage München 1922.
63 Hartmann, H.: (58) S. 37.
64 Rapaport, David: The Structure of psychoanalytical Theory, deutsch: Die Struktur der psychoanalytischen Theorie. Stuttgart 1959.
65 de Saussure, Ferdinand: Grundfragen der allgemeinen Sprachwissenschaft. 2. Aufl. Berlin 1967.
66 Bühler, Karl: Sprachtheorie, 2. unveränd. Auflage, Stuttgart 1965, S. 186.

67 Jaspers, K.: (44) S. 252.
68 Reich, Anni: Int. Journ. of Psychoanalysis XXXI, 1951, S. 25.
69 Humboldt, Wilhelm von: Akademieausg. Bd. VII, 1, 169/170 zitiert nach B. Liebrucks: Sprache und Bewußtsein, Bd. II, Frankfurt 1965, S. 161.
70 Loch, W.: (3) S. 27.
71 Bühler, K.: (28) S. 14.
72 Ries, J.: Beiträge zur Grundlegung der Syntax, Prag 1931, Heft 3.
73 Liebrucks, Bruno: Sprache und Bewußtsein, Frankfurt 1964–65, Bd. I, S. 350.
74 Liebrucks, B.: (73) Bd. II. S. 214/15.
75 Humboldt, Wilhelm von: Gesammelte Schriften, herausgegeben von Albert Leitzmann, Bd. VI, 1, 183, Berlin 1907.
76 Martinet, André: Grundzüge der allgemeinen Sprachwissenschaft, deutsch: Stuttgart, Berlin, Köln, Mainz 1967, S. 43.
77 Rickert, H.: (45a) S. 549 ff.
78 Binswanger, L.: (14) S. 429.
79 Wittgenstein, Ludwig: Schriften 1, Tractatus logicophilosophicus, Frankfurt 1963.
80 Otto, Karl: Zeitschrift für Theologie und Kirche, 63, 1966, S. 49.
81 Mead, George H.: Mind, Self and Society, Chicago 1934, deutsch: Geist, Identität und Gesellschaft, Frankfurt 1968.
82 Mead, G. H.: (81) S. 85.
83 Lorenzer, A.: (86) IV. Kapitel.
84 Mead, G. H.: (81) S. 86.
85 Mead, G. H.: (81) S. 86 f.
86 Lorenzer, Alfred: Kritik des psychoanalytischen Symbolbegriffs, Frankfurt 1970.
87 Jones, Ernest: Internationale Zeitschrift für ärztliche Psychoanalyse V, 1919, 244 (in erweiterter Fassung in »Papers on Psychoanalysis«, 2. ed. 1918). BJP 1916, p. 181.
88 Cassirer, Ernst: An Essay on Man, deutsch: Was ist der Mensch, Stuttgart 1960, S. 40.
89 Langer, Susanne K.: Philosophy in a New Key, 1942, deutsch: Philosophie auf neuem Wege, Frankfurt 1965. S. 50.
90 Langer, S.: (89) S. 201.
91 Kubie, Lawrence S.: Neurotic Distortion of the Creative Process, University of Kansas Press, 1958, deutsch: Psychoanalyse und Genie, Hamburg 1966, rde. 244.
92 Segel, Nathan P. (Rep.): Journ. of the American Psychoanalytic Association, IX, 1961, p. 146.
93 Beres, David: Bulletin of the Menninger Clinic, 1965, p. 1.
94 Freud, S.: (29) Bd. X, S. 442/43.

95 Winch, Peter: The Idea of a Social Science, deutsch: Die Idee der Sozialwissenschaft und ihr Verhältnis zur Philosophie, Frankfurt 1966.
96 Mead, G. H.: (81) S. 83.
97 Mead, G. H.: (81) S. 86/87.
98 Freud, S.: Analyse der Phobie eines fünfjährigen Knaben, in: Jahrbuch f. psychoanalytische und psychopathologische Forschung, Bd. I. Leipzig u. Wien 1909, in den Gesammelten Werken, Bd. VIII, 243.
99 Schneider, Kurt: Zeitschr. f. d. ges. Neurol. u. Psychiatr. XXV, 1923, 323.
100 Freud, S.: (29) Bd. I, S. 275.
101 Isaacs, Susan: zitiert nach Heimann, Paula, Psyche XI, 1957/58, 401.
102 Heimann, Paula: Psyche XI, 1957/1958, 401.
103 Freud, S.: (29) Bd. VIII, S. 378.
104 Habermas, J.: (9) S. 190.
105 Habermas, J.: (9) S. 188.
106 Hartmann, Heinz: Psyche XVIII, 1964/65, S. 420.
107 Devereux, George: Intern. J. Psycho-Anal. XXXII, 1951, p. 19.
108 Kris, Ernst: Psychoanalytic Quarterly XIX, 1950, p. 540.
109 Freud, S.: (29) Bd. I, S. 297.
110 Loewenstein, Rudolph M.: Psychoan. Quarterly, XX, 1951, 1.
111 Ezriel, Henry: Psyche XIV, 60/61, S. 496.
112 Rickmann, J.: S. Persönliche Mitteilung bei Ezriel (111).
113 Freud, S.: (29) Bd. XIV, S. 45.
114 Freud, S.: (29) Bd. XIV. S. 55.
115 Hartmann, H. & Kris, E.: The psychoanalytic Study of the Child, I, 1945, p. 11.
116 Bonaparte, Marie: The psychoanalytic Study of the Child, I, 1945, p. 11.
117 Hartmann, Heinz: Psyche XVIII, 1964/1965, S. 445.
118 Niederland, William G.: Psychoanalytic Quarterly, XXXIV, 1965, p. 504.
119 Bernfeld, Siegfried: Zeitschr. f. angew. Psychol. XLII (1932).
120 Reich, Wilhelm: Intern. Zeitschr. f. Psychoanal. 1927, S. 144.
121 Freud, S.: (29) Bd. VII, S. 354. Sperrung aufgehoben.
122 Peto, Andrew: Psyche XIV, 1961/62, S. 702.
123 Loch, W.: (3) S. 37.
124 Freud, S.: (29) Bd. XVI, S. 47.
125 Freud, S.: (29) Bd. XVI, S. 47.
126 Freud, S.: (29) Bd. XVI, S. 52 f.
127 Apel, Karl Otto: Philosophisches Jahrbuch, 72, 1964/65, S. 239.
128 Wittgenstein, Ludwig: Schriften 1, Frankfurt 1963, S. 293.

129 Stenius, Erik: Wittgensteins Tractatus, Oxford 1960.
129 a Habermas, J.: (9) S. 137.
129 b Habermas, J.: (9) S. 141.
130 Strachey, J.: Intern. Journal of Psychoanal. 15, 1934, 127.
131 MacIntyre, Alasdair C.: Das Unbewußte. Eine Begriffsanalyse, Frankfurt 1968, S. 95.
132 MacIntyre, A.: (131) S. 94.
133 MacIntyre, A.: (131) S. 90.
134 MacIntyre, A.: (131) S. 92.
135 Habermas, J.: (9) S. 190/191.
136 Parin, Paul: Jahrbuch f. Psychoanalyse, Köln-Opladen, Bd. I. 1960, S. 196.
137 Stern, Adolph: Psychoanalytic Review XI, 1924, p. 166.
138 Heimann, Paula: Int. J. Psycho-Anal. XXXI, 1950, p. 81.
139 Winnicott, D. W.: Inter. Journ. Psychoanal. XXXVII, 1956, 386.
140 Haak, Nils: Comment on the Analytical Situation, Int. J. Psycho-Anal. 38, 1957.
141 Gitelson, M.: The emotional Position of the Analyst in the psychoanalytic Situation; Int. J. Psycho-Anal. 33, 1952.
142 Lampl de Groot, J.: Psyche XXI, 1967, S. 73.
143 Parin, Paul: Int. J. Psycho-Anal. XXXI. 1950, p. 81.
144 Heimann, Paula: Int. J. Psycho-Anal. XXXVII, 1956, p. 303.
145 Reich, Anni: Int. J. Psycho-Anal. XXXII, 1951, p. 25.
146 Deutsch, Helene: Okkulte Vorgänge während der Psychoanalyse, Imago XII, 1926, S. 418.
147 Reich, Anni: Jahrbuch für Psychoanalyse, Bd. I, 1960, S. 183. Sperrung aufgehoben.
148 Racker, Heinrich: Psychoanal. Quarterly XXVI, 1957, p. 322.
149 Fließ, Robert: Psychoanal. Quart. 11, 1942, S. 211.
150 Spitz, René A.: J. Amer. Psychoanal. Assoc. IV, 1956, 256.
151 Reik, Theodor: Listening with the third ear; the inner experience of a psychoanalyst, New York 1948.
152 Greenson, Ralph: Psyche XV, 1961/62, 142.
153 Uexküll, Thomas: Psyche XV, 1961/62, S. 76.
154 Loch, W.: (3) S. 43.
155 Müller-Braunschweig, K.: Zur menschlichen Grundhaltung, Psychologie und Technik der psychoanalytischen Therapie. Vortrag vor der »Deutschen psychoanalytischen Vereinigung« am 23. 9. 53; erschien in Psychologische Beiträge II, Heft I, 1955, zitiert nach Scheunert, Psyche XIII, 1959/60, S. 574.
156 Spitz, René A.: Psyche X, 1956/57, S. 77.
157 Sterba, Richard: Psychoanalytic Quarterly X, p. 363.
158 Kemper, Werner: Psyche VII, 1953/54, S. 610.

159 Scheunert, Gerhard: Psyche XIII, 1959/60, S. 574.
160 Katan, M.: zitiert nach Greenson (152).
161 Olden, Christine: The Psychoanalytic Study of the Child, Vol. VIII, 1956, p. 111.
162 Lampl de Groot, Jeanne: Persönliche Mitteilung.
163 Sandler, Joseph u. Joffe, G. W.: Psyche XXI, 1967, S. 138.
164 Hacker, F.: Psyche XI, 1957/58, S. 641.
165 Freud, S.: (29) Bd. I, S. 572.

Suhrkamp Verlag GmbH
Torstraße 44, 10119 Berlin
info@suhrkamp.de
www.suhrkamp.de